GUANGFUWENHUA

第 10 辑

纪德君 曾大兴
主 编

广府文化

中国社会科学出版社

图书在版编目(CIP)数据

广府文化. 第10辑/纪德君,曾大兴主编. —北京：中国社会科学出版社, 2024.3
ISBN 978-7-5227-3065-3

Ⅰ.①广⋯ Ⅱ.①纪⋯②曾⋯ Ⅲ.①文化史—研究—广东 Ⅳ.①K296.5

中国国家版本馆CIP数据核字(2024)第037591号

出 版 人	赵剑英
责任编辑	郭晓鸿
特约编辑	杜若佳
责任校对	师敏革
责任印制	戴　宽

出　　版	中国社会科学出版社
社　　址	北京鼓楼西大街甲158号
邮　　编	100720
网　　址	http://www.csspw.cn
发 行 部	010-84083685
门 市 部	010-84029450
经　　销	新华书店及其他书店
印　　刷	北京明恒达印务有限公司
装　　订	廊坊市广阳区广增装订厂
版　　次	2024年3月第1版
印　　次	2024年3月第1次印刷
开　　本	710×1000　1/16
印　　张	24
插　　页	2
字　　数	309千字
定　　价	136.00元

凡购买中国社会科学出版社图书,如有质量问题请与本社营销中心联系调换
电话：010-84083683
版权所有　侵权必究

目　录

广府历史地理与城市文脉研究

清代广州城市文脉衍化浅析……………………………胡力平 3
城市文脉视角下的广州城市更新和微改造研究…………黄　莉 43
论合浦汉郡文化的内涵特点及其影响……………………吴小玲 57
广东武侯庙拾遗……………………………………………何诗莹 76
广西左江流域天琴文化嬗变研究…………………………冯雪梅 96
说广州的土炮台与铁炮台…………………………………黄利平 116
从灰塑装饰看广州花都区祠堂建筑的特点………………伍若玥 126

广府文学与艺术研究

《区太史诗文集》存世版本及考证………………………乔玉红 143
李黼平诗中的广东…………………………………………方　隽 169
蔡有守与清末岭南翻译活动……………………杨雄东　梁冬丽 191
粤曲与粤语流行曲关系初探………………………………邓海涛 211
从演出场合的变化看中新粤剧之关系……………………杨崇艺 226
略述现代广府诗人陈寂诗词的本土感怀…………………陈　方 247

广府民俗文化研究

"非遗"视域下咸水歌的保护与传承研究 ………… 谢棣英 郑少霞 263

粤西木偶白戏传承的历史与现状及存在问题 …………… 吴舜华 276

从化掷彩门民俗的传承和发展研究 ……………………… 程大立 307

广府商业文化研究

广州西关清代"银行会馆"考析 ……………… 梁 东 潘剑芬 325

"侨批"视野下的广州荔湾银号 …………………………… 蒙启宙 351

广府历史地理与城市文脉研究

清代广州城市文脉衍化浅析

胡力平

清代的广州，作为一省甚至是两广地区的政治文化中心，随着两广总督衙门长驻于此、清代十三行的开设和粤海关的奠基，成为全国对外贸易唯一的口岸城市。作为南中国的重要门户，广州迎来了蓬勃发展的黄金时期。从经济的腾飞到政治经济文化的繁荣，清代的广州发生了显著的变化。这里不再是南蛮偏远之地，而是商界、士界、文化界的热土。京畿、中原、江南的宦游之士、文人墨客，也不再视岭南为畏途。省内各地的士绅学子、骚人墨客、商贩工匠，也渐多进城谋生就业。本文从岭南内外名人的流动、在广州的落籍情况，以及他们在文化事业方面的建树，一探广州府城文脉的变化。

一 省会的政治文化中心效应

清顺治元年（1644），朝廷在广州设立了广东总督，兼管广西政务，此后曾移驻梧州、廉州、肇庆。雍正十二年（1734）开始，广东总督正式更名为两广总督，自此两广的政务固定由两广总督管辖。随着清朝政局的稳定、总督作为封疆大吏地位的确立，从乾隆十一年（1746）开始，广州成为两广总督府的长期驻地。《广州府志》记载

"乾隆十一年，督臣策楞奏请移驻广州，自是历任相沿，不复回肇庆署驻扎"①。除了总督府，也有诸多衙门在清初新建于广州："国初，平靖两藩驻旧城，文职各官衙门俱于新城权设。"②

在教育层面，广州也有了重大的变化，如书院的鼎建。

早在宋代，广东便有书院 26 所，但位于广州城的仅三所，分别是宋嘉定年间创立的位于广州府学后的禺山书院，宋淳祐四年（1244）创立的位于广州府学内的番山书院，以及同是创于宋代位于春化桥北的濂溪书院。③ 元朝修建的 8 所书院中，无一所位于广州府城。明朝修建的 168 所书院中，有 19 所在省城及周边一带，分别是位于都府后街的崇正书院，位于城南药洲西的濂溪书院（重建），位于城北栖霞山的泰泉书院，位于崇报寺的白沙书院，位于小北门的粤洲书院，位于北城的白山书院，位于白云山的白云书院，位于城东的天关书院，位于盐仓街的正学书院，位于城内的五羊书院，位于西濠街的晦翁书院，位于粤秀山下的镇海书院，位于西门外的矩洲书院，位于粤秀山下的迂冈书院，位于粤秀山麓的慎德书院，位于赤山冈的赤山书院，位于承恩里的龙德书院，位于豪贤街的营道书院，位于白云山的云淙书院。④

明代梅州地区有濂溪书院，肇庆地区有端溪书院，都是有巨大影响力的一流学府，而广州城内尚未有一流的书院出现，后人所称的广

---

① 光绪《广州府志》卷六十五，建置略二，第 1 页，《中国方志丛书》第一号，（台湾）成文出版社 1966 年版，第 93 页。
② 光绪《广州府志》卷六十五，建置略二，第 1 页，《中国方志丛书》第一号，（台湾）成文出版社 1966 年版，第 93 页。
③ 以上书院载（民国）刘伯骥《广东书院制度沿革》，商务印书馆 1938 年版，第 19 页。
④ 以上书院载（民国）刘伯骥《广东书院制度沿革》，商务印书馆 1938 年版，第 26—38 页。

东四大书院：端溪书院、粤秀书院、越华书院、羊城书院，后三座都位于广州城，都是清代始创。

  在明朝书院林立的基础上，清代书院的建设进一步繁荣，一些对后世影响较大的书院开始出现在广州城内。如创办于清朝康熙年间的粤秀书院，因为官方的大力支持，迅速发展成为全省文化教育重心。梁廷枏在《粤秀书院志序》中就提到了建书院的缘由："我朝康熙中圣武奋扬，三孽以次戡定，南洋开禁，海宇肃清，士习醇良，文风丕启，乃因盐署修为讲院，取学使所录优者肄业其中。"[①] 越华书院建于清乾隆二十二年（1757），由盐运使范时纪和众盐商集资购宅创建，"初设膏火三十名，以为商籍子弟藏修息游之所。"[②] 也就是说，是为培育寄籍在广东的商人子弟而建，之后则开放商民两者为招收对象。道光八年（1828），两广总督阮元在粤秀山麓创学海堂，是为"端溪书院、粤秀书院、越华书院、羊城书院四书院诸生经学史笔词赋季课公所"[③]。这几所广东地区一流的学府，都是在清代修建并得到蓬勃的发展。清代广州鼎建的书院依次有：康熙二十二年（1683）在广州清水濠建的番山书院；同年在广州南建的穗城书院；康熙二十六年（1687）在广州新城改建的濂溪书院；康熙四十九年（1710）在广州盐运同署建的粤秀书院；康熙五十七年（1718）在广州丰宁寺建的莲峰书院；乾隆二十年（1755）在广州司后街建的越华书院；嘉庆八年（1803）在广州大东门内建的禺山书院；同年，在广州西湖街建的西湖书院；嘉庆十五年（1810）在广州太平门外建的文澜书院；嘉庆二

---

  ① 《粤秀书院志》第1页，赵所生、薛正典主编《中国历代书院志》第三册，江苏教育出版社1995年版，第1页。
  ② 光绪《广州府志》卷六十六，建置略三，第18页，《中国方志丛书》第一号，（台湾）成文出版社1966年版，第125页。
  ③ 光绪《广州府志》卷六十六，建置略三，第19页，《中国方志丛书》第一号，（台湾）成文出版社1966年版，第126页。

十五年（1820）在广州龙藏街建的羊城书院；道光四年（1824）在广州粤秀山建的学海堂；同治六年（1867）在广州粤秀山建的菊坡精舍；同治八年（1869）在广州粤秀山建的应元书院；光绪十三年（1887）在广州西村建的广雅书院；光绪二十四年（1898）在广州巡抚署右建的增江书院。①

因众多书院的建立，吸引了大量省内外儒学大师、著名学者与门生门徒聚足省会，部分人因此举家落户省城，形成了一些书香世家，当然也促进了广州文化学术艺术方面的繁荣。

现据民国年间刘伯骥所著的《广东书院制度沿革》一书，将清代常居省城的名师整理如下：

表1　　　　　　　　　　清代常居省城广州的名师简表

姓名	籍贯	学历	履职时间	就职机构	著述	备注
刘祖启	广东东莞	岁贡	康熙年间	穗城书院	《易经存俟》《四书存俟》《留槲堂诗文集》	第224页
梁玉顾	广东番禺	岁贡	雍正年间	粤秀书院	《南樵集》《唐诗截句英华》	第224页
梁壶州	广东顺德	进士	雍正年间	粤秀书院	《宦游稿》《囊剩稿》《入燕吟》《一路笔谈》《金陵草》	第224页
杨缵绪	广东大埔	进士	雍正年间	粤秀书院		第225页
王植	直隶深潭	进士	乾隆元年	粤秀书院	《权衡》等	第225页
詹宣亭	广东饶平	进士	乾隆二年	粤秀书院		第225页
杨紫川	江苏扬州	进士	乾隆八年	粤秀书院		第226页
梁燮庵	广东顺德	进士	乾隆八年	粤秀书院	《彭衙编》《彭衙二编》《礼鹄》《诗鹄》《训俗迩言》《十诗选》《鉴塘子古文选》《赐衣堂文集》《鉴塘诗钞》《葭州吟》《北岸小草》《鉴湖诗续编》《明文粹》《国朝墨粹》《考卷粹》	第226页

---

①　以上书院载（民国）刘伯骥《广东书院制度沿革》，商务印书馆1938年版，第47—77页。

续表

姓名	籍贯	学历	履职时间	就职机构	著述	备注
徐廷栋	江苏无锡	进士	乾隆十二年	粤秀书院	《澹云诗草》《梁溪诗话》	第227页
郭植	福建古田	进士	乾隆十二年	粤秀书院	《经史五问》《月坡诗集》	第227页
何梦瑶	广东南海	进士	乾隆十五年	粤秀书院	《菊芳园诗抄》《皇极经世易知录》《算迪》《三角辑要》《庚和录》《移灯余话》《医砭》《绀山医案》《针灸》	第228页
				越华书院	《吹云集》《比例尺解》《诗续抄》《罗溪梦暖》	
杭世骏	浙江仕和	进士	乾隆十七年	粤秀书院	《石经考异》《诸史然疑》《两汉书蒙》《三国志补注》《晋书补传赞》《文选课虚》《续方言》《余话》《以史质疑》《史记考异》《汉书疏证》《祀记集说》《礼例续》《岭南集》等	第229页
夏之蓉	江苏高邮	进士	乾隆十九年	粤秀书院	《半舫斋诗文集》	第229页
冯成修	广东南海	进士	乾隆二十年	粤秀书院 越华书院	《文基文式》《养正要规》《学庸集要》《人生必读》《书纂要》《粤秀学约》	第230页
沈廷芳	浙江仕和	进士	乾隆二十一年	粤秀书院	《隐拙斋集》	第230页
范咸	浙江钱塘	进士	乾隆二十三年	粤秀书院	《周易原始》《读经小识》《浣浦诗钞》《碧山楼台古今文稿》《玉堂蠹余》《奏议》《粤秀拔萃录》	第231页
于光华	江苏金坛		乾隆二十六年	粤秀书院		第231页
陆嘉颖	浙江仕和	进士	乾隆二十一年	粤秀书院		第231页
柴屿青			乾隆二十八年	粤秀书院		第232页
朱纫兰	江西南昌	进士	乾隆三十七年	粤秀书院		第233页
戴均元	江西大庾	进士	乾隆四十八年	粤秀书院		第234页

续表

姓名	籍贯	学历	履职时间	就职机构	著述	备注
熊为霖	江西建昌	进士	乾隆四十九年	粤秀书院	《鹤峤诗钞》	第234页
饶庆捷	广东大埔	进士		越华书院	《桐荫诗集》	第235页
陈其煃	广东新会	进士	乾隆五十二年	粤秀书院		第235页
戴咸亨			乾隆六十年	粤秀书院		第236页
龙廷槐	广东顺德	进士	乾隆年间	越华书院	《敬学轩文集》	第239页
蔡之定	浙江清德	进士	嘉庆三年	粤秀书院		第240页
冯敏昌	广东钦州	进士	嘉庆六年	粤秀书院	《小罗浮草堂诗集》《师友渊源集》《素心集》	第240页
陈昌齐	广东海康	进士	嘉庆四年	粤秀书院	《赐玉堂文钞》《诗钞》《荀子证证》《老子正续》《经典释文》《附录历代音韵流变考》《梦辞音辨》《天学胆说》《营兆约旨》《囊玉术》《秘旨别传》《大戴记》《二十子》《淮南子正误》《吕氏春秋正误》《测天约术》	第240页
汤藩	江西南丰	进士	嘉庆八年	粤秀书院		第241页
宋湘	广东嘉应	进士	嘉庆八年	粤秀书院	《不易居斋集》《丰湖漫草》《燕台滇蹄》	第241页
梁殿珍	广东番禺	岁贡	嘉庆八年	禺山书院		第241页
李传熊	江西临川	进士	嘉庆九年	粤秀书院		第241页
刘彬华	广东番禺	进士	嘉庆九年	粤秀书院	《岭南群雅集》	第242页
谢兰生	广东南海	进士	嘉庆十一年	粤秀书院 羊城书院 越华书院	《常惺惺斋诗文集》《北游纪略》	第242页
姚启戩			嘉庆十一年	粤秀书院		第242页
李黼平	广东嘉应	进士	嘉庆十一年	越华书院	《异刊误》《文选异义》《读杜韩笔记》《赋》《诗集》《毛诗绅义》《吴门集》《楠归集》	第242页

续表

姓名	籍贯	学历	履职时间	就职机构	著述	备注
邱先德	广东番禺	进士	嘉庆十一年	粤秀书院 禺山书院	《滋畲制义》《赓扬集》《增订韵文辨同》《学殖草堂集》	第243页
魏春松	浙江杭州	进士	嘉庆十九年	粤秀书院		第244页
钱栻	浙江仕和	进士	嘉庆二十一年	粤秀书院		第244页
许乃济	浙江仕和	进士	嘉庆二十二年	粤秀书院	《范经堂存稿》《燕滇雪迹集》	第245页
张岳崧	广东定安	进士	嘉庆二十五年	粤秀书院	《筠心堂诗文集》《河北纪》《公牍偶存》	第245页
谢光国	广东番禺	举人	嘉庆年间	禺山书院	《谢氏诗钞》	第246页
苏鸿	广东番禺	举人	嘉庆年间	禺山书院	《侣石山堂诗草》	第246页
凌日升	广东番禺	进士	嘉庆年间	禺山书院		第246页
陈鸿墀	浙江嘉善	进士	嘉庆年间	越华书院	《全唐文纪事》	第247页
何相文	广东博罗	进士	道光二年	粤秀书院		第249页
吴应逵	广东鹤山	举人	道光六年	学海堂	《雁山诗文集》《谱荔轩笔记》《岭南荔枝谱》《鹤山县志》	第250页
林伯桐	广东番禺	举人	道光六年	学海堂	《修本堂丛书》	第250页
吴兰修	广东嘉应	举人	道光六年	学海堂	《南汉纪》《南汉地理志》《南汉金石志》《宋史地理志补正》《端溪砚史》《荔村吟草》《桐华阁词》《石窠文集》	第250页
马福安	广东顺德	举人	道光六年	学海堂	《止斋文钞》《贞冬诗存》《鉴古录》《明代名臣传赞》	第250页
熊景星	广东南海	举人	道光六年	学海堂	《吉羊溪馆诗钞》	第250页
徐荣	粤八旗	举人	道光六年	学海堂	《大戴礼补注》《梅统》《日新要录》《怀古田舍诗节钞》	第250页
赵均	广东顺德	副贡	道光六年	学海堂	《自鸣轩吟草》	第250页
曾钊	广东南海	拔贡	道光六年	学海堂	《周礼注疏小笺》《虞书命义和章解》《论语述解》《校增字林》《汉晋名誉考》《面城楼集》等	第251页

续表

姓名	籍贯	学历	履职时间	就职机构	著述	备注
王鉴心	广东南海	举人	道光元年	文澜书院	《匪不可斋讲义》《诗草》《易经图说》	第251页
陈厚甫	江南元和	进士	道光八年	粤秀书院	《听雨轩制义》	第252页
张维屏	广东番禺	拔贡	道光九年	学海堂	《松心诗集》《读经求异》《经学异同》《史镜》《国朝诗文征略》《松心文集》《谈艺录》《松心十集》《松心杂诗》《听松庐骈集文》《诗话》《松心日录》《松轩随笔》《老渔闲话》《庐秀录》《花甲闲谈》《桂游日记》《春游唱和诗》《听松庐诗钞》	第253页
黄子高	广东番禺	生员	道光十年	学海堂	《石溪文集》《知稼轩》《续三十五举》《粤诗蒐逸》	第253页
区玉章	广东南海	进士	道光十年	粤秀书院		第253页
谢念功	广东南海	举人	道光十二年	学海堂	《梦草草堂诗草》《北游诗》	第253页
仪克中	广东番禺	举人	道光十四年	学海堂	《剑光楼诗文词集》《笔记》	第254页
陈其锟	广东番禺	进士	道光十七年	羊城书院	《骈散集文稿》《含春》《载酒》《循陔》《月波楼》《琴言词集》	第254页
侯康	广东番禺	举人	道光十七年	学海堂	《春秋古经说》《穀梁礼证》《后汉书补续》《三国志补注续》《补后汉书艺文志》《补三国艺文志》《惜烛山房诗草》	第254页
黄培芳	广东香山	副贡	道光十八年	学海堂	《易宗》《尚书汉学》《书训纂》《诗义参》《春秋左传异》《礼记郑注异》《十三经或问》《四书阐注》《四书考释》《国风诗法隅举》《史传事略》《浮山小志》《重修青山县志》《端州金石略》《云泉随札》《虎坊杂识》《日下偶笔》《岭海楼课本》《缥缃杂录》《藤荫小记》	第255页

续表

姓名	籍贯	学历	履职时间	就职机构	著述	备注
黄培芳	广东香山	副贡	道光十八年	学海堂	《粤岳草堂诗话》《北行日记》《诗法举要》《粤岳山人集》《香石题画绘事随笔》《北行小草》《广三百首诗选》《律诗钞》等	第255页
谭莹	广东南海	优贡	道光十八年	学海堂	《娄志堂诗文正续集略》《岭南遗书》《粤雅丛书》《粤东十三家集》《楚庭旧遗诗》《续国朝骈体正宗》	第257页
陈澧	广东番禺	举人	道光二十年	学海堂	《菊坡精舍集》《声律通考》《琴律谱》《说文声表》《说韵考六卷外篇三卷》《水经注提纲》《陆象山书钞》《唐家歌词新谱》《老子注》《东塾先生遗诗》《正雅集摘钞》《学思录》《文镜》《春鸿集》等	第258页
			同治六年	菊坡精舍		
梁廷枏	广东顺德	副贡	道光二十年	学海堂	《夷氛闻记》《粤道贡图说》《南越五主传》《南汉丛录》《江南春词补传》《南越丛书》《东坡事类》《续修四库全书》《藤花亭镜谱》《藤花亭书画跋》《金石称例》《越华纪略》《藤花亭论语古解》《断缘梦杂剧》《昙花梦杂剧》《经办祀典事迹册》《南汉书》《考异》《丛录》《金石文字记》	第259页
			道光年间	越华书院	《书余》《碑文摘奇》《兰亭考》《澄海训士录》《惠济仓建署略》《藤花亭散体文》《藤花亭诗集》《藤花亭散曲谱》《经辨祀典》《英吉利国记》《续金石称例》《粤海关志》《东行日记》《海国四说》《南汉文字略》《耶稣教难入中国说》《越台舆颂》《粤秀书院志》	
何朴园	广东南海	进士	道光二十五年	粤秀书院	《周易补注》《四书讲义》《一经堂家训》	第260页
杨荣绪	广东番禺	进士	道光二十五年	学海堂	《十三经旨义考》《左传博引》《读律题纲》	第260页

续表

姓名	籍贯	学历	履职时间	就职机构	著述	备注
邓士宪	广东南海	进士	道光二十九年	羊城书院 越华书院	《诚慎堂集》	第261页
王映斗	广东定安	进士	道光三十年	越华书院	《诗文公牍集》	
周日新	广东番禺	进士		禹山书院		第262页
仇效忠	广东灵山	进士		越华书院		第263页
李光彦	广东嘉应	进士	道光年间	越华书院	《易钥》《职思斋文集》	第264页
梁绍献	广东南海	进士	咸丰二年 同治三年	西湖书院 羊城书院		第264页
金锡龄	广东番禺	进士	咸丰三年	学海堂 禹山书院	《周易雅训》《毛诗释例》《礼记陈氏集说刊正》《佐传补疏》《穀梁释义》《理学庸言》《劬书室集》	第265页
史澄	广东番禺	进士		粤秀书院	《鉴古迩言》《史氏本源录》《退思轩行年日记》《古今体诗》《继园随笔》《实录馆范例》《安和堂世范》《趋庭琐语》	第265页
何若瑶	广东番禺	进士	咸丰六年	禹山书院	《海陀华诗文集》《公羊注疏质疑》	第266页
邹伯奇	广东南海	生员	咸丰七年 咸丰八年	学海堂 学海堂	《学计一得》《补小尔雅释度量衡》《格术补》《对数尺记》《乘方捷术》《舆地全图》《广韵玉篇类音》《甲寅恒星表》《赤道黄道星图》《黄道星图》《测量备要》等	第266页
陈良玉	粤八旗	举人	咸丰九年	学海堂	《格窝诗词钞》《遗稿》	第267页
陈献甫	广西象州	进士	咸丰十年	越华书院		第267页
陈璞	广东番禺	举人	咸丰十一年	学海堂	《尺冈草堂遗诗文》《缪篆分韵补正》	第267页
沈史云	广东番禺	进士	咸丰年间	越华书院 应元书院		第268页
罗家勤	广东顺德	进士	咸丰年间	羊城书院		第268页

续表

姓名	籍贯	学历	履职时间	就职机构	著述	备注
李光廷	广东番禺	进士	同治二年	学海堂	《汉西域图考》《广元遗山年谱》《北程考实》《宛湄书屋文钞》《诗钞》《普法战纪辑要》《彭春洲先生诗谱》	第270页
周寅清	广东顺德	进士	同治二年	学海堂	《典三胜稿》《杂著》	第270页
黎兆棠	广东顺德	进士	同治六年	羊城书院		第271页
李征蔚	广东南海	举人	同治九年	学海堂	《李氏遗稿》	第271页
李文田	广东顺德	进士	同治十二年	应元书院		第272页
苏梯云	广东南海	举人		学海堂	《培厚堂》《四书互证录》《五经证义》《培厚堂杂文》	第273页
梁肇煌	广东番禺	进士	同治十二年	越华书院	《读书撮要》《读史择录》《思诚斋文集》	第273页
潘乃成	广东南海	生员		学海堂		第274页
樊封	粤八旗	副榜	光绪元年	学海堂	《驻粤八旗志》《南海百咏续篇》《海语阁日记》《朴庵笔记》《辙北帆南艒尾诗集》《蝉红集》等	第275页
何如铨	广东南海	举人	光绪二年	学海堂	《重辑桑园围志》	第275页
许其光	广东南海	进士	光绪三年	学海堂		第275页
梁肇晋	广东番禺	进士	光绪三年	禺山书院	《希古堂诗文集》	第275页
黄槐森	广东香山	进士	光绪三年	粤秀书院		第276页
潘衍桐	广东南海	进士	光绪四年	越华书院	《朱子论语集注训诂考》《尔雅正郭》《缉雅堂诗话》《拙余堂诗文集》	第276页
伍学藻	广东顺德	岁贡	光绪五年	学海堂	《十二芙蓉池馆遗稿》	第276页
谭宗浚	广东南海	进士	光绪六年	学海堂	《辽史纪事本末》《希古堂文甲集乙集》《荔村草堂诗钞续钞》《芸结斋赋草》《希古堂笔记》《止庵笔记》等	第276页
潘宝鐄	广东番禺	进士	光绪六年	禺山书院 / 粤秀书院	《望琼仙馆诗钞》	第276页
张鼎华	广东番禺	进士	光绪七年	越华书院		第277页

续表

姓名	籍贯	学历	履职时间	就职机构	著述	备注
陈瀚	广东南海	举人	光绪七年	学海堂	《崇古堂集》《桑乾河考》《河源考》《毛诗经传文刊误》	第277页
廖廷相	广东南海	进士	光绪七年	学海堂	《礼表》《群经古今文家法考》《粤东水道分合表》《广雅答问》《读史札记》《安攘录》《廖氏文集》《北郭草堂集》《广雅书院藏书目录》《广东舆地图说条例》《金石考略》	第277页
				羊城书院		
				应元书院		
				粤秀书院		
			光绪十二年	广雅书院		
黎维枞	广东南海	廪贡	光绪八年	学海堂		第278页
高学耀	广东番禺	附贡	光绪八年	学海堂		第278页
张其翻	广东嘉应	举人	光绪十一年	学海堂	《两汉朔闰表》《两汉提要札记》《两汉日月征信》《三国志讨论》《南汉读书杂记》《算法统宗难题衍》《方程正负定式》《量仓八法》《星学入门》《军帐从事》《辨真亮室文稿赋钞》《入陕归田记》《春秋长历三统校勘表记》	第279页
林国赓	广东番禺	进士	光绪十二年	学海堂	《读陶集札记》《元史地理今释》《近鉴斋经说》《軥录斋读书偶记》《读顾氏日知录札记》《校正影宋本北堂书钞》	第279页
			光绪十六年	广雅书院		
黄绍昌	广东香山	举人	光绪十二年	学海堂	《三国志音义》《秋琴馆诗文集》《带花倚剑堂词》	第279页
			光绪十六年	广雅书院		
何璟	广东香山	进士	光绪十二年	应元书院	《春秋大义录》《通鉴大战录》《奏议》《事余轩诗》	第280页
陶福祥	广东番禺	举人	光绪十三年	禺山书院	《爱庐经说丛钞》《北堂书钞校字记》《梦溪笔谈校字记》《东汉刊误》《爱庐文集》	第280页
			光绪五年	学海堂		
梁鼎芬	广东番禺	进士	光绪十五年	广雅书院		第280页

续表

姓名	籍贯	学历	履职时间	就职机构	著述	备注
林国赞	广东番禺	进士	光绪十四年	学海堂	《三国子裴志述》《三国疆界志补正》《读三国志杂志》《读史丛考》《三国臆说》《读史记日录》《读汉书日录》《读诸史日录》《读日知录札记》	第 281 页
朱一新	浙江义乌	进士	光绪十六年	广雅书院		第 281 页
黄涛	广东番禺	附生	光绪十六年	广雅书院		第 281 页
马贞榆	广东顺德	廪生	光绪十六年	广雅书院	《尚书课程》《左传口义》《经学课程》《周易要旨》《读左传法》《历代地理志韵编今释校勘记》《地理韵篇唐志补阙正误考异》	第 281 页
漆葆熙	广东番禺	举人		学海堂 广雅书院	《笃志堂集》	第 283 页
何荣楷	广东番禺	进士		应元书院		第 283 页
潘宝琳	广东番禺	进士	光绪十八年	粤秀书院		第 283 页
叶衍兰	广东番禺	进士	光绪十八年	越华书院	《鸿爪前游日记》《秋梦庵词》	第 283 页
邓蓉镜	广东东莞	进士	光绪二十年	广雅书院	《续清朝先正事略》《知止堂随笔》《诵芬堂诗文稿》《邑志稿》	第 284 页
丁仁长	广东番禺	进士	光绪二十三年	越华书院 学海堂	《丁潜客先生遗诗》《毛诗传信笺义例考证》	第 284 页
周汝钧	广东番禺	进士	光绪二十四年	学海堂		第 284 页
陈庆苏	广东番禺	副贡	光绪二十四年	广雅书院		第 285 页
杨裕芬	广东南海	进士		学海堂 菊坡精舍		第 286 页
刘昌龄	广东番禺	增贡	光绪初年	学海堂 菊坡精舍	《经学厄言》	第 287 页

续表

姓名	籍贯	学历	履职时间	就职机构	著述	备注
姚筠	广东番禺	举人	光绪年间	学海堂 菊坡精舍		第287页
凌端	广东番禺	进士	光绪年间	禹山书院		第288页
于式枚	广西贺县	进士	光绪年间	菊坡精舍		第288页
吴道镕	广东番禺	进士	光绪年间	学海堂	《明史乐府》	第288页
梁起	广东南海	举人	光绪年间	菊坡精舍		第288页
汪兆铨	广东番禺	举人	光绪年间	菊坡精舍	《惺默斋诗文词》《芄楚轩诗集续集》	第288页
陈庆修	广东番禺	举人	光绪年间	菊坡精舍	《读周礼札记》	第289页
郑权	广东番禺	举人	光绪年间	菊坡精舍	《玉山草堂骈体文》	第289页
范公诒	广东番禺	优贡	光绪年间	学海堂	《水经注书目碑目存佚考》《粤东金石录补正》《宋元刻汉书考》《洁庵文集》	第289页
韩贞元	旗人		光绪年间	学海堂		第289页

诚如撰者在序言所称，"所得资料很少……有些资料根本上缺乏无法查得"①，故遗漏难免，只有粤秀书院、学海堂等因留下详细的书院志而资料较为详备。有些讲师的名字是用字号来表示，增加了后人考证的困难。如雍正年间粤秀书院山长梁壶州实为梁学源，乾隆二年（1737）粤秀书院山长詹宣亭实为詹志远，乾隆八年（1743）粤秀书院山长梁燮庵实为梁善长，粤秀书院道光八年（1828）山长陈厚甫实为陈钟麟，粤秀书院道光二十五年（1845）粤秀书院山长何朴园实为何文绮，禹山书院山长凌端误作何凌端，等等。但仅从表1可知，讲学者不少来自外地甚至是外省的名流，其中还有不少人著书立说。虽然《广东书院制度沿革》一书收录的名人著述有所遗漏，但从山长们大量的著述已可佐证清代广州文化学术方面的繁荣。

---

① （民国）刘伯骥：《广东书院制度沿革》，商务印书馆1938年版，"自序"第3页。

二 十三行设立引发的文化现象

广州十三行是清代由朝廷指定的对外贸易的牙行。随着乾隆二十二年（1757）乾隆皇帝仅留粤海关一口对外通商上谕的颁布，清朝的对外贸易锁定广州十三行，激活了通往欧洲、拉美、南亚、东洋和大洋洲的环球贸易航线，成为清政府闭关政策下唯一幸存的海上丝绸之路。

所谓十三行，是刚设立时的行商数量，在十三行存活期内，商号有增有减、有进有退，少则数间，多至二十余间，如两广总督卢坤在道光十四年（1834）十二月所奏的《为遵旨查明洋商并无与律劳卑勾结情弊并审拟玩忽洋商片》，开列了一份行商的清单："惟查捐职布政司理问职衔之洋商严启祥即严启文，于夷目律唠啤①来至省外夷馆以前，已知其在该商所保之港脚渔船居住，并不即时禀报，殊属违玩。应革去职衔，照违制律，杖一百，折责发落。总商伍敦元、卢文锦充当洋行商总，于夷目来粤者既不先行查禀，迨节饬传谕，又无能为，实属不合。应照不应重律，杖八十。散商潘绍光、谢棣华、李应桂、梁承禧、潘文涛、马佐良、潘文海、吴天垣失于查禀，亦属疏忽。"②以上所列行商为十一人。

自康熙二十四年（1685）起从事对外贸易，至乾隆二十二年（1757）开始一口通关，到道光二十二年（1842）签订《南京条约》为止，广州十三行垄断外贸特权达85年。鸦片战争之后五口通商，十三行虽然失去了独揽外贸的特权，但仍有一定份额的外贸生意，在

---

① 以上"律"字原有口字旁。
② 中国第一历史档案馆主编：《鸦片战争档案史料》第一册，上海人民出版社1987年版，第175页。

广州乃至珠三角一带形成了独特的商业文化现象。

据《广东十三行考》序篇所记:"又关于十三行之行名人名,彼等所举者,或仅举英文商名,或只举中文姓氏,又或只举其洋行行名,而不及个人姓氏及英文商名,且每多漏误。Cordier 所知行商历史较多,彼曾自伍怡和后人伍金城处,得行商名表一纸,但表内名号有错误遗漏者,彼未能改正填补。"[1] 序篇对十三行商家名讳、商号、商名、里籍、家世进行了列举以及相关的考证勘误,在《广东十三行考》第三章《广东十三行行名人名及行商事迹考》中,还分为三十四节分别介绍了资元行、同文行、同孚行、义丰行、泰和行、裕源行、丰进行、逢源行、万和行、广顺行、源泉行、而益行、怡和行、源顺行、吴昭平商行、广利行、达成行、义成行、东生行、丽泉行、会隆行、西成行、福隆行、万成行、天宝行、东裕行、东兴行、万源行、茂生行、兴泰行、中和行、顺泰行、仁和行、孚泰行、同顺行、福顺行、东昌行、安昌行、隆记行共三十九家,这些洋行有些数年即破产,甚至未留下商号、商名,有些延续数十年,由富而贵跃升为广州的名门望族,留下了灿烂的文化。

根据《广东十三行考》的内容,可以归纳出历年十三行的行号商名及商人籍贯,笔者又补充行商家族在科举、入仕方面的情况以及文化上的成就如表2所示。

表2　　　　　　广东十三行行商籍贯、科名与著述简表

洋行	行商	商名	原籍	存在时间	科名履历与著作	资料来源
资元行	黎光华	未详	福建晋江	雍乾年间		第256页
同文行	潘振承与子潘有度(潘致祥)	启官	福建同安	乾嘉年间	该栏潘氏另表	第259页

---

[1] (民国)梁嘉彬:《广东十三行考》,国立编译馆1937年版,第1页。

续表

洋行	行商	商名	原籍	存在时间	科名履历与著作	资料来源
同孚行	潘有度与子潘正炜（潘绍光）	正官	福建同安	嘉道年间	该栏潘氏另表	第262页
中和行	潘国荣（潘文涛）与子潘继光	明官 铭官	未详	道光年间		第345页
仁和行	潘世荣（潘文海）	海官		道光年间		第347页
丽泉行	潘长耀	昆水官	福建同安	嘉道年间		第314页
义丰行	邱氏转蔡昭复、蔡国辉兄弟	未详	未详	乾隆年间		第273页
泰和行	颜时瑛	瑛琇	广东南海	乾隆年间	颜惇恪《常惺惺诗集》①；颜时普《观心集》②；颜斯总《听秋草堂诗钞》③；颜嵩年《越台杂记》④；颜叙铬《重修颜氏迁粤家谱》⑤；颜叙适，举人⑥；颜葆濂《舟车随笔》《香藻堂杂记》⑦	第276页
裕源行	张天球	球秀	福建	乾隆年间		第276页
丰进行	倪文宏	未详	未详	乾隆年间		第278页
达成行	倪秉发（倪科联）	秉官	未详	乾嘉年间		第307页

---

① 颜惇恪，时瑛侄，进士，有《常惺惺诗集》，见光绪《广州府志》卷128，列传17，第18页，《中国方志丛书》第1号，（台湾）成文出版社1966年版，第279页。

② 颜时普，时瑛弟，有《观心集》，见《岭南群雅》二集，颜谷田，第1页，《广州大典》第496册，广州出版社2015年版，第234页。

③ 颜斯总，时瑛侄，举人，有《听秋草堂诗钞》，见《广州大典》第454册，广州出版社2015年版，第735页。

④ 颜嵩年，斯总子，有《越台杂记》，见吴绮、罗天尺、李调元、黄芝、颜嵩年撰《清代广东笔记五种》，广东人民出版社2015年版，第462页。

⑤ 颜叙铬，时瑛侄孙，有《重修颜氏迁粤家谱》，（清同治十三年）颜叙铬纂修，见省立中山图书馆藏本。

⑥ 颜叙适，时瑛侄孙，举人，乐会训导，昌化教谕，见《重修颜氏迁粤家谱》，省立中山图书馆藏本。

⑦ 颜葆濂，时瑛侄孙，有《舟车随笔》，见《广州大典》第396册，第727页；《香藻堂杂记》，见《广州大典》第397册，广州出版社2015年版，第775页。

续表

洋行	行商	商名	原籍	存在时间	科名履历与著作	资料来源
逢源行	蔡世文	文官	未详	乾隆年间	蔡廷榕《古琴室诗钞》①	第280页
万和行	蔡世文	文官	未详	乾隆末年居总商		第282页
广顺行	陈广顺	未详	未详	乾隆年间		第283页
源泉行	陈源泉	未详	未详	乾隆年间		第283页
而益行	石中和	未详	未详	乾隆年间		第285页
怡和行	伍秉鉴（伍忠诚）与子伍崇曜（伍绍荣）	浩官	福建晋江	乾嘉道年间	伍崇曜《粤雅堂吟草》《岭南遗书》《纪元篇韵》《粤雅堂丛书》《粤十三家集》《楚庭耆旧遗诗》②，伍秉镛《渊云墨妙山房诗钞》《梅关步武图咏》③，伍元华《延辉楼吟稿》《经验良方》④，伍元薇《池西草堂诗稿》⑤，伍元蕙《南雪斋藏真》《澄观阁摹古帖》⑥，伍元葵《月波楼诗钞》⑦，伍	第288页

---

① 蔡廷榕，有《古琴室诗钞》，见《国朝诗人征略》二编，卷58，第40页，周骏富主编《清代传记丛刊》第23册，（台湾）明文书局1985年版，第777页。

② 伍崇曜，秉鉴子，举人，有《粤雅堂吟草》，见同治《南海县志》卷10，第19页，《中国方志丛书》，（台湾）成文出版社1967年版，第50号，第182页。有《岭南遗书》，见《广州大典》第59—64册，《纪元篇韵》，清咸丰五年刻本，省立中山图书馆藏本。《粤雅堂丛书》，见《广州大典》第39—58册。见广东省立中山图书馆藏本。有《粤十三家集》，见《广州大典》第501册，第518页。有《楚庭耆旧遗诗》，见《广州大典》第497册，广州出版社2015年版，第1页。

③ 伍秉镛，秉鉴兄，进士，有《渊云墨妙山房诗钞》，见《广州大典》第450册，广州出版社2015年版，第1页。《梅关步武图咏》见《广州大典》第505册，广州出版社2015年版，第305页。

④ 伍元华，秉鉴子，有《延辉楼吟稿》《经验良方》，见民国《番禺河南小志》卷八，人物，《海上明珠集》，广州市珠海区人民政府1989年编印本，第221页。

⑤ 伍元薇，秉鉴子，有《池西草堂诗稿》，见民国《番禺河南小志》卷八，人物，《海上明珠集》，广州市珠海区人民政府1989年编印本，第221页。

⑥ 伍元蕙，秉鉴侄，有《南雪斋藏真》《澄观阁摹古帖》，见民国《番禺河南小志》卷八，人物，第221页，《海上明珠集》，广州市珠海区人民政府1989年编印本，第221页。

⑦ 伍元葵，秉鉴侄，有《月波楼诗钞》，见《广州大典》第462册，广州出版社2015年版，第363页。

续表

洋行	行商	商名	原籍	存在时间	科名履历与著作	资料来源
怡和行	伍秉鉴（伍忠诚）与子伍崇曜（伍绍荣）	浩官	福建晋江	乾嘉道年间	绍棠《守雅堂诗话》《守雅堂词钞》①，伍延鎏《梅谱》《岭南画征略》②，伍肇基《红棉山馆吟草》③，伍德彝《松台馆诗钞》《浮碧池集》《松台馆花甲唱酬谢集》《介寿集》《绿杉轩集印》④	第288页
源顺行	未详	未详	未详	乾嘉年间		第298页
吴昭平商行	吴昭平	未详	未详	乾隆末年		第301页
广利行	卢观恒、卢文蔚（卢继光）、卢文锦、卢棣荣	茂官	广东新会	乾嘉道年间嘉道年间总商	卢文锦《鉴史提纲》⑤	第302页
义成行	叶上林	仁官	福建	乾嘉年间		第311页
东生行	刘德章与子刘承澍、刘家听	章官	安徽	嘉道年间		第313页
会隆行	郑尚乾与子郑崇谦（郑芝茂）	谦官	未详	乾嘉年间		第316页
西成行	黎光远、黎颜裕	未详	广东顺德	嘉道年间		第324页
同泰	麦觐廷	未详	未详	嘉道年间		第323页
福隆行	邓兆祥转关成发	未详	广东顺德	嘉道年间		第326页
万成行	沐士方	未详	浙江宁波	嘉道年间		第328页

---

① 伍绍棠，崇曜子，有《守雅堂诗话》《守雅堂词钞》，见民国《番禺河南小志》卷八，人物，第25页，《海上明珠集》，广州市珠海区人民政府1989年编印本，第221页。

② 伍延鎏，秉鉴侄曾孙，有《梅谱》，见民国《番禺河南小志》卷八，人物，《海上明珠集》，广州市珠海区人民政府1989年编印本，第222页。

③ 伍肇基，秉鉴孙，有《红棉山馆吟草》，见民国《番禺河南小志》卷八，人物，《海上明珠集》，广州市珠海区人民政府1989年编印本，第222页。

④ 伍德彝，延鎏子，有《松台馆诗钞》《浮碧池集》《松台馆花甲唱酬谢集》，《介寿集》《绿杉轩集印》，见民国《番禺河南小志》卷八，人物，《海上明珠集》，广州市珠海区人民政府1989年编印本，第222页。

⑤ 卢文锦：《鉴史提纲》，见《广州大典》第354册，广州出版社2015年版，第163页。

续表

洋行	行商	商名	原籍	存在时间	科名履历与著作	资料来源
天宝行	梁经国与子梁纶枢（梁承禧）	经官	番禺黄埔	嘉道年间总商	梁同新《碧山草堂诗文集》《图书奥义》《矩亭遗集》《梁大京兆奏议》①，梁肇煌《读书撮要》《读书摘录》《思诚斋文集》②，梁肇晋《希古堂诗文集》③，梁庆奎，举人④，《式洪室诗文遗稿》⑤；梁庆禄《粤东书院新艺》⑥，梁广照《柳斋遗集》⑦，梁方仲《梁方仲文集》《明代户口田地及田赋统计》⑧，梁嘉彬《广东十三行考》《明史佛郎机传考证》⑨	第334页
东裕行	谢嘉梧（谢庆泰）与弟谢嘉桐	鳌官、毫官	福建诏安	嘉道年间		第340页
东兴行	谢嘉梧子谢有仁	鳌官	福建诏安	嘉道年间		第340页

---

① 梁同新，经国子，进士，官至顺天府尹，有《碧山草堂诗文集》《图书奥义》，见民国《番禺县续志》卷19，人物国朝，第16页，《中国方志丛书》，第49号，（台湾）成文出版社1967年版，第246页。

② 梁肇煌，同新子，进士，官至顺天府尹，代理两江总督，有《读书撮要》《读书摘录》《思诚斋文集》，见民国《番禺县续志》卷20，人物国朝，第20页，《中国方志丛书》，第49号，（台湾）成文出版社1967年版，第269页。

③ 梁肇晋，同新子，进士，历任礼部主事，禺山书院山长，有《希古堂诗文集》，见民国《番禺县续志》卷20，人物国朝，第30页，《中国方志丛书》，第49号，（台湾）成文出版社1967年版，第270页。

④ 梁庆奎，同新孙，举人，见顾廷龙主编《清代朱卷集成》第342卷，（台湾）成文出版社1992年版，第25页。

⑤ 梁庆桂，肇煌子，有《式洪室诗文遗稿》，见《近代中国史料丛刊续编》二辑，第68辑，（台湾）文海出版社1974年版。

⑥ 梁庆禄，肇煌子：《粤东书院新艺》，清光绪二十九年刻本，广东省立中山图书馆藏本。

⑦ 梁广照，庆桂子：《柳斋遗集》，香港永安盛印刷厂1962年印本，广东省立中山图书馆藏本。

⑧ 梁方仲，广照子，有《梁方仲文集》，中山大学出版社2004年版；《明代户口田地及田赋统计》，1935年刻本，广东省立中山图书馆藏本。

⑨ 梁嘉彬，有《广东十三行考》，上海国立编译馆1937年版，广东省立中山图书馆藏本。《明史佛郎机传考证》，中山大学文史学研究所1934年版，广东省立中山图书馆藏本。

续表

洋行	行商	商名	原籍	存在时间	科名履历与著作	资料来源
万源行	李应桂（李协发）	未详	未详	道光年间	李鸣盛《春雨楼集》①；李应桂，举人②	第341页
茂生行	林应奎	未详	未详	道光年间		第343页
兴泰行	严启昌	孙青	未详	道光年间		第344页
顺泰行	马展谋（马佐良）	秀官	广东高要	道光年间	马仪清，进士③	第346页
孚泰行	易容之（易元昌）	昆官	广东鹤山	道光年间	易容之，湖北德安知府④；易学清《易修礼堂家谱》⑤，易学灏⑥	第348页
同顺行	吴健彰（吴天垣）	爽官	广东香山	道光年间	吴健彰，江苏分巡苏松太仓道⑦	第349页
福顺行	王大同	未详	未详	道光年间		第351页
东昌行	罗福泰	林官	福建	道光年间		第352页
安昌行	容有光	达官	福建	道光年间		第353页
隆记行	张殿铨	北官	番禺沙湾	道咸年间	张凤华《筑园种树》《番禺张氏克慎堂家谱》⑧，张锡麟《絜园稿钞》《絜园词钞》《陈道人墓志铭》⑨	第354页

① 李鸣盛：《岭南画征略》第224页。有《春雨楼集》，见《清代诗文集汇编》第379册，第1页。

② 李应桂，鸣盛子：《岭南画征略》卷七，《清代传记丛刊》，艺文类，第80册，（台湾）明文书局1985年版，第224页。

③ 马仪清，进士，佐良子，见宣统《高要县志》卷17，选举篇二，第57页，《中国方志丛书》，第174号，（台湾）成文出版社1967年版，第911页。编修，见宣统《高要县志》卷16，选举篇，第57页，《中国方志丛书》，第174号，（台湾）成文出版社1967年版，第827页。

④ 易容之，湖北德安知府，见《清史稿》第295册，列传147，中华书局1977年版。

⑤ 易学清，容之子，进士，《易修礼堂家谱》，（清宣统三年）易学清，易鸿銮等修，广东省立中山图书馆藏本。

⑥ 易学灏，容之子，驻美纽约正领事，见《鹤山玉桥乡易氏族谱》卷之一，文献六，第96页，民国年间雕版印刷本。

⑦ 吴健彰，江苏分巡苏松太仓道，见咸丰四年《大清缙绅全书》第5卷，第50页。

⑧ 张凤华，殿铨子：《筑园种树》，见民国《番禺河南小志》，《海上明珠集》，广州市珠海区人民政府1989年编印本，第242页。《番禺张氏克慎堂家谱》，张锡麟编，1933年广州市广祥印务局铅印本，广东省立中山图书馆藏本。

⑨ 张锡麟，殿铨孙：《絜园稿钞》，1932年刻本，广东省立中山图书馆藏本。《絜园词抄》，1928年刻本，广东省立中山图书馆藏本。《陈道人墓志铭》，1929年刻本，广东省立中山图书馆藏本。

梁嘉彬在考证法国人Coraier《广州之行商》之误时提及:"又以十三洋行商人中,有十二人原籍福建,只易元昌一人为广东土著,又以行商概名某官,为因福建以'官'作普通称呼云云,均属武断,十三行行商原籍多为福建,诚属事实,然据余所知,在彼所举之十三人中,有三人本为广东籍,一人则为安徽籍。"① 可知表2未列明籍贯者,亦多为福建籍人。以上记载大致可了解,当年一批批的十三行行商以及通事、买办、办事人员,入驻广州带来了商业繁荣,又努力由商而仕、著书立说,形成了文化效应。

若论十三行洋商在广州的发展,以福建龙溪潘氏为盛。潘氏开基广州河南,为纪念家乡,开村亦名龙溪乡,广筑园宅,建能敬堂祖祠,修《河阳世系潘氏族谱》,开枝散叶。这支潘氏名人辈出,科名之盛,不亚于后世称为"广州第一家族"的高第街许氏。

表3　　　　　　　广州河南龙溪潘氏名人科名功名与著述表

姓名	关系	科名	仕历	著述
潘正常	振承孙	进士	翰林院庶吉士	《丽泽轩诗钞》（见《番禺潘氏诗略》）②
潘有为	振承子	举人	内阁中书	《看篆楼印谱》、《吉金斋古铜印谱》、《南雪巢诗钞》（见《广州大典》）、《常荫轩诗社萃雅》（见《番禺河南小志》)③
潘有度	振承子			《义松堂遗稿》④

---

① (民国)梁嘉彬:《广东十三行考》,国立编译馆1937年版,第2页。
② 见民国《番禺县续志》卷31,艺文,集部,第10页,《中国方志丛书》,第49号,(台湾)成文出版社1967年版,第397页。
③ 见《广州大典》,第352册,广州出版社2015年版,第491页;见《广州大典》,第353册,广州出版社2015年版,第1页;见《广州大典》,第447册,广州出版社2015年版,第449页;见民国《番禺河南小志》卷八,人物,《海上明珠集》,广州市珠海区人民政府1989年编印本,第215页。
④ 见民国《番禺县续志》卷31,艺文,集部,第7页,《中国方志丛书》,第49号,(台湾)成文出版社1967年版,第396页。

续表

姓名	关系	科名	仕历	著述
潘正亨	有度子		刑部员外郎	《万松山房诗钞》①
潘正炜	有度子			《听帆楼古铜印谱》《听帆楼书画记正续编》②
潘正衡	振承孙	诸生		《黎斋诗草》《常荫轩诗社萃雅》③
潘正绵	有为子	举人		《暹圃诗存》④
潘正琛	振承孙	举人	揭阳训导，刑部员外郎	《北游草》⑤
潘师徵	正炜子	监生		⑥
潘仕扬	正亨子			《三长物室诗钞》（见民国《番禺县续志》艺文）⑦
潘仕光	振承曾孙			《六松园诗草》⑧
潘仕征	正绵子			《培春堂吟草》⑨
潘恕	正衡子			《双桐圃诗钞》《梅花集古》《双桐圃文钞》《灯影词一卷》《十国春秋摘要》《南汉杂事诗》《粤东金石绝句》《桐圃题咏》⑩

---

① 见民国《番禺河南小志》卷八，人物，《海上明珠集》，广州市珠海区人民政府1989年编印本，第215页。

② 见民国《番禺河南小志》卷八，人物，《海上明珠集》，广州市珠海区人民政府1989年编印本，第217页。

③ 见民国《番禺河南小志》卷八，人物，《海上明珠集》，广州市珠海区人民政府1989年编印本，第217页；见《广州大典》，第507册，广州出版社2015年版，第447页；

④ 见民国《番禺县续志》卷31，艺文，集部，第10页，《中国方志丛书》，第49号，（台湾）成文出版社1967年版，第397页。

⑤ 见民国《番禺县续志》卷31，艺文，集部，第10页，《中国方志丛书》，第49号，（台湾）成文出版社1967年版，第397页。

⑥ 见民国《番禺河南小志》卷八，人物，《海上明珠集》，广州市珠海区人民政府1989年编印本，第218页。

⑦ 见民国《番禺县续志》卷31，艺文，集部，第10页，《中国方志丛书》，第49号，（台湾）成文出版社1967年版，第397页。

⑧ 见民国《番禺县续志》卷31，艺文，集部，第16页，《中国方志丛书》，第49号，（台湾）成文出版社1967年版，第400页。

⑨ 见民国《番禺县续志》卷31，艺文，集部，第16页，《中国方志丛书》，第49号，（台湾）成文出版社1967年版，第400页。

⑩ 见民国《番禺河南小志》卷八，人物，《海上明珠集》，广州市珠海区人民政府1989年编印本，第217页。

续表

姓名	关系	科名	仕历	著述
潘定桂	正衡子			《三十六村草堂诗钞》(见《番禺潘氏诗略》)、《睫巢文荟》(见《广州大典》)①
潘光瀛	正衡孙	附贡		《桐庐庭院诗钞》《梧桐庭院词钞》《梧桐庭院文钞》②
潘宝鐄	师征子	进士	翰林院编修 禺山书院山长	《望琼仙馆诗钞》③
潘宝琳④	师征子	进士	翰林院编修 粤秀书院山长	
潘丽娴	潘恕女			《崇兰馆诗钞》《饮冰词》⑤
潘仪增	仕光子			《秋晓庵古铜印谱》、《兰亭砚斋印谱》、《秋晓庵诗稿》、《番禺潘氏诗略》(见《广州大典》)⑥
潘仪燊	未详			《松下清斋小草》(据《番禺潘氏诗略》)⑦
潘飞声	光瀛子			《老剑文稿》《游樵漫草》《香海集》《论岭南词绝句》《说剑堂诗集》《说剑堂集》《说剑堂集诗》《说剑堂集词》《粤东词钞三编》、《在山泉诗话》、《游罗浮日记》、《罗浮纪游》、《粤雨诗汇》、《饮琼浆馆词》、《韶石诗存》、《雨窗杂录》(见《清代稿钞本》)⑧

① 见民国《番禺河南小志》卷八,人物,《海上明珠集》,广州市珠海区人民政府1989年编印本,第217页。
② 见民国《番禺河南小志》卷八,人物,《海上明珠集》,广州市珠海区人民政府1989年编印本,第218页。
③ 见民国《番禺县续志》卷31,艺文,集部,第23页,《中国方志丛书》,第49号,(台湾)成文出版社1967年版,第404页。
④ 见民国《番禺河南小志》卷八,人物,《海上明珠集》,广州市珠海区人民政府1989年编印本,第218页。
⑤ 见民国《番禺县续志》卷31,艺文,集部,第28页,《中国方志丛书》,第49号,(台湾)成文出版社1967年版,第406页。
⑥ 见《广州大典》第353册,广州出版社2015年版,第653页;见《广州大典》第389册,广州出版社2015年版,第113页;见《广州大典》第476册,广州出版社2015年版,第449页;见《广州大典》第508册,广州出版社2015年版,第309页。
⑦ 见民国《番禺县续志》卷31,艺文,集部,第23页,《中国方志丛书》,第49号,(台湾)成文出版社1967年版,第404页。
⑧ 见民国《番禺河南小志》卷六,艺文,《海上明珠集》,广州市珠海区人民政府1989年编印本,第173、185页;见《广州大典》第202册,广州出版社2015年版,第623页;见《广州大典》第231册,广州出版社2015年版,第199页;见《广州大典》第515册,广州出版社2015年版,第31页;见《广州大典》第520册,广州出版社2015年版,第353页;见《广州大典》第507册,广州出版社2015年版,第73页;见《清代稿钞本》三编,第115册,广东人民出版社2007年版。

清代重农轻商，在朝廷的反复盘剥与严酷管理下，十三行的商人不少破产赔累，甚至因犯罪而流放，但也有些家族商而优则仕，晋升了社会阶层，为家族赢得了更大的生存空间。正因如此，行商家族大多重视子侄的教育，争取求仕途、求转型，达到以富入贵的目标。以上的十三行洋商家族中，比较突出的是潘、伍、梁家族，人才辈出；比较特别的是孚泰行的易容之、同顺行的吴健彰两位洋商，直接弃商从政。而泰和行的颜惇恪、顺泰行马仪清、孚泰行的易学清均考取了进士。

还有倪济远，也是住在省城，来自洋商家族的颜嵩年在《越台杂记》里写了倪济远的故事，他可能是来自丰进行的倪文宏或是达成行的倪秉发的家族，或者这两家是同一家族也未可知。只是这些洋行早期已倒闭，洋商被革职和查抄家产，其人其事多已不可考。倪济远是嘉庆二十二年（1817）进士，历官广西北流、贺县、恭城知县，著有《茶嵂舍词稿》。①

三　八旗入驻广州城引起的变化

据《驻粤八旗志》记载："八旗地界，谨按省垣自大北门至归德门止，直街以西概为旗境。自九眼井街以东，至长泰里复西，至直街以东，则属民居。"② 大北门至归德门是广州老城南北走向的中轴线，八旗未入粤时，直街以东为番禺县属地，以西为南海县属地。八旗驻粤后，强占以西的半壁老城。八旗的入驻是在对广州大肆屠杀后完成的。当年人口凋残，锋镝余生之下，不少位于老城西部的原居民不得

---

① 倪济远，见《中国文学家大辞典清代卷》；《味辛堂诗存》，见《广州大典》第458册，广州出版社2015年版，第547页。
② 光绪五年《驻粤八旗志》卷二，建置，地界，第1页，《近代史料丛刊三编》第86辑，（台湾）文海出版社1999年版，第203页。

不另觅住地，或举家返乡。但从另一个角度看，广州也加快了与北方文化的融合。

清朝前期，八旗子弟只能在籍参加武科考试，至嘉庆年间，这种状况得以改变。《驻粤八旗志》记载："嘉庆庚申，廷议驻防旗生果有肯读书向学者，准其在各驻防就近应童生试，时满汉各创立义学，延民籍学行兼优之儒为师。"[①] 也就是说，从嘉庆年间起，八旗子弟可以在当地参加文科考试。于是，他们在当地建学堂，如"明达书院，在书同巷"[②]，"同文馆，在朝天街"[③]。开馆之后，请地方名儒授课，客观上也促进了文化的繁荣。此后，居住在广州城的八旗子弟出现了不少文人墨客、饱学之士，名宦名儒蔚为可观，形成了一些著名的家族，如诗人名宦徐荣及其家族、商廷修的商氏家族、汉军镶白旗的朱氏家族、护理直隶总督崔永安的崔氏家族、学部侍郎李家驹及其李氏家族、镶白旗汉军谈国楫的谈氏家族。在此，笔者对照《驻粤八旗志》及相关资料，列举八旗主要的几大家族与相关名人。

表4　　八旗主要大家族科名、功名与著述简表

旗籍	姓名	科名	主要履历	主要著述	页码或出处
镶白旗汉军朱氏	朱霭	进士	即用知县		卷21 第5页
	朱薇（弟）	举人	南漳知县		卷21 第1页
	朱澍（弟）	举人	奉天府开原县训导		卷23 第18页
	朱朝玠（子）	进士	迪化州知州		卷21 第5页
	朱朝纲（子）	武举	广东抚标右哨千总		卷21 第6页

---

① 光绪五年《驻粤八旗志》卷三，建置，学馆，第16页，《近代史料丛刊三编》第86辑，（台湾）文海出版社1999年版，第283页。

② 光绪五年《驻粤八旗志》卷三，建置，学馆，第16页，《近代史料丛刊三编》第86辑，（台湾）文海出版社1999年版，第283页。

③ 光绪五年《驻粤八旗志》卷三，建置，学馆，第16页，《近代史料丛刊三编》第86辑，（台湾）文海出版社1999年版，第284页。

续表

旗籍	姓名	科名	主要履历	主要著述	页码或出处
正黄旗汉军徐氏	徐荣	进士	学海堂山长、绍兴府知府、护理杭嘉湖道	《怀古田舍诗抄》《大戴礼记补注》《日新要录》《怀古田舍梅统》	卷21第2页
	徐振远（父）		水师协领		卷22第8页
	徐忠善（子）	附生	署理金华府知府、护理浙江督粮道、浙江海运天津局总办	《一心草堂吟稿》《柏庵诗存》	卷21第7页
	徐同善（子）		户部陕西司笔帖式	《小南海诗钞》《谭风月轩诗钞》《花可生词钞》《抗月吟社诗钞》	①
	徐传善（子）	监生	会理州知州	《绛云轩诗钞》	
	徐麟光（孙）		户部郎中	《云庵诗钞》《玉台旧馆词钞》	
	徐受廉（孙）	进士	翰林院编修		
正白旗汉军崔氏	崔永安	进士	护理直隶总督、直隶布政使		卷12第增一页
	崔湛（从曾祖）		汉学教习		卷22第14页
	崔广文（祖）	举人		《寄闲堂时艺》	卷23第8页
	崔广庆（从祖）	举人			卷22第15页
	崔广祥（从祖）	举人			卷23第9页
	崔炎（从父）	举人	内阁中书		卷22第15页
镶黄旗汉军刘氏	刘安科	进士	太和县知县晋宁知州		②
	刘士忠（父）	举人		《绿珊轩诗草》	

---

① 见《清代朱卷集成》（59册）徐受廉档，（台湾）成文出版社1992年版，第29页。

② 见《清代朱卷集成》（61册）刘安科档，（台湾）成文出版社1992年版，第17页。

续表

旗籍	姓名	科名	主要履历	主要著述	页码或出处
正蓝旗汉军李氏	李家驹	进士	浙江省学政、学部右侍郎、资政院总裁	《官制篇》（见《广州大典》第305册，广州出版社2015年版），《李家驹日记》（《中华历史人物别传集》，第八十二册，线装书局2003年版）	①
	李思敬（父）	举人		《寄彝表旧表》（见《中华历史人物别传集》第65册，线装书局2003年版）	
	李家骧（弟）		古巴领事馆书记官，署理随习领事		②
正白旗汉军商氏	商廷修	进士	户部主事		③
	商守信（曾祖）		骁骑校		卷19第14页
	商守道（信弟）		骁骑校		卷19第14页
	商兴源（祖）		领催		卷19第14页
	商兴铎（从祖）		右翼骁骑校		卷20第9页
	商庭燕（兄）	举人	拣选知县		④
	商衍瀛（从子）	进士	翰林院编修		
	商衍鎏（从子）	进士，日本东京政法大学	翰林院编修副总统府顾问	《味灵华馆诗》（清宣统庚戌写刻本），《清代科举考试述略》（见《近代中国史料丛刊续编》第217册）	⑤
	商承祚（从孙）	进士	中大教授	《长沙古物闻见录》（湖南图书馆藏本），《商承祚文集》（中山大学出版社2004年版）	

① 见《最近官绅履历汇编》（民九）李家驹档，（台湾）文海出版社1970年版，第135页。
② 见《最近官绅履历汇编》（民九）李家骧档，（台湾）文海出版社1970年版，第135页。
③ 见《清代朱卷集成》（407册）商廷修档，（台湾）成文出版社1992年版，第347页。
④ 见《清代朱卷集成》（407册）商廷修档，（台湾）成文出版社1992年版，第347页。
⑤ 见《最近官绅履历汇编》（民九）商衍鎏档，（台湾）成文出版社1992年版，第221页。

续表

旗籍	姓名	科名	主要履历	主要著述	页码或出处
正白旗汉军樊氏	樊封	副贡	即用知县 驻粤八旗志总纂 八旗义学掌教 学海堂学长	《续南海百咏》《海语阁日记》《朴庵笔记》《朴学山房》《辙北帆南舫尾诗集》《论语述义》《蝉红集》《捉尘集》	卷23第11页
	樊梦蛟（父）	监生	塾师	《训儿篇》《听雷书屋诗文集》《恭岩札记》《燕游纪程》	卷23第4页
	樊圻（兄）	生员		《柳圃吟草》《此声集》《新杂咏绝句》《醉乡日月记》	卷23第10页
	樊屏（弟）	生员		《老兵闲谈》《清啸堂吟草》	卷23第11页
	樊钟秀（子）	举人	太湖同知		卷23第5页
正红旗汉军杨氏	杨琨	举人			①
	杨靖（祖）		领催		
	杨朝汉（从父）		高州镇游击，参将		
	杨枢（从兄）	生员	驻日本长崎理事 日本参赞、广东实学馆总校习		
	杨晟（弟）	生员	京师大学堂德文正教习、工部郎中		②
正白旗汉军刘氏	刘建中	举人	直隶顺德府训导		卷21第4页
	刘景兆（父）		左翼官学教习		卷22第17页
	刘建德（弟）	举人	石门知县，候补道		卷22第17页
	刘建纶（弟）		副都统		卷22第3页
	刘锡麟（子）		两淮盐场大使		卷21第4页
	刘承绪		乾隆间随征台湾		卷22第14页
	刘劼（子）	增生	有传		卷22第15页

① 来自《清代朱卷集成》（344册），杨琨档，（台湾）成文出版社1992年版，第329页。

② 来自《最近官绅履历汇编》（民九），杨晟档，（台湾）成文出版社1992年版，第286页。

续表

旗籍	姓名	科名	主要履历	主要著述	页码或出处
正白旗汉军刘氏	刘勋（子）		有传		卷22第15页
	刘彦扬（孙）	举人	内阁中书衔		卷22第15页
	刘彦明（孙）	举人			
	刘俊（曾孙）	举人			卷22第15页
镶白旗汉军谈氏	谈森		骁骑校		卷22第15页
	谈建基（子）		将军印务处主稿		卷22第16页
	谈广楠（孙）		协领		卷22第16页
	谈广庆（孙）	翻译进士	奉天知县		卷22第16页
	谈广佩（孙）	翻译进士			卷22第16页
	谈国政（曾孙）	进士	项城知县①		卷22第16页
正白旗汉军冯氏	冯文全		八旗义学清书教习		卷22第15页
	冯文耀（弟）		湖北侯补知县		卷22第16页
	冯濬（子）	翻译进士			卷22第16页
	冯健（子）	进士	浙江即用知县		卷22第16页

由于驻粤八旗志修于光绪五年（1879），一些清末的资料未收录，故表4中笔者参照其他资料做了补充。

以上所选的几大家族，基本上可以看出他们从武官世家向文官世家的转变。其中徐氏、樊氏家族尤以文学世其家，从不重视读书的射骑为业的军人后裔转为书香之族。也有不少八旗子弟成为书画名家，如商廷修，字梅生，善画梅花，《岭南画征略》有传②；还有徐荣，也喜画梅，人称"梅花太守"，《岭南画征略》也有传③；《岭南画征

---

① 见民国《项城县志》卷三，秩官表，第35页。
② 《清代传记丛刊》第80册，（台湾）明文书局1985年版，第279页。
③ 《清代传记丛刊》第80册，（台湾）明文书局1985年版，第242页。

略》有传的还有驻粤八旗籍崔永安与刘安科①。

四 本省籍名人名族落户省城举隅

清代的省城广州随着经济的复苏与政治的稳定，渐渐会聚了各路名家。

首先是从省内各县乡村入城的本省籍的名人。以画名世的何翀，原为南海县"镇涌堡烟桥乡人，家贫，年十二始入塾读书，九阅月即辞家至会城学画纱灯，师从苏美人"②，从此落户省城，成名后在广州河南筑室："寓河南蒙圣里，颜其室曰'竹清石寿斋。'"③ 以书法闻名的香山进士鲍俊，也在广州城里建园林："也园，在大东门内芳草街，道光间香山鲍庶常别墅，中有老榕古干参天。沈荫蔽日，榕之下为榕堂，堂之下为榕塘，塘之上有楼、有亭、有轩、有室。"④ 诗人画家邓大林，原籍香山小榄，搬到省城，"辟地珠江南之芳村，曰杏林庄，以为莳花炼药之所"。⑤ "杏林庄诗社在珠江大通寺之西，道光三十四年香山邓大林所辟园，地不多而幽深雅洁，不设藩垣，奇石林立。中有竹亭、橘井、桂径、蕉林诸胜。"⑥

民国时的《番禺县志》还记录了广州城一带有多个诗文词画社，其中"云泉诗社，在白云濂泉间，嘉庆十七年，黄培芳、张维屏、黄乔

---

① 《清代传记丛刊》第80册，（台湾）明文书局1985年版，第279页。
② 宣统《南海县志》，卷二十一，列传，第8页，《中国方志丛书》，（台湾）成文出版社1974年版，第181号，第1736页。
③ 民国《番禺河南小志》，卷八，人物，《海上明珠集》，广州市珠海区人民政府1989年编印本，第243页。
④ 民国《番禺续县志》卷40，古迹，园林，第20页，《中国方志丛书》，第49号，（台湾）成文出版社1974年版，第569页。
⑤ 民国《香山县志续编》卷16，杂记，第13页，《中国方志丛书》，第111号，（台湾）成文出版社1967年版，第595页。
⑥ 民国《番禺续县志》卷40，古迹，园林，第26页，《中国方志丛书》，第49号，（台湾）成文出版社1967年版，第572页。原文道光三十四年有误，道光无三十四年。

松、林伯桐、谭敬昭、段佩兰、孔继勋七人创建云泉山馆而结社"。①其中黄培芳来自香山仁都,谭敬昭来自阳春城西,孔继勋来自南海孔村。"袖海楼诗社,在永清门外珠江之滨,是许祥光别业。尽取东坡袖中有东海诗意,复室连楹,造构奇巧,陈澧有文纪之,咸丰二年,许祒光复启诗社于此。"②许氏原居省城南门外高第街,是居省城的盐商家族,清中叶由潮州府澄海县入籍番禺。本支名人有进士许祥光、许应鑅、许应骙,举人许应铿、许应骡、许炳焘、许应锵、许应銮、许应鎔、许应琮、许应鏞,以及民国名人许崇清、许崇智等,许家后来被誉为广州第一家族。谭宗浚是岭南著名学者谭莹之子,他在《旅寓京邸杂札粤中旧游得诗二十首》中的注释中说明家族的迁徙源流:"余始迁祖卓昂公由新会移居佛山镇大基尾"③,"吾家由佛山迁居广州城西丛桂坊者,自大父理问始"。④"余家以同治壬戌岁移居聚贤里。"⑤

此外,从清代科举档案也能看到本省一些读书人的迁徙轨迹:举人李宝沅是"从化县监生,世居南海西村乡,现居省城宝庆新街"⑥;举人黎启瑞是"肇庆府高要人,世居省城宝庆新街中约"⑦;举人孔昭仁"南海罗格乡,现居省城南关太平沙"⑧;进士劳肇光本鹤山人,

---

① 民国《番禺续县志》卷40,古迹,园林,第26页,《中国方志丛书》,第49号,(台湾)成文出版社1967年版,第572页。
② 民国《番禺续县志》卷40,古迹,园林,第26页,《中国方志丛书》,第49号,(台湾)成文出版社1967年版,第572页。
③ 《荔村草堂诗钞》卷六,第12页,《清代诗文集汇编》第763册,第78页。
④ 《荔村草堂诗钞》卷六,第12页,《清代诗文集汇编》第763册,第78页。
⑤ 《荔村草堂诗钞》卷六,第13页,《清代诗文集汇编》第763册,第78页。
⑥ 来新夏主编:《清代科举人物家传资料汇编》第93册,学苑出版社2006年版,第507页。
⑦ 来新夏主编:《清代科举人物家传资料汇编》第96册,学苑出版社2006年版,第45页。
⑧ 来新夏主编:《清代科举人物家传资料汇编》第70册,学苑出版社2006年版,第53页。

"世居凤溪迁居石溪，现居省城锦荣里"①；南海举人周炳麟，"世居沙堤堡上滘坑乡，现住省城河南"②；番禺优贡黄章俊，"番禺大朗乡人，现居省城豪贤街尾"③；南海举人刘若琨，"世居南海黄鼎司罗格陨田乡，现居省城诗家里"。④

园林之盛与文化兴盛同步，因为筑园的文人逸士无不以考科举、结诗社、研学问、修书传世为责为荣。清代广州园林名宅多在河南、西关与南关一带，曾盛极一时。

五 因宦游或经商落籍东粤的外省士族举隅

广州的繁荣还吸引了不少来广东任职的官员在任职期满后滞留不归，其后裔也因此入籍。

嘉庆七年（1802）进士金菁莪，"居省城卖麻街，祖籍浙江山阴"。⑤ 也是来自盐商家庭，县志：为其作传时有"家本盐筴"⑥ 一词。这支金氏家族在广州迅速跃起，本支名人有进士金菁莪、举人金菁兰、举人金菁茅、副贡金菁华、举人金铭吉、举人金锡龄、举人金佐基等。

道光二十七年（1847）进士刘廷鉴，居省垣西关，原籍江西吉安

---

① 来新夏主编：《清代科举人物家传资料汇编》第 15 册，学苑出版社 2006 年版，第 231 页。

② 来新夏主编：《清代科举人物家传资料汇编》第 29 册，学苑出版社 2006 年版，第 491 页。

③ 来新夏主编：《清代科举人物家传资料汇编》第 52 册，学苑出版社 2006 年版，第 513 页。

④ 来新夏主编：《清代科举人物家传资料汇编》第 69 册，学苑出版社 2006 年版，第 265 页。

⑤ 来新夏主编：《清代科举人物家传资料汇编》第 91 册，学苑出版社 2006 年版，第 187 页。

⑥ 民国《番禺县续志》卷二九，人物国朝，第 6 页，《中国方志丛书》，第 49 号，（台湾）成文出版社 1967 年版，第 241 页。

府万安县，他所主修的族谱记载："粤东省垣西关濒临大海，商贾辐辏，吾族世居此地。"① 在介绍入粤始祖时记载道："迁粤一世祖刘琼芳，字于良，号致斋，公原江西万安县百嘉村人，国初流寓入粤，卜居南海西关，勤俭居积遂家焉。"② 由此可知，刘家是清初入粤做生意，从此在这里生根了，而西关正是广州生意人清代聚居之地。刘廷鉴后官至陕西榆林府知府。

咸丰二年（1852）进士张文泗，祖籍浙江会稽人，"祖介堡，于嘉庆间自浙来粤，为粤海关管库"。③ 可知张文泗的祖父是来广州做官，留居广州的。张文泗在咸丰间任南雄道南书院山长，刘伯骥评价其教学："论学宗张横渠西铭，教人以通经致用为主。"④

同治十三年（1874）进士沈锡晋，居广州青云直街沈宅，原籍浙江绍兴，"始祖沈慕夔，任广东博罗善政司巡检"。⑤ 可见也是宦游入粤，沈锡晋是入粤的第九代。本支名人还有举人沈宗琦、举人沈宗昀、知县沈宗瞵等。沈锡晋官至江苏江宁府知府，沈宗琦算是著作大家。

光绪三年（1877）进士凌端，也是居住在广州城里。他"原籍江苏常熟，先世宦粤久，家焉"。⑥ 可知也是宦粤者的后裔。他历任禹山书院山长、潮州金山书院山长、澄海景韩书院山长、潮阳棉阳书院山

---

① 《万安刘氏南海族谱》，第5页，桑兵主编：《清代稿钞本》七编，第348册，广东人民出版社2007年版，第173页。
② 《万安刘氏南海族谱》，第27页，桑兵主编：《清代稿钞本》七编，第348册，广东人民出版社2007年版，第203页。
③ 民国《番禺县续志》卷二十，人物，国朝，志三，第37页，《中国方志丛书》，第49号，（台湾）成文出版社1967年版，第274页。
④ （民国）刘伯骥：《广东书院制度沿革》，商务印书馆1938年版，第268页。
⑤ 《清代朱卷集成》（342册），（台湾）成文出版社1992年版，第107页。
⑥ 民国《番禺县续志》卷二十，人物，国朝，志三，第37页，《中国方志丛书》，第49号，（台湾）成文出版社1967年版，第274页。

长，"工制艺，授徒数十年，磨砻淬砺，成就甚众"。① 是清代著名的教育家。

光绪六年（1880）进士吴道镕，居广州育贤坊。他著的《澹庵文存》，前文有他的《行状》，开篇就提到："其先浙江会稽人，业鹾于粤，遂家番禺焉，三传到渭川先生，生三子，君父普庭先生最幼。"② 可知他是入粤第四代。其父吴学均"业粤鹾，占籍番禺"。③可知他们三代为盐商之家，而且是到了父亲这一代才入籍。吴道镕以学者名世，著作等身，他的《广东文征》三十卷为岭南历代雄文汇编的巨著。这些人虽是新移民，但对岭南文化的传承做出了很大的贡献。

六　因游幕举家南迁的江南士族举隅

光绪二十年（1894）进士陶绍学，《内阁中书陶君墓志铭》一文有记："君讳绍学，字子政，所居曰颐巢，因以为号，系出晋陶桓公。元末有曰元勋，始入粤，祖汝镇，佐潮州吴太守均，平寇乱，潮人德之，以配太守祀。父文鼎，工诗，世称陶孝子，入祀孝弟祠，自高祖以下四世习名法学，虽幕游居粤仍浙籍，至君始籍番禺。"④

道光三十年（1850）榜眼许其光，本钱塘人，《南越游记》有《开眼》一文记载："国朝岭表科名未及前明之盛，登状元者三人，探花者二人，而榜眼则二百年来虚无其人，俗称广东未曾开眼。道光庚

---

① （民国）刘伯骥：《广东书院制度沿革》，商务印书馆1938年版，第288页。
② 《澹庵文存》卷二，第6页，《近代中国史料丛刊续编》，第20辑，（台湾）文海出版社1974年版，第1页。
③ 民国《番禺县续志》卷二十，人物，国朝，志三，第37页，《中国方志丛书》，第49号，（台湾）成文出版社1967年版，274页。
④ 《澹庵文存》卷二，第6页，《近代中国史料丛刊续编》，第20辑，（台湾）文海出版社1974年版，第73页。

戌科，番禺许叔文其光以第二人及第，群称破开荒焉。叔文先实钱塘人，其封翁游幕于粤者四十年，叔文占籍应童子试，番禺人方力攻之，既与土著者联为宗，始获毕考。"①从他入籍的艰难，可知当年科举制度对户籍管理的严格。许其光官至思恩府知府、左江兵备道，曾任学海堂学长。

道光二十年（1840）进士史澄，"原籍江苏溧阳，徙浙江会稽，曾祖积厚，游幕至粤……以侨寓久，占籍番禺"。②史澄也是以教育名世，曾任惠州丰湖书院山长、肇庆端溪书院山长、广州粤秀书院山长。该支名人有史善长、史致祥、史悠晋、史悠履、史久鉴、史坚如等，在广州越秀山麓建有继园，东关有味根园。

咸丰六年（1856）进士叶衍兰，其孙叶恭绰曰："高祖枫溪公幕游粤中，遂家焉。"③可知叶氏也是来自幕府之家。叶衍兰擅画，绘有《清代学者像传》，有《秦淮八艳图咏》《旧雨联吟》《粤东三家词钞》等。其孙叶恭绰曾任民国交通部总长，在文化界也多有建树。

乾隆五十二年（1787）进士邱先德，"其先由闽杭迁粤，籍梅州，父某游幕羊城，遂注籍本邑"。④邱氏的祖籍不太清晰，或先从闽迁杭州，再南迁广东的梅州。有清晰记录的是，其父是因做师爷至广州后再入籍的。邱先德曾任广州粤秀书院山长、惠州丰湖书院山长、韶州

---

① （清）陈徽言：《南越游记》卷三，第3页，《丛书集成续编》第234册，（台湾）新文丰出版社1988年版，第303页。

② （民国）《番禺县续志》卷二十，人物，国朝，第20页，《中国方志丛书》，第49号，（台湾）成文出版社1967年版，第265页。

③ （民国）叶恭绰：《遐庵汇稿》中篇，诗文，《先君仲鸾公家传》第504页，《民国丛书第二编》，上海书店出版社1992年版。

④ （同治）《番禺县志》卷四十五，列传，第6页，《中国方志丛书》，第48号，（台湾）成文出版社1967年版，第564页。

韶阳书院、番禺禺山书院山长、顺德凤山书院山长。"生平最深于《易》，亦精于韵学，持重老成，不尚智术。有《滋畬制义》，《增订韵文辨同》。"① 可见也是深孚众望的教育家。

道光六年（1826）进士陈其锟，"先世浙江山阴人，祖世熙乾隆间以名诸生游幕粤东，积三千金拟返里，友人某以事被诬陷狱，倾囊为赎锾，因不得归，遂家番禺"。② 这位无钱返乡的师爷因为出了个进士的孙子，从此也成为广州名族了。

学者汪瑔也是来自一个典型的游幕家族。其祖父汪炌在嘉道年间"历参督抚廉访幕，公卿倒屣争迎"。③ 父汪鼎道光咸丰年间在顺德、清远、信宜、南澳等地为幕。汪兆镛为汪瑔侄子，年谱记述他从4岁起就"随府君航海赴茂名县幕，轮舶中受风寒咳吐血……5岁，冬，读山二伯父偕炜南兄自绍兴来，时府君客信宜县幕，兆镛入塾读书，二伯父督课……7岁，住家县交卸，盗风炽，路阻，随府君至罗定州城，寓黄家祠，旋随侍返省寓大石街，数日随府君客增城县幕……8岁，随府君客开平县幕……9岁，寓抚院前三多里，府君客赤溪县幕……10岁，随府君客陆丰县幕，太夫人喜饮酒，兆镛自塾师归，侍命侍坐于旁，为讲故事，并教以立身行己之道，能领悟，即喜饮之以酒，久之颇识酒味……11岁，母卢氏殁，庶母吴氏来，九月自陆川返省寓正南街，炜兄赴新宁兰囲十二伯父处学幕。……12岁，随府君客德庆州幕，……13岁，侍府君返广州……14岁，随府君客增城县幕，……15岁，随府君客雷州府幕，……16岁，二伯父命谒海康训

---

① （民国）刘伯骥：《广东书院制度沿革》，商务印书馆1938年版，第283页。
② （民国）《番禺县续志》卷十九，人物，国朝，第9页，《中国方志丛书》，第49号，（台湾）成文出版社1967年版，第243页。
③ 《番禺汪氏族谱》，第664页，桑兵主编：《清代稿钞本》第七编，广东人民出版社2007年版。

导张松圃琴从学时文……17岁，侍府君返省住豪贤街，偕莘伯兄从番禺郑玉山权读书，娶陈氏，随府君客博罗县幕"。① 从年谱可见，为幕客真是四处漂泊，居无定所。汪氏入粤时间虽然不长，但在文化事业方面很快崭露头角。汪瑔著有《随山馆诗简编》《随山馆诗丙稿》；从子汪兆镛更是著作等身，不仅有《诵芬录》《微尚斋杂文》《微尚斋诗续稿》等诗文遗世，还有《岭南画征略》《岭南画征略续录》《校记》《画人疑年录》《碑传集》等对岭南乃至全国文献整理的成果。

道光九年（1829）进士桂文耀，原籍浙江慈溪，曾祖父桂应和"由湖南幕游粤东，兼业盐箧。卜居城西土地巷"②。祖父桂鸿，"少随父在州县幕，习法家言，时大兴朱珪抚皖，委谳局，审案多所平反，大吏才之"。③ 该支名人还有副贡桂文烜、举人桂廷銮、举人桂文灿、举人桂坛、进士桂坫、算学家桂坤等。该家族以长于治学与考据著称，其佼佼者尤推桂文灿，县志载其著述有数十种④。

曹秉濬、曹秉哲兄弟都是同治年间进士，居于都府街曹宅，原籍江宁上元县，始迁祖为高祖曹廷，在"康熙雍正间由本籍游幕入粤，侨居省城四牌楼"⑤，可知当年入粤是当幕客。在广州站稳脚跟后曹氏就涉足商界了，县志在为其从兄曹秉仁作传时记："家世蹙，为办事

---

① 《微尚老人自订年谱》，《近代中国史料丛刊》第96辑，（台湾）文海出版社1966年版，第4—7页。
② 《清代朱卷集成》第345册，（台湾）成文出版社1992年版，第385页。
③ 同治《南海县志》卷十三，第16页，《中国方志丛书》第50号，（台湾）成文出版社1967年版，第228页。
④ 宣统《南海县志》卷十一，艺文略，第1、3、4、5、6、7、8、9、10、11、18、20、21、25、27、30、46页，《中国方志丛书》，第181号，（台湾）成文出版社1974年版，第974、978、979、980、981、983、984、985、986、987、989、991、993、1006、1007、1011、1013、1022、1026、1032、1083页。
⑤ 民国《重修禺山曹氏家谱》卷二，世传，第三世，1919年雕版，无页码。广东省立中山图书馆藏本。

总商数十年。"① 可知曹家已从幕客改行成为广州著名的盐商家族。本支名人还有举人曹文杰、山西冀宁道曹受培等。

光绪十五年（1889）进士张学华，原籍浙江丹徒，世称京江张氏，居广州德源里，"祖恩诏，太学生，议叙兵马司吏目，游幕来粤"。②"先世镇江望族，父恩诏，始来粤客卢敏肃公坤、朱庄恪公桂桢、祁恭恪公贡（埙）幕。值岁饥筹办赈务，全活甚众，客粤久，遂为邑捕属人。文鉴少好学，试于有司，屡不获售，乃亦橐笔佐幕，始客肇庆府……咸丰同治间入总督幕，所主为毛公鸿宾、晏公端书、劳文毅公崇光，刘武慎公长佑、瑞麟总督。"③ 张学华辑《甘肃地理志》，并有《粤海潮音集》《采薇百咏》《暗齐稿》《张提法公（学华）年谱》等遗世。

同样来自幕客世家的徐灏家族，其侄徐铸的朱卷档案里有"祖居广州府老城内，仓连街仁和里，现居大北门内西华二巷"④ 的说明。太高祖徐廷发著有《可圃诗存》，"朱启连有跋云：'可圃徐先生，亡友雨仁上舍之高祖也。徐氏世多簪缨，近百年来游幕者皆有名于粤，子远郡守最著，芷卿贰尹为上舍之弟，郡守之从弟……先生生当雍乾间，亦游幕于诸行省。'"⑤ 至高祖徐兆"由浙游幕留粤"⑥，该支名人有举人徐灏、举人徐铸、举人徐绍桓、民初广东省省长徐绍桢、学者徐信符等。不但徐灏著作等身，徐绍桢也是学问大家。一直到民国，

---

① 民国《番禺县续志》卷二十四，人物，国朝，志七，第16页，《中国方志丛书》，第49号，（台湾）成文出版社1967年版，第319页。
② 《清代朱卷集成》第71册，（台湾）成文出版社1992年版，第2页。
③ 民国《番禺县续志》卷二十一，人物，国朝，张文鉴传，第9页，《中国方志丛书》，第49号，（台湾）成文出版社1967年版，第279页。
④ 《清代朱卷集成》第344册，（台湾）成文出版社1992年版，第301页。
⑤ 民国《番禺县续志》卷三十一，艺文，集部，第8页，《中国方志丛书》，第49号，（台湾）成文出版社1967年版，396页。
⑥ 《清代朱卷集成》第344册，（台湾）成文出版社1992年版，第301页。

徐氏家族在广州地区官界、学界都影响巨大。

小 结

本文只是从清代广州政界、商界、学界、教育界几个角度旁搜资料，试图展现清代广州文化、学术、教育方面的现象与成因，而且着重是从外省外县进入广州城的名人及其家族。至于一些影响较大的老广州人，并未列入。许多名人园宅、名人著述、名人家世履历，也未一一梳理出来。随着鸦片战争后五口通商，广州的繁荣渐渐被上海取代，到了清末，许多粤人或已入粤籍的"新"广州人，不少又随着广州的衰落而弃它而去，或出洋发展，或往京沪开拓新的天地。社会经济、政治环境的变化，决定着民众的迁徙轨迹，从清代外籍民众徙居广州的轨迹，或可为鉴。

（胡力平：自由撰稿人。广州市言哉文化艺术有限公司执行董事、广州市花都区政协文史专家委员会委员）

城市文脉视角下的广州城市更新和微改造研究

黄 莉

中共中央、国务院高度重视城市历史文化和城市文脉的保护工作。《中共中央 国务院关于进一步加强城市规划建设管理工作的若干意见》（中发〔2016〕6号）强调，要"加强历史文化遗产保护传承和合理利用，保护古遗址、古建筑、近现代历史建筑，更好地延续历史文脉，展现城市特有的风貌"。习近平总书记在调研走访全国多个历史文化名城时，曾多次强调"要更多地采用'微改造'的'绣花'功夫，对历史文化街区进行修复，如尊重'老人'一般善待城市中的老建筑，保留城市历史文化记忆"。

一 广州的城市文脉

（一）城市文脉

文脉（Context）在语言学中被称为"语境"，文学作品中指"上下文"，意为使用特定语言的前言后语和此情此景，可理解为介于各种元素之间的对话与内在联系，或局部与整体之间对话的内在联系。放宽到更广泛的意义，也可引申为一事物在时间或空间上与其他事物的关系。关于这一点,美国人类学家艾尔弗内德·克罗伯和克莱德·克拉柯亨如此描述:"文化是包括各种外显或内隐的行为模式,它借符号之使用而被学到或传授,并构成人类群体的出色成就;文化的基本核心,包括由历史衍生及选择而成的传统观念,尤其是价值观念;文化体系虽可被认为是人类活动的产物,但也可被视为限制人类作进一步活动的因素。"[1]

英国著名"史前"学者戈登·柴尔德则认为城市的出现是人类步入文明的里程碑。城市文脉则是指一个城市诞生和演进过程中形成的生活方式以及不同阶段留存下的历史印记和时代标签,是城市特质的重要组成部分,是城市彼此区分的重要标志,特指文化上的脉络延续和流转承接。城市文脉并非僵死的标本和展品,也不是若干片被保护的历史街区,更不是那几栋历史建筑和被保护文物,它应该是新鲜活泼的,是发展和变化演进并可以吐故纳新的生命。城市文脉的真正载体是人们绵延不断的日常生活,所有历史遗迹只不过是这些绵延不断的日常生活所寄存的容器和场所,只要生活还在继续,城市文脉就能永续流传。

(二) 广州的城市文脉

广州地处五岭之南,欹枕云山、怀抱珠水,人杰地灵、物产丰饶,拥有四五千年的人类活动历史和2200多年的建城历史。长期以来,广州都是岭南地区政治、经济和文化中心,作为海上丝绸之路的重要发祥地,是国家首批历史文化名城、国家重要中心城市、国际商贸中心和综合性交通枢纽,还是近现代民主革命的策源地和改革开放

---

[1] Alfred Louis Kroeber & Clyde Kluckhorn, *Culture: A Critical Review of Concepts and Definitions*, Kraus Reprint Co., 1952, p. 19.

的前沿阵地。

要深入理解城市文脉的特色，就必须了解城市的地理自然条件和历史发展脉络，就必须从物质空间上了解城市的肌理，从生活日常、风土人情和节庆民俗了解城市的精神和气质。如此，才能充分理解并利用城市文脉，传承城市的历史并推进城市生活形态的当代演进。

1. 广州的城市肌理

城市肌理具有一定的物理形态，它将人类社会生活和生产活动凝固于一定的物质空间当中，经历各个历史时期的发展演变叠加形成。

大地山川的不同自然廓形孕育了丰富各异的城市肌理，自然环境因影响着城市的选址、城市的形态、城市道路的走向以及建筑朝向而决定了城市肌理的大致轮廓。在选址上，城市通常或近临水源或近临水道，古时候选择沿河建城，为的是方便城市生活用水和运输货物，方便地进行物资供应和商业交换。由此可见，不同的自然肌理就会衍生出形态各异的城市肌理。城市之所以特色鲜明，是独特的自然环境和迥然不同的人工营造共同作用的结果，而其变化又总是以原有的形态为基础，并在空间上对其存在进行依附和改造，最终通过用地布局形态、建筑类型、屋顶的形式和材质、立面风格、建筑高度、建筑密度、绿化、开敞空间等要素在二维或三维空间中具体得到反映。

假如时光能够倒流，穿越回到几百年前，站在正从珠江口驶入的外国商船上，远远地就能眺望耸立在莲花山上莲花塔的轮廓和剪影；待商船在黄埔古港锚地泊定之后，在通往广州城的水道上，珠江沿岸赤岗塔和琶洲塔便会映入外来商人的眼帘。"珠江三塔"自广州开启对外通商埠口时起，在陆路交通不发达、水路航运作为主要交通通道的古代，就成为广州城最为显著直观的"文化地标"和"视觉空间意象"，成为广州向世界递出的名片。

除了城市自然环境条件和自然生态系统的深刻影响，城市肌理还与城市的历史传统、经济文化和科学技术等为代表的人工系统相互融合并长期作用，形成城市、自然环境与人所共同构筑的整体，这一整体直接反映了一座城市的结构形式和空间特质，反映了生活在其中的人们的历史图式，反映了城市所处地域环境的文化特征。因地属边缘热带季风的海洋气候，广州气温年较差小于15℃，长夏无冬、光照充足、温暖多雨。这样气温高降水多、霜日少日照多、风速小、雷暴频繁的气候条件，使得广府传统村落多为梳式布局，依山傍水，半围合的空间荫蔽于大榕树之下，南北通风对流遮阳；有着防火作用的镬耳墙，利于通风对流的趟栊门，五颜六色满洲窗的西关的大屋和沿街骑楼，都成为承载南岭广府日常生活内容的物质空间和叙事载体，体现了老广州城传统民居的智慧和生活经验，慢慢也形成广州城市独有的城市肌理和地域特色。

城市肌理是历史积淀的结果，在时间的打磨中蕴含了丰富的生活内容，因而城市肌理是有一定规模、一定组织规律的人类城市聚居形态，它涉及城市生活的方方面面，也与城市结构、城市功能及城市形态密切相关。翻开老广州地图，历史上约15平方千米的广州老城区密密麻麻分布着的近六十条骑楼街，送给广府人"暑行不汗身，雨行不濡屐"的礼物和惊喜。骑楼街作为近代一种商住合一的建筑形式，融合中外建筑的特点，并与广州人传统的生活哲学一拍即合，成为广州近代商业繁荣近百年的时间跨度里广州乃至整个岭南地区的重要文化符号，它见证了岭南地区建筑文化从古代向近代，从近代走向现代的转型。光阴流转，时代不断变迁，现在，我们能在广州的"城市客厅"花城广场上，看到广东省博物馆、广州图书馆和广州大剧院等文化场馆；能在珠江游船上，看到广州塔和琶洲会展中心；能在城市的大街小巷中，看到各种各样的文博场馆、市民广场、艺术空间和街心公园，而醒狮、粤剧、粤曲以及特色美食的粤菜文化和老百姓的日常生活，就是在这样生机勃勃而又趣味盎然的"容器"和"场所"中酝酿芬芳，在市井民间历久弥香，活色生香地漂洋过海，恣意绽放。

2. 广州的城市精神

自秦始皇统一岭南后，中原文化便开始了逐步南渐的进程，并与当地原有的南越文化不断交会融合，形成以粤语方言为主的广府文化生活区域。尤其是当年中原地区连年战火纷飞，群雄逐鹿、烽烟四起的生活导致大量中原民众背井离乡，远走南岭。大规模移民的迁徙和融入，及至广州作为"一口通商"的贸易口岸，对外贸易的兴起，进一步丰富了广府文化多元、兼容的特质。历经两千多年的文化融会，广州的城市精神越发鲜明独特：

开放与包容的心态。从古老的民间传说来看，玉帝观音、八仙过海就与南海神庙中波罗国使者达奚司空的圣像、西来初地的达摩祖师的遗迹共存。从市井方言俚语来讲，纵观全国七大方言，粤语（又称白话）的发音和用词，保留古汉语的元素最多，同时又大量吸收英源外来词，例如粤语中回家称为"返屋企"，停车称为"泊车"是"park"的半音译；商店称为"士多"则是英语"store"的音译，点心的英文"dim sum"也是汉语普通话点心的发音。又如饮誉世界的风味粤菜，不但会向中国八大菜系的技艺精华学习，同时也汲取了西菜的烹饪精要。这些"土洋结合"的混杂使用，反映了广府文化对传统的延续和应对外来冲击的承受力和变通能力，同时也折射出其开放纳新、兼收并蓄的包容取向。

实利与重商的风格。被誉为千年商都的广州，自古以来就是我国的商业门户，尤其是航海贸易长盛不衰。从唐宋时期的东方大港，到明清时期的"一口通商"，及至改革开放时期的前沿阵地，独特的地理位置造就了广州人的思想基因，影响了广府人文化的衍化。海洋文化不断开拓向外向前的超越意识让广府人较早地跳出了"重农抑商"的传统观念，早期有胆识的实业家大胆采用机器生产和资本主义的经营方式，极力主张"博考各国民族之所以自立之道，汇择其长者而取之"。通过兴办学堂、创办报刊、组建社团等形式，宣传西方文化，加速"西学东渐"，不但在文化界产生了深远的影响，在工商界亦产生了积极的效果，历史上影响较大的"广铁""广彩""广船""广纱""广钟"等，都是南北技术融合、中西文化交流的结果。正是广府文化这种重视务实利而避虚名的精神和行事风格，产生了一大批重商兴业的实干群体。特别是改革开放以来，叠加改革开放政策春风的吹拂，广府人更充分发挥了这方面的潜质，博采中西之众长，广纳天下之贤士，在全国率先敞开大门，在对外经济、文化的交流中扮演了引人注目的角色，珠三角一跃成为我国市场经济最发达的地区之一，以"广东粮、珠江水、岭南衣、粤家电"为代表的广货北进，叩开了内陆市场的大门。

通达与平实的市民气质。对于老广府人来说，久居湿热之地，除非去正式隆重的场合，平时穿衣最关键的是舒适与凉快，背心、人字拖和短裤是最常见的着装方式。深夜的各大宵夜档口前，从各种豪车里走下来的人，短裤拖鞋的造型一定比一身西装革履的多——广府人在意的是身体的舒适和体感的清凉。一壶好茶，几盅点心：虾饺、蟹黄干蒸、烧卖、叉烧包……惬意地品上一个清晨。"叹早茶"，这一个"叹"字，实则是广府人从容有滋味的生活态度，是广州都市生活的一道独特的风景线，也是广府文化平民气质的生动写照。丰富而精致的点心菜品彰显着"食在广州"的饮食文化魅力，也展现着丰俭由人的宽容处事态度。不一味追求衣着名牌，注重着装舒适；不一味追求排场，讲究品味尝鲜，是广府人通达、平实的市民气质滋养出来的城市烟火。

凡此种种，不同的地理环境、文化背景、人的活动，塑造出不同的城市肌理，城市肌理又体现人类的聚居结构与行为方式。正因为如此，城市中动人的生活气息和最普通的日常生活行为沉积并体现于城市肌理中，被人们感知并记忆①。居住建筑作为城市中面积最大、最基础的建筑类型，则成为城市肌理的背景和"底图"，并决定城市肌理的基本形态特征和文化特质。

二 广州的城市更新和微改造

（一）城市更新和微改造

城镇化是人类社会发展的客观趋势。如今，我国城镇化已经从单纯追求规模和速度，步入了更加注重质效并举的新型城镇化阶段。城市发展不单单是向外部扩张，而是将视角转向内部，在优化内部空间、改善城市治理、提升城市品质等方面下功夫。人民城市人民建，人民城市为人民。不少地方积极推进城市更新和微改造，在城市存量空间上进一步深挖，为广大群众提供更多小而精、小而美的公共空间。

中国城市化的进程中，早期的旧城区改造通常采取大拆大建的房地产开发模式：地块整体拆迁，新建大面积商品房出售，原地块拆迁

---

① 房艳刚、刘继生：《基于复杂系统理论的城市肌理组织探索》，《城市规划》2008年第10期。

范围内原住民货币化补偿安置，致使原住民流向各方。就地安置或回迁较少，导致历史印迹、遗迹和原住民生活痕迹和日常生活形态被清除，造成原地历史文脉中断或消失。

2021年11月4日，住房和城乡建设部办公厅发布《关于开展第一批城市更新试点工作的通知》，要求"重点开展探索城市更新统筹谋划机制、探索城市更新可持续模式、探索建立城市更新配套制度政策"。规划中，除了要求梳理区域历史文化遗产保护名录，统筹划定包括紫线在内的各类历史文化保护线外，还要明确和整合各级文件保护单位、历史文化街区和历史建筑等历史文化遗存的保护范围和空间形态控制要求，对历史文化资源富集地区制定区域整体保护措施。

（二）广州城市更新与微改造演进

20世纪90年代初期，为适应经济发展要求，广州拆除了部分骑楼街和老的历史街区，比较典型的就是越秀区中山路一带。但是，广州市政府很快就意识到保护老城区的重要性，开始大力发展新城区，比如全国六运会后天河体育馆片区和珠江新城等板块的崛起。这一发展策略，让广州形成了多层次的丰富的城市面貌，基本保住了老城区的历史面貌。与此同时，随着经济活动重点和新增外来人员往新城区迁移，老城区慢慢落后，再加上因为是既有建成区，土地权属和房屋建筑属性复杂，其交通、环境和商业都难有较大场地和空间来大幅提升品质。另外，考虑到高额的房价和租金，很多年轻人慢慢就不喜欢住到老城区了，这又加速了老城区的衰败和老龄化，从而影响了老城区的活力和发展。据最新数据显示，广州市整体处于轻度老龄化阶段，老城区则已进入中度老龄化阶段，2020年广州市户籍60岁及以上老年人口数超过20万的有越秀区、海珠区和荔湾区三个区，分别为 31.43 万人、28.45 万人和 22.31 万人[①]。

2021 年，广东省《政府工作报告》提出，抓好历史文化街区、红色革命遗址、工业遗产等活化利用，最大限度发挥历史建筑的使用价值，延续城市的文脉并最大限度地丰富城市的空间形态。由此，在广州旧城更新和微改造的过程中，在城市文脉的延续和保护视角下，如何提升老城区的居住品质、如何应对老城区人口的老龄化、如何提升老城区的活力等问题都必须尽快得以正视并解决。广州这一历史文化名城，其丰富的文化积淀是其先发优势，赓续历史文化根脉，保留城市肌理固有格局，彰显城市风貌特色，则是城市更新和微改造过程中需要坚持的重要原则。

1. 明确城市更新和微改造底线要求，杜绝粗放开发建设的老模式。

具体来说，一是妥善处理好保护和发展的关系。注重延续城市历史文脉，坚持"留改拆"并举，保留更新单元（片区）特有的地域环境、文化特色、建筑风格等文化基因，以保留利用提升为主，推行小规模、渐进式微改造。

二是建立相关的量化指标来具体落实城市更新中如何保留历史文脉。比如，确定城市更新单元（片区）或项目内拆除建筑面积不应大于现状总建筑面积的百分比，拆建比不应大于多少，居民就地、就近安置率不宜低于的百分比等。

三是禁止在历史文化街区内大拆大建。保留城市的肌理需关注建筑本身的体量和小街小巷的尺度，如果因为大拆大建过程中破坏了这种尺度，历史建筑就会显得孤立，同时也就失去了保留的价值和意义。对文物建筑、历史建筑以外的其他建筑，可依照相关法律法规，

---

① 伍仞：《广州市整体处于轻度老龄化阶段，老城区已进入中度老龄化阶段》，《广州日报》2021 年 12 月 29 日第 3 版。

在尊重街区整体格局和风貌的前提下进行创新性的更新改造、持续利用。如传统建筑已部分毁坏了，则可通过新旧结合的方式保留空间和结构，进行安全性修缮，让形态、业态、空间等方面协调共存。

四是把握好文化保护和居民生活的关系。城市更新中要保护有文化价值的古建筑和古城区，还要保护居于此的居民，尽可能保护其原有生产生活状态不受到城市建设和发展的影响。老城区是居民生活的聚集地，应尊重和采纳原住民的民意，有效协调各居住群体利益，守护广州通达平实的市井烟火气息。

2. 坚持数字化高质量保护和更新，体现内涵式集约型绿色化特色。

具体来说，一是加快推进历史建筑测绘建档工作，开展历史建筑数字化信息采集，建立数字档案，鼓励有条件的地区探索历史建筑数据库与城市信息模型（CIM）平台的互联互通。加强国保和省保单位保护范围和建设控制地带的划定与核对，形成数字化和标准化的矢量数据，纳入全省国土空间规划"一张图"。

二是依据国土空间规划的管控要求，编制历史文化片区和名村保护规划，并注重在编制和审查过程中加强与有关规划的衔接及"一张图"的核对，批复后纳入同级国土空间基础信息平台，叠加到国土空间规划"一张图"上，支撑国土空间管控，不断提升城市文脉、历史文化遗存和历史风貌整体性、普遍性保护力度和技术水平。

三是加强历史建筑安全评估，对存在安全风险的历史建筑进行抢救性修缮。支持和鼓励在保持外观风貌、典型构件的基础上，赋予历史建筑当代功能，与城市和城区生活有机融合，以用促保。

四是针对现状不同的历史文化遗产，采取不同的保护手段。注重历史文化资源的调研普查，对拟实施城市更新的区域先行开展调查评估，梳理评测既有建筑的现状，明确应保留、保护的建筑清单，依据不同人文历史背景进行研究甄别后，再设计有针对性的保护应用方案，既尊重文化历史，又符合经济社会发展诉求，达成城市更新与城市文脉结合的充分平衡。

3. 注重公共空间品质的提升与改善，增强城市的辨识度和魅力。

一个城市的历史遗迹、文化古迹和人文底蕴，是城市生命的一部分。通过拆除少量不协调建筑，亮出文物，形成多片小型开放空间，提升街区的环境品质、文化品位和公众参与；改善首层立面和步行环境，提升居民的生活环境。城市微更新，就是要让这些彰显人文底蕴的历史文化遗迹都能"动"起来、"活"起来，以此滋养城市精气神、提升城市软实力，让城市的精神文明建设与物质文明发展齐头并进，带给群众更多收获与幸福，让城市绽放出更耀眼的时代光彩。

近年来，广州先后建成并开放了广州大剧院、广东省博物馆、广州图书馆、南越王宫博物馆、粤剧艺术博物馆、十三行博物馆和南粤先贤馆等一批体现城市特色和时代精神的现代化标志性文化设施。"十三五"期间开工建设南汉二陵博物馆、广州美术馆、广州文化馆、广州粤剧院、广州海事博物馆等一批大型文化设施，在城市公共空间和公共服务方面提高了一个层次。

秉承此思路，在城市更新过程中，我们往往需要针对不同空间特征，利用公共空间"织补"与"缝合"、更新单元分类引导和公共建筑先行等不同的实施模式，来突出公共空间优先的思路。具体如下。

一是政府主导介入具备较高历史文化保护价值的项目，引导改造主体实施城市微改造。制定城市微改造的配套实施办法，分类梳理城市微改造全流程，排查重点难点，分析实际问题，有针对性地完善解决方案。通过分类指导，鼓励创新融资渠道和方式，充分发挥市场机制的作用，动员社会力量广泛参与微改造。

二是把城区内低效用地再开发整理腾退出的土地优先用于教育、医疗卫生、托育、养老等设施，打造完整、便利的社区。

三是加强闲置低效厂房、仓库等的更新改造，植入文化创意、科技研发、"互联网＋"等新业态，实现高效复合利用。推进市政公用设施、公共服务设施、环境基础设施智能化升级和物联网应用。

四是鼓励对低效商务楼宇、商业商贸综合体、交通综合枢纽周边等进行改造，通过嵌入式产业空间、创新空间塑造综合功能、激发城市活力；活化利用历史建筑、工业遗产等，在保持原有外观风貌、典型构件的基础上，打造"主客共享"的品质休闲场所和创意文化空间。

五是在公共空间中注入民俗活动内容，如每年农历二月民间庙会南海神诞、新春佳节期间的"广州过年 花城看花"等系列活动、中秋佳节期间吃广式月饼"拜月光"活动等，让这些文化习俗成为广州重要的城市文化名片。

4. 落实"健康中国2030"规划纲要要求，打造有温度的健康住区和怡人的社区氛围。

人民群众的健康是民族昌盛和国家富强的重要标志，预防则是最经济最有效的健康策略。中共中央、国务院发布《"健康中国2030"规划纲要》、《国务院关于实施健康中国行动的意见》（国发〔2019〕13号）和《国务院办公厅关于加强全民健身场地设施建设　发展群众体育的意见》（国办发〔2020〕36号），提出了健康中国建设的目标和任务。因此，在城市更新和微改造中，应努力打造百姓身边健身组织和"15分钟健身圈"，推进公共体育设施免费或低收费开放。规划建设贴近社区、方便可达、面向公众开放的多功能运动场、体育公园、健身步道。与此衔接，有序推进受损山体、水体岸线、城市废弃地及污染土地等生态修复,通过生态治理、景观改造、设施建设等措施恢复城市自然生态,通过拆违建绿、破硬复绿、见缝插绿等织补拓展口袋公园、便民健身绿地,构建完整连贯的健身绿地系统和居民健身活动场地。加快推进老旧小区适老化改造和无障碍环境建设,积极应对人口老龄化。

作为超大城市,广州早在 1992 年就进入人口老龄化社会,且老龄化速度较快,城市适老化改造压力巨大,建议从以下四个方面推动适老化改造提速,打造"广州样本":一是阶梯加装坡道、防滑和扶手等设施,上楼、过街尽量有电梯等满足老人出行的需要;二是公共厕所的合理布置以及"六小件"配套,各单位厕所对外尤其是对老年人开放,满足老人出行的如厕需求;三是 AED 设置和救护车通道等,满足"急救"系统需求;四是广泛推广长者食堂、日托、星光老人之家和平安钟等,满足"托老"设施需求。另外,由于大多数中国老人以居家养老为主,尤其应该多补齐社区居家养老模式下运动和康养设施以及医疗护理软硬件条件,从需求出发,从中国特色出发,加快推动更加人性化、适老化的城市更新和微改造。

三 结语

城市文脉是一个城市的根系,是一个城市的灵魂,是城市往日岁月痕迹的镌刻,是城市延续的宝贵历史经验,也是城市未来发展的前进引领。对城市可持续发展来说,文化的底蕴能不能起到作用,前提是保护、保存,关键还在于创新。重视文化遗产,不仅应该回望历史,还要面向未来。用伽达默尔的话来说就是:"传统并不是我们继承得来的一宗现成之物,而是我们自己把它生产出来的,因为我们理解着传统的进展并且参与在传统的进展之中,从而也就靠我们自己进一步规定了传统。"①

如何用今天的形式语言、今天的设计符号和今天的表现形式来描述受传统文化影响的当下生活，应该是我们在城市文脉视角下研究广州城市更新和微改造秉持的精神和原则，努力寻找与时代相适应并反映历史走向的新传统，从而把传世之宝与现代新观念聚合，并转化、升华为城市发展的巨大凝聚力和驱动力，使城市深厚的历史底蕴挥发出浓郁的时代气息。

（黄莉：广州大学建筑与城市规划学院副教授）

---

① Hans-Georg Gadamer, *Truth and Method*, New York: The Crossroad Publishing Company, 1975, p. 261. （另请参阅伽达默尔《真理与方法》，洪汉鼎译，上海译文出版社1994年版，第376页。此处的译文根据英译本略作了调整。）

论合浦汉郡文化的内涵特点及其影响*

吴小玲

汉郡，顾名思义就是指某地成为汉朝中央的郡属，即汉皇朝封建中央政权管理下的郡一级的行政区域。汉郡文化是中国历史文化宝库中的文化类型之一，是秦汉以来由于郡县制在中国边疆及少数民族地区的推行而带来的中原汉文化与地方文化融合而形成的一种带有地方特色的文化。汉武帝元鼎六年（前111），汉武帝平定南越国后"遂以其地为儋耳、珠崖、南海、苍梧、郁林、合浦、交趾、九真、日南、九郡"①，"南置交趾……凡十三部、置刺史"②管辖，这是以郡县制为代表的中原封建文化进入合浦郡地的地域性文化标志。从政体文化和国体文化的角度，可称为"汉郡文化"在广西沿海地区的开始，历经两千多年，"汉郡文化"在这里有深厚的历史积淀、显著的人文特征和丰富的文化内涵。

关于汉文化的研究，学术界目前主要从考古学和人类学的角度，

---

* 2019年度国家社科基金西部项目"我国历代对环北部湾地区开发与经略南海研究"（2019XZS017）。

① （汉）班固：《汉书》卷九五《西南夷两粤朝鲜传》，中华书局1962年版，第3847页。

② （汉）班固：《汉书·地理志》卷二八下《粤地》，中华书局1962年版，第1671页。

对汉民族及汉文化的形成与发展、汉文化与地域文化和主流文化的关系进行论述，研究成果很丰硕，如陈玉龙[①]、林耀华[②]、苏秉琦[③]等。费孝通先生强调在中华民族的多元一体格局的形成中必须有一个起凝聚作用的核心，汉族是多元基层中的一元，它发挥凝聚作用把多元结合成一体[④]。关于汉文化在岭南的传播与发展，现有研究主要集中在南越国的研究，郑君雷认为南越国文化实质上是一种越汉混合的新型越文化，称为"汉文化形成的次生类型"[⑤]。但迄今为止，有关汉郡文化的研究，还没有形成有分量的文章。本文试作一些展开，以求教于方家。

一　合浦郡设置的时间、地域范围及其作用

合浦的含义是江河汇集于海的地方。合浦郡地，先秦前为百越之地，在夏、商、周三代被称为传说中的"荆州南境"。秦朝时，合浦属象郡。

1. 合浦郡设立的时间

对于合浦郡设置的经过，《史记·平准书》里有载："汉连兵三岁，诛羌，灭南越，番禺以西至蜀南者置初郡十七。"[⑥] 东晋徐广的注释是"南越为九郡"。南朝宋裴骃在《史记集解》中引用晋代晋灼的注解，明确了合浦郡等九郡设置的时间："元鼎六年（前111），定越地，以为南海、苍梧、郁林、合浦、交趾、九真、日南、珠崖、儋耳郡。"[⑦]《史记·南越列传》又载："戈船、下厉将军兵及驰义侯所发

[①] 陈玉龙等：《汉文化论纲》，北京大学出版社1993年版。
[②] 林耀华主编：《民族学通论》，中央民族大学出版社1997年版。
[③] 苏秉琦：《中国文明起源新探》，生活·读书·新知三联书店2001年版。
[④] 费孝通：《中华民族多元一体格局》，中央民族大学出版社1999年版，第4—5页。
[⑤] 郑君雷：《西汉边远地区汉文化的形成模式》，《文史哲》2010年第12期。
[⑥] （汉）司马迁：《史记》卷三十《平准书》，中华书局2014年版，第1430页。
[⑦] （南朝宋）裴骃：《史记集解》卷三十，（清）纪昀等撰：《钦定四库全书》，紫禁城出版社2007年版，第17a页。

夜郎兵未下，南越已平矣。遂为九郡。"① 裴骃在《史记集解》引用东晋徐广对九郡名称的解释："儋耳、珠崖、南海、苍梧、九真、郁林、日南、合浦、交趾。"② 这是史书中出现的关于合浦郡名的最早记载。《汉书·地理志》对"合浦郡"的名称、辖区人口及范围作了详细记载："合浦郡，户万五千三百九十八，口七万八千九百八十。县五：徐闻、高凉、合浦（莽曰桓亭）、临允（牢水，北入高要入郁，过郡三，行五百三十里，莽曰大允）、朱卢。"③ 西汉元封五年（前106），西汉设置交趾刺史部，合浦郡隶属交州刺史部。

2. 汉合浦郡的地域范围

关于汉代合浦郡地域范围的认定，吴卓信认为："按合浦郡，今广东肇庆府之新兴、阳江二县，雷州府之海康、徐闻二县，廉州府之合浦县，琼州府之琼山县，皆其地。"④ 得到史学界的普遍认同。从现今行政区域划分来看，汉时的徐闻县相当于今广东的雷州、徐闻、遂溪等地，高凉县今与广东阳江、阳春、电白、化州、吴川等地的地域范围对应，临允县就是今广东新兴、开平等地的地域范围，朱卢在今海南岛琼山县境；合浦县相当于今广东的廉江和广西的防城、钦州、灵山、横县、浦北、北海、博白、北流、容县、陆川、玉林、邕宁等县市的全部或一部分。

但由于古文献对合浦郡早期郡治所在地缺乏明确记载，人们对其郡治所在地的位置存在争议：一说初治徐闻县；一说治合浦县。综合考虑现有证据，本文认为汉代合浦郡治所在地为合浦的理由较为充

---

① （汉）司马迁：《史记》卷一三《南越列传》，中华书局2014年版，第3594页。
② （南朝宋）裴骃：《史记集解》卷三十，（清）纪昀等撰：《钦定四库全书》，紫禁城出版社2007年版，第17a页。
③ （汉）班固：《汉书》（卷二十八下，地理志第八），中华书局1962年版，第1630页。
④ （清）吴卓信：《汉书·地理志补注》（合浦郡），《二十五史补编》第1册，中华书局1955年版，第973页。

分。北魏郦道元所著的《水经注》里有"交州合浦郡，治合浦，汉武帝元鼎六年置也"①的记载，唐朝李吉甫著的《元和郡县志》载"汉平南越置合浦郡，今州即汉合浦郡之合浦县地也"②。而自1970年以来，两广文物考古界的考古发现及研究证实：汉墓群分布的规模、数量、土封坟丘及出土文物的丰富多样、珍贵重要，尤其是从墓主身份地位来看，合浦汉墓要远远超过徐闻③。特别是合浦草鞋村汉城址的考古挖掘证实"应为合浦郡城，其始筑年代，或早至西汉晚期"，这是对以上史料的佐证。而按照历代的建置规律，以县名为郡名（或县名为府名、以县名为地区名），其治所一定在该县，不会在其他辖县，合浦郡之治所当然在合浦。从地理环境、物产、交通贸易等方面来看，两汉时的合浦具备成为郡治的条件。

3. 合浦郡设立的作用

合浦郡的设立，打破了原来当地方国并立、血缘组织的分散状态，从真正意义上把该地域纳入了国家行政区划体系。合浦郡的各项社会政治制度不断完善，为社会的进步、经济的发展、文化的兴盛、海上丝绸之路的兴起、珍珠文化的繁荣创造了比较安定的社会环境。随着合浦郡成为汉王朝的牢固边疆，汉王朝对南方边地的控制得到强化。特别是合浦郡设立后，大量汉人南迁带来的中原汉（以封建文化为主流）文化、外国使节商人僧侣带来的域外文化、从蜀地和云贵高原来的西南高山文化等都在这里会聚，与当地古骆越文化融合，形成富有特色的合浦地方文化。由于这一地域文化是随着汉文化特别是郡

---

① （北魏）郦道元撰，杨守敬纂疏，熊会贞疏：《水经注疏》卷三七《叶渝河注引交州外域记》，江苏古籍出版社1989年版，第3045页。
② （唐）李吉甫：《元和郡县志》卷三十七《岭南道五》，贺次君点校，中华书局1983年版，第917页。
③ 王伟昭：《汉代的合浦郡、合浦港和合浦关》，《文史春秋》2017年第6期。

县制在合浦的产生、发展而形成的地域性标志文化,因此也可称为汉郡文化,对合浦郡设立以来两千多年的历史产生重要的影响。

二 合浦汉郡文化的内涵

汉郡文化是中国历史文化中一种带有鲜明区域性特征的文化形态,它是由于秦汉郡县制在中国边疆及少数民族地区的推行,由此带来中原汉文化与区域文化融合而产生的一种富有地域特色的文化。文化融合,在文化人类学中有着特定的含义,"它是指两个不同文化系统的特质融合在一个模式中,成为不同于原来的两个文化的第三种文化系统。在这个新文化系统中,先前的两个系统已不存在,但可以从这个新的系统中看到它源于前两个系统"。[1] 在合浦郡地所形成的汉郡文化,包括以汉文化为核心的历史文化,以南珠文化为代表的海洋商贸文化,以海上丝绸之路及对外交往文化为特征的开放文化,以吏治廉风和惠政厚施为典范的廉政文化,以客家文化、疍家文化为特色的民俗文化,以儒佛道和西方宗教交融共存的宗教文化。合浦郡的设立对合浦地区的经济发展、文化建构产生了重要的影响,合浦汉郡文化特有的文化精神和价值在历史长河中对合浦地域文化的形成和发育产生影响,凝成合浦郡人的生存方式和生活样态,其内涵包括物质文化、精神文化两个层次。

(一) 合浦汉郡文化的物质层面

从物质形态来看,合浦汉郡文化是指在汉文化影响下合浦郡范围内人们的物质生产活动及其所创造产品的总和,是可感知的、具有物

---

[1] 桂翔:《文化交往论》,人民出版社 2011 年版,第 206 页。

质实体的文化事物。它主要以各类文物古迹的形式出现。据统计，目前仅北海市（含合浦县）就有文物保护单位94处，其中省（区）级5处，市级6处，县级80处，其中合浦汉墓群、大士阁以及北海近代西式建筑群等列入国家级文物保护单位。还有新石器时代古遗址5处，有汉、唐、宋、元、明、清等各朝代的古窑址数十处，还有古城址、古墓葬、古炮台、烽火台、寺庙亭塔以及近现代主要史迹等数十处文物保护单位。不少文物保护单位还与施政廉明的孟尝太守、大文豪苏东坡等历史名人有着历史的关联。合浦汉墓群是迄今为止国内发现的规模最大、连片保存最为完整的古汉墓群。在汉墓中出土的青铜器、玉器、陶器等文物超过10000多件。合浦博物馆馆藏文物登记在册的有5500多件，其中一级文物21件，二级文物156件，其中铜凤灯、琉璃杯、铜仓、玉璧等多件珍贵文物曾多次选入国家举办的文物展览，甚至还出国展出。北海历代遗存的众多文物古迹闪现着悠久和丰厚的历史文化光环，如有合浦城市发展的历史遗迹（合浦古城、古港口、乾江古镇、文昌塔、槐园、海角亭、魁星楼、永安大士阁、惠爱木桥）；有合浦珍珠生产及利用的历史及痕迹，珠市形成及贸易的历史及痕迹；有海上丝绸之路形成发展的历史及痕迹，如合浦汉墓群、合浦大浪古城遗址、合浦草鞋村遗址、四方岭考古遗址、白龙城遗址、普度震宫等；有农耕生产技术的应用、造船业和制盐业发展的历史及痕迹；有一批被贬谪的官员及其家属到合浦的史迹，有佛教南传的踪迹，有历代有为官员及文化名人在合浦的史迹，如孟尝亭、孟尝与还珠亭、费贻与大廉山、苏东坡合浦之行的东坡亭、东坡井、海角亭，南越王合浦行之迹。还有一批汉至明清的出土文物，如陶器、青铜器、金银器、玉器、玻璃器、铁器、水晶玛瑙、琥珀松石、书画扇面、古钱币、古瓷器、明清家具、古册籍、碑刻、竹木象牙工艺品等，它们见证了千年汉文化对合浦文化的影响。

（二）合浦汉郡文化的精神层面

精神文化是指属于精神、思想、观念范畴的文化，代表一定民族的特点，是反映其理论思维水平的思维方式、价值取向、伦理观念、心理状态、理想人格、审美情趣等精神成果的总和。[①]

1. 与合浦汉郡的区划设置和人物相关的典故。如珠还合浦的故事，孙权设珠官县，把交州以北划设广州、越州，越州与青牛城的故事等。这些从合浦划设出去的州、郡、县都带有深刻的时代印记和人文特色，带着合浦汉郡文化的印记，以致后人在记载这些原来从合浦郡地域中划出去的州、郡、县的沿革时仍用"属汉合浦郡地"作为注释。

2. 中原农耕文化在合浦汉郡文化中的印记。汉合浦郡设立后，中原先进的农耕技术和农耕物种不断进入合浦，历代地方官员奉行重农政策，大力发展农业生产，最重要的是促使冶铸技术、铁制农具、中原先进耕作方式在合浦地区的推广使用，组织百姓兴建水利工程及促进桑蚕业、制陶业、制盐业、造船业等制造业的发展等。现存的明清以来《合浦县志》《廉州府志》都有大量关于这方面的记载，如有费贻、孟尝等引导百姓务农桑、推广农耕技术，引种新的农作物品种的记载；有对马援、陶璜等积极把中原的农耕技术引入合浦的记载；有对一批被贬谪合浦的皇亲国戚、朝廷重臣把从中原带来的先进农耕物种、生产工具和生活日用品带来并对当地农耕形态产生影响的记载。合浦汉墓出土的稻谷、荔枝、铁冬青和农用器皿、农具、陶屋等都作

[①] 曾丽雅：《关于建构中华民族当代精神文化的思考》，《江西社会科学》2002年第10期。

了佐证。在农业生产活动中，人们与大自然和谐相处，崇拜自然，产生农业祭祀活动，如祭祀、舞蹈等。对一些为发展农业生产作出贡献的有为官吏的事迹进行传诵，产生了一批传说故事，如关于赵佗与糠头岭、珠还合浦、合浦红叶、廉山得名、马援传奇、晋陶璜为珠民请开珠禁、珍珠扇，一肩一仆太守等。这是合浦汉郡文化中最能体现开拓和创造精神的表现形式。

3. 汉文化影响下的合浦民俗文化。古代合浦骆越人"仰潮水上下而耕"，垦食骆田，"被发文身"、善捕蝉蛇、"舟处穴居"，过着原始部落生活。汉武帝立郡后，特别是海上丝绸之路开通后，中原先进的汉文化不断地进入合浦，改变了合浦的民俗风情。海上丝绸之路所带来的异域风情礼俗又对合浦古越民风礼俗产生影响。"合浦汉墓的出土文物，让我们对汉王朝文化在广泛区域内的趋同性有了更深的认识""合浦汉墓群墓葬的结构、随葬品的构成等，与汉王朝中心地区具有很大的一致性，从这一点可以看出汉王朝及中原文化广阔的影响力。"[1] 合浦汉墓中出土的陶器有生活用品、明器，其中建筑明器主要有井、灶、仓和房屋，房屋有干栏式、三合式、曲尺式、院落式和楼阁式等，从中反映了汉代合浦民居建筑的多样性，也反映了当时合浦的社会发展水平和不同的文化交流、地域特征对人们生活习俗的影响（干栏式陶屋具有岭南地域特色，院落式说明中原四合院建筑文化的融入，楼阁式说明当地建筑水平的高超）[2]；而仓、畜圈禽舍和五禽六畜等明器模型，尤其是猪栏和成群的陶猪（又分母猪、猪仔），是合浦郡家畜饲养历史的见证，反映汉代合浦人民追求五谷丰登、六畜兴

---

[1] 周承雪：《"北海历史文化印证了汉代的辉煌"——访中国社会科学院考古研究所所长、〈考古〉杂志主编王魏》，《北海日报》2011 年 8 月 18 日第 5 版。
[2] 李红、吴小玲：《广西沿海古建筑的发展脉络及海洋文化特征》，《广西社会科学》2017 年第 8 期。

旺的社会生活；大量粮仓的出土，说明当时的人们已注意到粮食储备。汉墓出土的一个约30厘米高的提梁壶为典型的青铜器酒具，说明当时已有饮酒习俗。合浦汉墓出土的铜凤灯、石狗、铜鼓、陶鼎、陶俑、水晶、玛瑙、铜佛像等，也都反映出合浦民俗文化的多元性。其中的铜凤灯造型独特，是我国目前发现的较早时期的具有类似环保功能的产品；石狗是古代合浦郡沿海百姓的保护神；三足器与远古华夏文明的"鼎鬲文化"有关；陶俑有外来人种的痕迹，说明中原的陪葬习俗已对合浦有影响；水晶、玛瑙是舶来品；铜佛像是外来的宗教信仰。合浦汉墓出土文物中有各种植物和农作物，如合浦县堂排二号汉墓中出土的一个铜锅内装满了稻谷和荔枝，其外壳和果核尚完好，说明当时合浦的农业和种植业也有一定发展。这些民俗文化的表现形式丰富生动，是汉文化影响下所形成的、具有鲜明的民族性和地域性特色的文化。

4. 汉郡文化影响下人们的价值观念、审美情趣、思维方式、语言文学艺术等。汉立合浦郡后，儒家文化传播到合浦。一批汉族官员如费贻、孟尝来合浦任太守，教民以德，儒学为先，使儒学文化在合浦形成风尚。东汉末年，士燮四兄弟雄踞交州，其弟士壹任合浦太守，中原儒士为了避乱纷纷前来投靠，儒学文化在合浦迅速传播。孙吴统治岭南时，把合浦当作战略要地，派往岭南及合浦的官员如步骘、虞翻、陆绩、薛综和薛莹父子都是儒家饱学之士。此后的历朝历代，合浦都是朝廷重视的儒学兴教之地，唐朝至清朝在廉州设府学管理数府的科举考试。在儒家文化影响下，合浦人民向往吏治清明的社会政治，他们祭拜还珠亭、孟尝风流坊、海角亭、孟太守衣冠墓、廉山、廉州、廉泉等这些与廉政官员有关的史迹以表达他们的愿望。合浦史籍中还有一系列反映人们对美好生活向往的记述，如合浦红叶传奇、珠还合浦的故事等。合浦有多种地方语言（如廉州话、白话、客家话、涯话、军话、海边话等）也体现了汉郡文化的影响，其中廉州话相传为东汉马援率师征讨交趾后，谪戍士兵在合浦所操的语言，主要流行于以廉州镇为中心的周围乡镇以及周边乡镇。在廉州话的词汇中，尚保存有中原文明的痕迹，有些是古汉语音韵的沿袭。在民俗及节庆方面，当地的传统节日、婚嫁、生寿、丧葬和生活等习俗也有中原汉文化特色和地方特色。龙舟赛、龙母庙会的游神及疍家风情等既带有地方性、传承性，也有变异性。民歌如西海歌、咸水歌、大唐歌、大话歌等，曲艺如唱老杨公、耍花楼、公馆客家木鱼，戏剧如粤曲等都是中原文化与地方文化交会融合的产物。民间传说故事《阿斑火》讲述阿斑姑娘的爱情悲剧故事；《合浦珠还的传说》歌颂清官孟尝的政绩；《东坡题诗戏知州》讲述苏东坡在合浦题诗戏弄贪官的故事；有《珍珠酒传奇》《北海古庙宇的传说》等，一直以口耳相传的方式代代相传，反映着人民的生活和精神面貌。合浦是佛教南传的通道，佛教活动和事典多见于当地史籍。史料中有晋末葛洪来合浦取丹砂的记载，有达摩、海印在合浦的行踪记载，隋唐时的合浦有"一寺三庵七十二庙"之说，反映了合浦汉郡文化中的宗教文化的伸延和发展。

　　汉郡文化作为原合浦郡地域范围内社会发展史上某一特定阶段的物质财富和精神财富的集中表现，在生动、准确地反映出时代特征和社会概貌的同时，也为后世留下了丰富多彩、极其珍贵的遗产。

三　合浦汉郡文化的特点

（一）海纳百川、兼收并蓄

　　自秦开通灵渠开始，合浦港成为沟通岭南与中原的重要交通枢纽，成为中国与外国联系的中外交通市舶要冲。西汉时期，汉武帝设立合浦郡后，以合浦港为起点开辟了走向东南亚、南亚各国的海上丝绸之路。从此，大批征战士兵留戍、一批中原汉人南迁、一批被贬谪的皇亲国戚、藩王侯爷、朝廷命官以及家属，加上从事珍珠和丝绸贸易的商人前来，使合浦郡这块热土不仅成为中华民族与外国经济文化交往的前沿地区，而且成为汉人迁徙岭南播植汉文化的主要地区。中原封建王朝在此建立起封建统治秩序，以儒家文化为主体的封建思想文化在此地占据统治地位，中原地区先进的农耕文化在此地逐步得到推广，中原地区的建筑风格也在当地民居中出现，合浦郡的民俗风情文化也在发生转化。中原汉文化的传入，与当地原有的古骆越文化相结合，并容纳了来自西南的高山文化及来自南亚东南亚的域外文化，传承延续，形成了中华文化在中国南部边陲发展的重要部分——汉郡文化。汉郡文化以汉文化为主体，多种文化交流、融合，具有海纳百川、包容并蓄的性格，形成合浦郡人民重教崇文、勤劳节俭、信守道义、不畏强暴等为内容的文化要素，并在历史上形成的人口多元化格局基础上，由特定的人群通过语言、生活方式等行为文化表现出来。到明清时期，合浦汉郡文化在凝聚多元文化优长的基础上不断发展创新，使广府文化、客家文化、疍家文化、潮汕文化、南洋文化、西方文化等要质为主体的其他地域性文化在合浦区域内找到生存的空间。时至今日，合浦在历史上形成的地域性文化特性仍然可以找到延续和传承的依据。如在民居方面，明显有广府文化留下的痕迹，南洋骑楼建筑风格和东南亚建筑风格并存，与内陆其他地区形成明显的区别。在北海合浦各地，在普通话和白话流行的同时，涯话、廉州话、海边话在一些乡镇流行，但廉州话在合浦县城占优势，粤语（白话）在北海市区内占优势。在信息化时代，交流的多元化使合浦民间仍能够保留着两千年前的社会风尚、生活方式。合浦作为汉郡文化传承的载体具有顽强生命力，这是合浦汉郡文化开放性、兼容性的体现。

(二) 崇儒兴学、发展文化

设立合浦郡后，儒家思想通过学校的途径在合浦郡开始传播。史书上有"武帝诛吕喜，开九郡，设交趾刺史以镇监之。……自斯以来，颇徙中国罪人杂居其间，稍使学书，粗知言语，使驿往来，观见礼化"① 等记载。合浦历代崇儒兴学，人才辈出。据《合浦县志》载，自宋代始，合浦便创办了府学，有了斋等书院。元、明两代，书院屡有兴废。至明朝，继续创建县学、社学，明代的合浦以海天书院、尚志书院最为著名；至清代康熙时，兴教育人尤为兴盛，先后建有书院20余所，其中有海门书院（府办）、龙门书院（县办）、天南书院（名士办）、珠蠃书院（绅士办）、吟梅书院（宗族办）等。这些书院有府办（廉州府办）、县办、名士（民间人士）自办、宗族办（家族集资办）和绅士办等五种类型。至清光绪年间，合浦县计有中小学堂23所，其中有钦廉政法学堂、廉州府中学堂、廉州府中学附设师范简易科、合浦县速成师范传习所、合浦县高等小学堂等。民国期间，有省立中学一所、县立中学五所、各区立小学100多间。中华人民共和国成立以来，合浦文教事业得到长足发展。历代兴教育人，造就了大批的人才，仅明代合浦县就培养出进士13名、举人70名、贡生437名。合浦留下一批崇儒兴教的文物古迹，如廉州孔庙（文庙）、武圣宫（关帝庙）等。据悉，廉州孔庙曾是广东（合浦曾属广东省）四大孔庙之一。崇儒兴学文化在合浦不断得到积淀，产生了许多传奇故事，如"合浦珠还"、赋出状元、修建文昌塔的由来、神龟

---

① （晋）陈寿撰，（南朝宋）裴松之注：《三国志》卷五三《吴书·薛综传》，中华书局1982年版，第1251页。

地的传说，府学孔庙被列为古代的"廉阳八景"（或称"廉州八景"）之一，还有急公兴学坊、乾德大生坊、太邱书院、廉湖书院等，至今都有着独特的历史和文化价值。

（三）捍卫南疆，维护统一

从中原通过南流江到合浦出海的水路交通，首先是因为军事原因开辟，后来作为商贸流通和人员往来的通道。合浦郡设立后，利用这条通道，合浦郡逐步成为中央王朝驭控交趾、九真、日南三郡及今海南岛上儋耳、珠崖两郡的军事要地。"自合浦徐闻南入海得大州，东西南北方千里，武帝元封元年略以为儋耳、珠崖郡"①，共统辖 16 县，有居民 23000 余户②。合浦郡初置后不久，汉朝便派兵从合浦徐闻出发抵达海南岛，在岛上建立了儋耳、珠崖两郡，后来，由于当地汉族官吏对少数民族人民搜刮过重导致岛上反叛不断，"吏卒皆中国人多侵陵之"③，汉朝多次"发兵击之。诸县更叛连年不定"。④ 最后以中央王朝撤销两郡放弃对海南岛的经营而告终。其中的原因有与合浦郡处于初建之始，未能有经济和军事实力为汉军提供足够的支持有关。东汉时，马援征交趾平二征的胜利使合浦郡成为汉朝在南方的重要军事基地。在平定二征的叛乱中，马援军充分利用合浦作为基地，调动人力物力，"光武乃诏长沙、合浦、交趾具车船修道桥通障溪储粮谷"⑤。自此到汉顺帝永和元年（136）之前，史籍中关于汉王朝用兵

---

① （汉）班固：《汉书·地理志》卷二八下《粤地》，中华书局 1962 年版，第 1671 页。
② （汉）班固：《汉书》卷六四下《贾捐之传》，中华书局 1962 年版，第 2864 页。
③ （宋）司马光等：《资治通鉴》第二十八卷《汉纪二十》，中华书局 2013 年版，第 246 页。
④ （汉）班固：《汉书》卷六四下《贾捐之传》，中华书局 1962 年版，第 2864 页。
⑤ （南朝宋）范晔：《后汉书》卷一一六《南蛮西南夷列传》，中华书局 1962 年版，第 2829 页。

岭南的记载明显减少，相反还出现了不少当地少数民族"降汉""内属"的记载。说明随着汉王朝的巩固，合浦郡作为军事重镇在维护边疆稳定、巩固边海疆中起到越来越重要的作用。三国时期，合浦郡成为魏国和吴国争夺的地区，东吴多次以合浦为港口派出大规模船舶队出海，三次以合浦为基地发动对交趾的战争。隋朝征交趾，唐朝安南都护府（全国六大都护府之一）的行营一度设在廉州府，高骈曾以安南都护府的身份坐镇廉州府城。宋代廉州是宋王朝对交趾讨伐和遣使活动的基地，许多重大活动都从廉州集结出发。宋熙宁年间（1068—1077），交趾多次对钦、邕、廉发动侵略，钦州、廉州沿海成为宋朝抵御安南入侵的前沿阵地。元初，两次把钦、廉作为造船基地，准备对东南亚的缅甸、越南、占婆、爪哇用兵。明朝以后，明确廉州府的地位"府南滨大海，西距交趾，固两粤之藩篱，控蛮獠之襟要。珠官之富，盐池之饶，雄于南服"[1]，把钦廉视为防范安南等外夷的前沿阵地，在钦廉沿海逐步形成前期以涠洲游击为中心，以拱卫珠池为主，后期以乾体港为中心，以御倭为主的军事布局。清代初年面临抗清力量及来自越南的海盗的威胁，廉州府担负着供应下四府（高雷廉琼）军需粮饷的任务，朝廷专门在廉州设战备粮库，廉州水师营定期海上巡防，逐步形成以龙门协为中心的北部湾海防体系，海防功能不断强化[2]。合浦钦州两地为捍卫祖国南疆、维护国家统一做出了巨大贡献，涌现了汉代马援、唐代高骈收复安南征南诏、宋郭逵抗击交趾入侵等壮举。

---

[1] （清）顾祖禹撰，贺次君、施和金校：《读史方舆纪要》（第四百二十卷，广东五），中华书局2005年版，第4738页。
[2] 吴小玲、何良俊：《明清时期的广西北部湾海防与海上丝绸之路》，《广西民族大学学报》2016年第6期。

（四）敢于冒险，开拓进取

古代岭南自然条件恶劣，合浦沿海的古骆越人在很早时期就沿着海岸线到南亚、东南亚活动。汉以后，沿着海上丝绸之路，以港口为起点或中转点，合浦沿海人民把其经济腹地生产的特产远销到海内外，成就了珍珠文化、陶瓷文化、盐业文化的繁荣。在长期的海洋生产和贸易活动中，合浦郡人民敢于挑战艰险，勇于迎难而上。合浦是南珠的故乡，但在生产力落后的背景下，海底采珠十分艰险。杨孚《异物志》载："合浦民善游，采珠儿年十余岁，使教入水。官禁民采珠，巧盗者蹲水底，刮蚌，得好珠，吞而出。"[1] 为了向海索要财富，当地人民不畏艰险，敢于探索，积累了多种采珠方法，创造了古代辉煌的珍珠文化。更可贵的是，合浦沿海人民有冲破束缚，不断向外开拓的勇气。他们积极开辟海洋贸易的途径，即使海中有险，如《岭外代答》所述"钦廉海中有砂碛，长数百里……至于钦廉之西南，海多巨石，尤为难行"，[2] "异时安南舟楫多至廉，后为溺舟，乃更来钦"[3]，海洋贸易活动也从未停止。北宋大中祥符三年（1010），朝廷准许廉州、钦州等地作为与交趾（越南）互市的口岸。宋朝在廉州设置沿海巡检司，元朝改设市舶提举司，接待来往商船和使者，对进出口货物征收关税，使廉州成为"海疆一大都会"。至明永乐年间，由于外国使者和商贾来往于廉州者甚多，明朝廷曾"增设廉属驿站"，置水路

---

[1] （清）梁鸿勋：《北海杂录》（廉州），香港中华务总局1905年版，第18页；（清）郝玉麟监修：《广东通志》卷五十二（杂事志），《钦定四库全书》（史部地理类），上海古籍出版社影印清康熙三十六年刻本1987年版，第134a页。

[2] （宋）周去非著，杨武泉校注：《岭外代答校注》（地理门），中华书局1999年版，第37页。

[3] （宋）周去非著，杨武泉校注：《岭外代答校注》（边帅门），中华书局1999年版，第43页。

驿站，进一步加强廉州海陆交通和商贸的发展。明末清初，由于海禁，对外贸易一度沉落。清康熙二十二年（1683）平定台湾之后，清廷海禁政策暂得松弛，海上交通和对外贸易得以发展，"外洋各国夷商无不梯山航海源源而来"，一时商贾云集。还有一部分人不畏风险，远商海外，不断开拓进取，百折不挠，传承中华优秀传统文化，养成勤俭尚学、团结好礼的良好风气，建立一个又一个的钦廉会馆，成就一段段海外发展的佳话。1876年，被迫开埠通商后，北海又成为广西沿海最先开近代风气的地方。一代又一代的珠乡人传承勇于冒险、开拓争先的禀性，奋勇追求，不断使自身获得发展。合浦人民历来勤耕创业、尚读重教，成为广西沿海明清书院最为集中的地方，也成为广西通过仕学成才走向全国各地人数较多的地区之一。

（五）廉政为官，功利千秋

东汉"廉山留名"和"合浦珠还"的典故奠定了合浦廉政历史文化的基石。在儒家文化思想的影响下，合浦历代廉吏辈出，衍生成深厚的廉政文化。据《后汉书》、明崇祯版《廉州府志》、清康熙版《廉州府志》等的记载，从汉代至明清两千多年的时间里，史籍记载的历代清官廉吏就有130多位，如东汉的费贻、孟尝，三国的薛综，晋朝的陶璜，南北朝的陈伯绍，唐代的颜游泰、刘瞻，宋代的苏东坡、张夔、危祐、罗守成、蒋元振，元代的范椁、吴正卿，明代的张岳、林锦、方瑞、林富、李逊、俞大猷、徐柏、马总、刘行义，清代的郭昌、董绍业、康基田、李经野、王鉴等。他们光明正大、清正廉洁、勤政为民、情怀百姓的高风亮节，赢得了合浦百姓的敬重并彪炳史册。合浦民间广为流传许多廉政故事，如"珠还合浦""东坡题名戏知州"等；合浦现存不少廉政建筑文化遗迹，如廉泉井、海角亭、孟尝亭、孟太守祠、伏波庙、东坡亭、东坡井、县学宫大成殿等，这些人物、故事和史迹，构成了合浦廉政文化的完整系统。合浦乡贤志士把家乡廉政文化传向四方，以身作则，营造风清气正的社会文化氛围。如明永乐年间，合浦石康人韩珠任山西右参政，"为政明恕，归日，民留之不得，乃脱其靴，立亭以寓志思"。[1] 明景泰年间，合浦石康人裴衷任福建左参议，"刚正廉洁，不附权势，归日惟图书数卷"。[2] 千年传承不断的廉政历史文化铸造了合浦崇尚勤廉的优良传统。

四 合浦汉郡文化的影响

两千多年前，郡县制在合浦的设立标志着合浦地区正式被纳入了中国封建王朝的统治下，成为封建王朝保境安民、守边御侮的前沿地带。历代封建王朝通过加强行政管理体系，开发并完善交通条件、迁移人口、确立封建体制，开展封建王朝的对外交往，把中原的"郡县制"文化推广到南疆地区，使该地区的经济、文化得到较快发展，加快了该地区与内地的一体化进程，逐步完成封建化，同时也开启该地区各民族群体融入中华民族共同体的历史进程，使合浦地区成为中原封建王朝牢固的边疆。在此背景下形成并发展的合浦汉郡文化是由曾经生活在这一地域内的各民族和族群共同创造的，在开放、兼收、包容的文化背景中成长起来的，它带有内涵的丰富性、广阔的区域性、时代的延续性，对后世产生了深远的影响。

合浦汉郡文化的内涵非常丰富，它是汉文化在岭南传播的过程

---

[1] （明）张国经修，郑抱素纂：《廉州府志》（崇祯十年版），广东省地方志办公室辑：《广东历代方志集成》《廉州府部》（乡贤志），岭南美术出版社2009年版，第156页。

[2] （明）张国经修，郑抱素纂：《廉州府志》（崇祯十年版），广东省地方志办公室辑：《广东历代方志集成》《廉州府部》（乡贤志），岭南美术出版社2009年版，第151页。

中，以汉文化为核心，融合了当地的土著古骆越文化，外国使节商人僧侣带来的域外文化、从蜀地和云贵高原来的西南高山文化所形成的富有地方特色的文化。它包括以汉文化为核心的历史文化，以南珠文化为代表的海洋商贸文化，以海上丝绸之路及对外交往文化为特征的开放文化，以吏治廉风和惠政厚施为典范的廉政文化，以客家文化、疍家文化为特色的民俗文化，以儒佛道和西方宗教交融共存的宗教文化。其强大的开放性、兼容性，使之在近现代吸收了汉文化在其他区域发展形成的文化（如广府文化、客家文化、潮汕文化等）并进而影响合浦地区，再加上西方文化的影响，这就使以汉文化为地域性标志的合浦文化特色更为鲜明。

合浦汉郡文化的产生，反映了中华民族文化在特定区域融合、发展的规律，体现了中华文化对外开放、兼收包容的胸襟和追求。正是在中原"郡县制"文化的辐射影响下，中国的南部边海疆地区实现了社会形态的跨越性发展，获得了发展的契机，城镇的发展与政区的发展同步，并孕育着新的格局：正是因为"郡县制"文化的影响，地处边远的合浦地区的农业、手工业和商业等社会经济各方面逐步跟上中原等先进地区，为对外开放创造了良好的物质条件；正是因为有了"郡县制"文化的影响，海上丝绸之路在合浦起航，把合浦这些边远的地区纳入了多元化国际交往的范围，促进了海上丝绸之路沿线港口和城市的兴起和发展，形成了国际间的区域合作。而海上丝绸之路的发展，又把合浦郡引向更辽阔的地域空间，把汉郡文化带入更久远的时空。

由于历史上汉合浦郡所辖的行政辖区包含今广东、广西、海南三省的二十多个县、约十万平方千米面积的地域，在语言、特产、风俗、民系等方面历史渊源紧密相连，文化同源性强，辐射效应明显。

合浦汉文化有着较高的区域认同优势，对于开展多元化区域经贸合作、文化交流有着巨大的聚合拉动效应和现实意义。

2022年5月，中共中央总书记习近平在主持学习时强调："中华文明源远流长、博大精深，是中华民族独特的精神标识，是当代中国文化的根基，是维系全世界华人的精神纽带，也是中国文化创新的宝藏。"2017年4月19日，习近平总书记在合浦视察时指出："让文物说话、让历史说话、让文化说话。"高度评价了合浦历史文化的地位。深入挖掘和研究合浦汉郡文化，打造汉郡文化品牌，推进北部湾地区的特色文化品牌建设，将对推进广西21世纪海上丝绸之路文化建设、打造民族文化和岭南文化发展传承示范带起到重要的作用。

（吴小玲：北部湾大学马克思主义学院教授）

广东武侯庙拾遗

何诗莹

诸葛亮，字孔明，号卧龙，世称武侯，三国时期季汉丞相，是我国杰出的政治家、军事家和文学家。千百年来，人们对诸葛亮的敬仰和怀念历久不衰，全国各地建起不少的武侯祠庙。这些建有武侯祠庙的地方，大多数和诸葛亮的人生轨迹密切相关。广东虽然不属于这种情况，但通过查阅资料、请教群众和实地踏访，笔者仍在广东省内找到逾50座主祀诸葛亮的武侯庙。这50多座武侯庙很多史志无载、罕有人知，主要分布在广州、中山、珠海、顺德等地。几年前，笔者曾发表《广州黄埔武侯庙——深井村诸葛亮纪念堂》（载《羊城今古》2018年第1期）、《中山南下村汉武侯庙考述》（载《广东史志》2018年第1期）、《中山武侯庙考述》（载《神州民俗》2018年第3期）、《略论广东武侯庙特征》（载《岭南文史》2018年第2期）等多篇文章介绍这些广东武侯庙，碍于篇幅的限制及其时部分资料的欠缺，有28座主祀诸葛亮的武侯庙和17座附祀诸葛亮的庙宇未在上述文章中得到记述。本文正是对这些庙宇的补记，希望通过本文的介绍，使广东武侯庙可以更多地为学界、为三国文化研究界、为诸葛亮文化研究界所知。至于广东在明、清两代涌现出如此之多武侯庙的原因，笔者将另撰专文论述。

一 主祀诸葛武侯之祠庙

（一）清远市连山县诸葛武侯祠

连山县位于粤、湘、桂三省接合部，明清以来都是少数民族的聚居地。其境内峰峦林立，古有"九山半水半分田"之称。旧县治所在今连山壮族瑶族自治县东北太保镇旧城村。

据清道光年间所修《连山绥猺厅志》记载："武庙东为文庙，庙侧为儒学。儒学东为千总衙，衙之东为诸葛武侯祠。"[1] 又据民国十七年（1928）《连山县志》记载："诸葛武侯祠在东郭门内，建筑年代不可考。相传武侯尝驻军于此，因立祠祀之。猺人畏服，有病常来祈祷，故题额曰'威镇猺疆'。清嘉庆十三年，知县冯璟重建。同治九年，同知楼凤清重修。光绪十九年，同知福海重修。"[2] 连山县，东汉时属荆州桂阳郡。赤壁之战后，刘备占有桂阳郡。他"以亮为军师中郎将，使督零陵、桂阳、长沙三郡，调其赋税，以充军实"。[3] 这是正史里唯一一处能把诸葛亮与连山县联系起来的记载。至于《连山县志》说"相传武侯尝驻军于此"，可能是附会武侯南征一事。武侯祠位于东郭门内，附近还曾经有位于东门外的马侯祠，祀伏波将军马援。"相传（马）侯征五溪蛮，尝驻军于此，故立庙以祀。猺人过其庙常懔懔焉。"[4] 与诸葛亮南征未曾到此一样，马援平定岭南也不曾到此。从武侯祠、马侯祠所处的地点及清代官府出资重修来看，此二祠

---

[1] 道光《连山绥猺厅志》总志第一，光绪三年重刻本，第8页。
[2] 民国《连山县志》卷2，第8页。
[3] （晋）陈寿：《三国志》，中华书局1995年版，第915—916页。
[4] 民国《连山县志》卷2，第8—9页。

为官府始建的可能性很大。而当地官府在连山县建修武侯祠、马侯祠，用意明显。传说诸葛亮"七擒孟获"，史载马援"二定交趾""二平岭南"，在少数民族聚居地建立这两位古人的祠庙，即以古代曾威震蛮夷的名将威镇当今之蛮夷也。而诸葛亮除了"七擒孟获"的天威，还有"攻心为上、攻城为下"的和抚怀柔政策，是前代恩威并施治理少数民族的典范。连山县官府建修武侯祠，大概也有此寓意，而这与史载当地在清代对少数民族剿抚并用的政策也是一致的。连山县武侯祠民初尚有，今已不存。

（二）中山市三乡镇西山村南阳庙

西山村位于中山市三乡镇东部，与珠海接壤。南阳庙位于该村村头古树旁，白墙灰瓦，是一座面阔单间的两进硬山顶砖石建筑。石质庙额阳刻"南阳庙"三个大字，门联阴刻行楷"共仰威灵存八阵，咸钦妙策定三分"。正殿祀诸葛武侯，另外还摆放了关公、福禄寿三星、如来佛、观音等神像。该庙始建于清代，今殿壁嵌有《重修南阳庙芳名》石碑，没有年份。南阳庙侧有一近建红墙绿瓦小庙及四角亭，亭额曰"感恩亭"。

（三）中山市三乡镇里塘敢村南阳古庙

里塘敢村位于中山市三乡镇东北部，东邻珠海。该村有南阳古庙，建于清同治三年（1864），重修于2012年，主祀诸葛武侯。今庙占地约80平方米，是一座面阔单间的两进硬山顶砖石建筑。石质庙额阳刻"南阳古庙"四个大字，门联为"贞忠昭万古，词赋播千秋"。

（四）中山市南朗镇泮沙村西亨祖庙

泮沙村位于中山市南朗镇南部，南与崖口村接壤，北与亨美村相邻。该村下辖泮沙东堡、泮沙西堡、西亨、南庄、王屋、泮沙海 6 个自然村。西亨祖庙位于泮沙村西亨正街，坐西北向东南，面积约 204 平方米，是一座三间三进硬山顶砖石建筑。其始建于清代康熙年间，重建于光绪年间。石质庙额阳刻"西亨祖庙"四个楷书金字，门联为"文章司万古，勋业盖三分"。该庙前后进间夹一天井，天井中有拜亭，两旁有廊。后进有神龛，主祀诸葛武侯，附祀文昌帝君、康公、关帝、财帛星君等。庙内楹联有"列位三台，文曲运衡光日月；忠精二表，阵图著绩壮山河""仰十七世宰官身，香袅金炉齐顶祝；成廿一年贤相业，勋留铜鼓切心仪"。庙内存一光绪二十二年（1896）重修碑记《万福攸同》。

（五）中山市南朗镇龙穴村龙溪祖庙

龙穴村位于中山市南朗镇东部，南与泮沙村接壤。该村下辖边山、旧村、新村、鸡头角 4 个自然村。龙溪祖庙始建于明代正德年间，重修于清光绪三十一年（1905），2000 年又再次重修过。该庙石质庙额阳刻"龙溪祖庙"四字行楷，门联为"沔阳遗相业，龙穴显神光"。庙内主祀诸葛武侯，神像为王侯冠冕，附祀禾谷夫人、牛仔王。龛额曰"武侯殿"，龛联为"威镇一乡千载乐，恩敷众户万年安"。主殿石柱联为"许先帝以驰驱，鞠躬尽瘁；痛益州之疲敝，兵法乘劳"。庙内存一光绪三十一年（1905）《重建武侯庙捐工金碑记》。

（六）中山市南朗镇平顶村武侯殿

平顶村位于中山市南朗镇南部。原村旧址曾有武侯殿，祀诸葛武侯。1992 年，新村建成。2005 年，武侯殿迁到新村重建。该庙面阔单间，绿瓦白墙，门额"武侯殿"，门联为"居家安宁，风调雨顺"。

（七）中山市南朗镇莆山村武侯庙

莆山村位于中山市南朗镇东北部，西接赤坎村。因陈氏从福建莆田迁来，建村于瑞草丛生的山冈旁，所以取名"莆山"。该村清代原有武侯庙。

（八）中山市南朗镇土草朗村武侯庙

土草朗村位于中山市南朗镇西北部。明代建村时，村处一土岗，旁为沼泽地，萌草丛生，故名土草萌，后写作土草朗。该村清代原有武侯庙。

（九）中山市南朗镇大岭头村大岭头祖庙

大岭头村位于中山市南朗镇中心。该村有大岭头祖庙，始建于清同治元年（1862），重建于1998年，主祀诸葛武侯。庙联为"三顾频烦天下计，万年基业老臣心"。

（十）中山市南朗镇井溪村武侯庙

井溪村位于中山市南朗镇西北部。因山溪流经村旁，故名井溪。又因村西有山，山前有井，故又名井头山。该村清代原有武侯庙。

（十一）中山市南朗镇大车村武侯庙

大车村位于中山市南朗镇西北部。该村湖头山清代原有武侯庙。

（十二）中山市五桂山镇长命水村武侯庙

长命水村位于中山市五桂山镇北。该村武侯庙1947年重修。当年的《东镇乡报》记录了庙宇落成时的盛况：金猪三头供奉，瑞狮三头助兴，炮竹连天，观众六千余人。

（十三）中山市东区街道新鳌岭社区新村三圣庙

新村位于中山市东区街道西南部。该村有三圣庙，又称大王庙。该庙始建于清代，2005年重建。庙内供奉诸葛武侯、关公、康公。

（十四）中山市东区街道新鳌岭社区紫马岭村武侯殿

紫马岭村位于中山市东区街道中部。该村有武侯殿，门联为"功盖三分国，名成八阵图"，主祀诸葛武侯。该庙始建于清代，重建于20世纪90年代。

（十五）中山市东区街道新鳌岭社区小鳌溪村大王古庙

小鳌溪村位于中山市东区街道东南部。该村有大王古庙，门联为"三顾不忘先主业，两朝无愧大臣心"。该庙始建于清嘉庆年间，重修于1998年，主祀诸葛武侯，附祀牛王、康公、妈祖，以农历二月十五日为大王诞。

（十六）中山市东区街道起湾社区起湾村武侯庙

起湾村位于中山市城区，为城中村。该村有武侯庙，又称大王庙，主祀诸葛武侯，附祀福禄寿三星、关帝、观音等。

（十七）中山市东区街道桥头村武侯庙

桥头村位于中山市东区街道南部。该村清代有武侯庙。据中山市南下村汉武侯庙的清光绪年间重修碑记记载，南下村汉武侯庙重修时，桥头武侯庙捐赠了工银壹拾两正。中山地区有两个桥头村，一在东区街道，一在三乡镇。现在这两村皆不存武侯庙。鉴于桥头村武侯庙是当时给南下村武侯庙捐金的唯一武侯庙，估计这两座武侯庙有比较特别的联系。后查得，东区街道桥头村大姓之一的徐氏乃清初自石岐南下村迁来。所以，光绪重修碑记所载之桥头村武侯庙当位于东区街道桥头村。

（十八）中山市南区街道北溪社区曲涌村曲涌古庙

曲涌村位于中山市南区街道西北部。该村有曲涌古庙，又称大王庙，门联为"西川望重，南海恩深"，庙里并列供奉诸葛武侯及另一神祇。从庙联"南海恩深"和洪圣王庙经常俗称大王庙来推测，另一位神祇似为南海神洪圣王。庙内神龛的龛额是"恩光普照"，龛联为"福庇万家，显赫声灵隆祀典；香腾上界，重修庙貌沐恩光"。该庙始建于清代，今存清光绪二十九年（1903）《重建曲涌古庙捐题芳名碑记》。每逢二月大王诞，村民会到庙内上香祈福。祭拜仪式结束后，村民会在庙前空地围餐。原本曲涌古庙的大王诞仅曲涌村村民庆祝，近三四十年来邻村福涌村村民也来参加。[①]

（十九）中山市南区街道北溪社区树涌村武侯庙

树涌村位于中山市南区街道西南部。该村武侯庙始建于清道光二十六年（1846），1975年拆除，1990年重建，主祀诸葛武侯，附祀观音、牛王。庙联为"隆中垂烈，粤檄涵恩"。庙内对联有"三顾恩隆，鼎足河山扶蜀汉；千秋庙显，升香俎豆重熙朝"，及"功盖三分国，

[①] 广东省人民政府地方志办公室：《全粤村情（中山市卷二）》，广东人民出版社2018年版，第297页。

名成八阵图"。该庙以端午为大王诞。每逢庙诞,村民就到庙里拜神,并有抢炮等活动。

(二十) 珠海市高新区鸡山村武侯庙

该庙位于珠海市香洲区东北部的鸡山村。鸡山村,原名鸡拍村,因该村背靠两山如雄鸡展翅,故名。建村至今已有数百年历史。原居村民多姓唐,据说是北宋名臣唐介的后人。

鸡山村武侯庙位于村东,又称南阳古庙,是该村的祖庙。当地老人说,武侯庙的建立除了和宗教信仰有关外,还和风水地理有关。鸡山村面海,海上有两座小岛,分别叫横洲(原称龟山)和蛇洲(原称蛇山)。蛇洲似蛇,像是要攻击鸡山的样子。为了镇蛇护村,村民在村东头建了武侯庙,在村西头建了天后庙,还在武侯庙前建了一座硫黄塔,专治毒蛇。这种建庙建塔镇蛇的说法没有文献记载,无从考究。

今鸡山村武侯庙内现存最早的碑刻是清嘉庆十二年的重修碑,碑文没有写庙始建于何时,只说原庙"规模未广",于是集资扩建,数月而成。据此,估计该庙约建于乾隆年间。嘉庆十二年(1807)扩建后,庙的正殿祀诸葛武侯,从祀者则包括诸葛瞻、诸葛尚、洪圣大王、陆圣大王、□□□龙王、至灵至迹大王□□□(□为碑文残缺)。陆圣大王、至灵至迹大王是何方神圣待考。此外,"复厂其左以祀文武二帝,辟其右以祀龙母夫人"。

除了嘉庆年间的重修碑,庙内还有一通光绪七年(1881)的重修碑。这块碑记载了当时庙里奉祀诸葛武侯、诸葛瞻、诸葛尚、文武二帝和医灵大帝。医灵大帝可能是指保生大帝吴真人。

1987年,鸡山村侨胞、港澳同胞集资修复武侯庙。鸡山村武侯庙于 2011 年 11 月被公布为珠海高新区不可移动文物，于 2012 年 7 月被公布为珠海市不可移动文物。

今武侯庙坐东南向西北，由主座和旁院组成。面积约 180 平方米。庙旁有一朱柱黄瓦的六角凉亭和几株大树。庙门所见，青瓷片墙，灰瓦片，蓝瓦当，博古脊，硬山顶。门上石匾阳刻行楷"武侯庙"，门两旁联为"伊吕伯仲，鱼水君臣"，匾与联皆红底金字。门前左右还挂一对红灯笼。进入庙门，经过天井，便是正殿。正殿正中供奉着诸葛武侯坐像。神像头戴纶巾，左手抚须，右手持扇。神龛上悬一匾曰"仰答神庥"，殿内柱联为"前后表见一生谨慎，魏吴伐具千古经纶"。正殿左右则供奉武侯之子诸葛瞻和武侯之孙诸葛尚，二君皆战死殉国而为后人敬仰。

（二十一）珠海市香洲区里神前村武侯庙

离鸡山村约七千米远的里神前村（属香湾街道），据说原有武侯庙，庙里除供奉诸葛亮外，还供奉关公和赵云。"文革"期间，该庙被毁，今已荒废。

（二十二）珠海市香洲区界涌村武侯庙

界涌村，旧称介涌村，现由里界涌村、外界涌村和新村组成，位于珠海市、中山市的交会点。该村武侯庙位于里界涌村。据悉，里界涌村在清中期建村，已有约三百年历史。

界涌村武侯庙约始建于清代，光绪二十九年（1903）重修，近年又修整过。该庙是一座面阔单间的两进硬山顶建筑。庙门所见，灰墙素瓦，凹斗式大门，门上匾额朱底墨字楷书"武侯庙"三字，匾额两侧绘有山水壁画，今已斑驳。门两旁没有对联。两进之间有一天井，天井置一香炉。正殿神龛正中供奉武侯像。武侯坐像头戴纶巾，身穿朱色氅衣，右手持羽扇，左手执卷安放左膝。左右侍立两小将。神龛上方正中横匾写着"恩光普照"，左右联则是"神恩庇佑千年旺，圣德扶持感万年"。龛前有香案。庙内尚存清光绪年间重修碑。2013年7月，界涌武侯庙获公布为珠海高新区不可移动文物。

该庙以农历二月二十五日为神诞。每逢神诞日，该村信众就到庙里奉上三牲、酒醴，燃点香烛，虔诚叩拜，以求神灵保佑。当天还有"耍菩萨"巡游。先把神像请到龙椅上安坐，然后由四名壮丁抬着龙椅绕村一周，后面有舞狮跟随。巡行一圈后回到庙前燃放鞭炮，气氛热闹。此外，有时还会有社戏来助兴。[①]

（二十三）珠海市高新区淇澳岛东澳古庙

距离鸡山村约十千米的淇澳岛，岛上有十七座庙。淇澳村村口有东澳古庙，庙里正龛祀诸葛武侯。该庙约建于清代，嘉庆年间重修，近年又重修过。今庙是一座面阔五间的两进硬山顶建筑。庙额门联皆麻石，庙额阳刻"东澳古庙"四个行楷大字，门联为"恩流海澨，泽遍山陬"。进入门厅，抬头一匾，写着"德著南阳"。每年端午节，村民会用轿子抬着天后娘娘、水潮爷爷、诸葛武侯、蔡二将军等神像在村里巡游。沿途，村民、信众燃放鞭炮、敬奉贡品，以此祈福。2013年，淇澳端午祈福巡游成为珠海市非物质文化遗产。

（二十四）广州市黄埔区长洲镇白兔岗孔明庙

长洲岛白兔岗下旧有孔明庙，祀诸葛武侯。当地传说诸葛亮两次

[①] 广东省人民政府地方志办公室：《全粤村情（珠海市香洲区金湾区卷）》，中华书局2018年版，第110页。

显圣。

相传，1938 年 9 月，日军进攻广州。日军飞机疯狂轰炸黄埔港，其主要目标是黄埔军港和黄埔军校。值此危急关头，有人发现白兔岗炮台上有一位头戴纶巾、身披鹤氅的长者。每当日军飞机投下一炸弹，他就手持羽毛扇一拨，日机扔下的炸弹就被拨落到江中。结果，日军一番狂轰滥炸后，黄埔军校及长洲民宅皆安然无恙。于是，当地民众传说这是武侯显圣保护了长洲。

又相传，1945 年六七月间，日军虽然已全面溃败，但仍负隅顽抗于长洲岛。国民党飞机轮番轰炸附近海面上的日寇舰队，已经炸沉了很多日军运输船，唯独剩下一艘大型护卫舰"六星丸"号一直未炸中。此时，又有人见到那位长者在白兔岗上出现。他手挥羽扇，就把炸弹纷纷拨落"六星丸"，敌舰沉没。当地民众传说，这是武侯再次显圣保护了长洲。

可惜，白兔岗孔明庙在 1958 年被拆。[1]

（二十五）佛山市顺德区龙江镇南坑村武侯古庙

南坑村位于佛山市顺德区龙江镇的南部。该村有武侯古庙，建于清道光三年（1823），重修于 1994 年，主祀神为诸葛武侯。以农历七月廿三日为神诞。每逢神诞日，村民会到庙里烧香祈福，并组织村老聚餐等。

（二十六）佛山市顺德区均安镇南沙岛安成村武侯祠

佛山市顺德区均安镇南沙岛约十五平方千米，岛上有大小庙宇二

---

[1] 广州市黄埔区长洲镇地方志办公室：《广州市黄埔区长洲镇志》，广东省地图出版社 1998 年版，第 180 页。

十多座。该岛安成村有一座武侯祠,当地称孔明庙。该庙位于安成村的沙角坊,建于 2005 年,据说是因洪水西发,武侯神像东漂而结缘建庙。该庙单间两进、红墙绿瓦,庙额行书"武侯祠",门联"鞠躬尽瘁精神今犹在,神机妙算功勋留人间",以农历七月廿三日为庙诞。

(二十七)佛山市顺德区均安镇南沙岛四埠村武侯祠

四埠村,位于均安镇东部的南沙岛上,东面与永隆村、南面与安成村、西面与凌沿村相邻,北面与杏坛镇隔海相望。该村有一座武侯祠,主祀诸葛武侯,以农历七月廿三日为庙诞。

(二十八)江门市新会区大鳌镇新联四村鸡笼岗诸葛武侯庙

新联四村,位于江门市新会区大鳌镇,旧称十七顷村。该村东北角有一地名鸡笼岗。鸡笼岗上建有武侯庙,当地人称作孔明庙。此庙据说是大鳌镇最早建成的庙宇,但不知建于何时。据当地老人回忆,原武侯庙建在鸡笼岗半山腰,坐西向东。庙前面有一小广场,广场中有一天然喷泉,泉水清澈甘甜,四季不绝。广场的正前方竖有一两丈多高的旗杆,杆上挂一红灯笼。每到夜晚,鸡笼岗附近的海面都能望到灯笼的光,渔民称之为"孔明灯",把它当作导航的灯塔。武侯庙为前后两进建筑。庙额为石匾,刻着"诸葛武侯"四个金色大字。进入庙内,门厅有屏风,正殿供奉诸葛武侯像。旧时,村民及附近船家渔民经常到武侯庙敬香,香火颇为旺盛。该庙庙会为每年农历二月十五日。中华人民共和国成立后,因修水利、筑堤坝、建排灌站要用大量石料,鸡笼岗的石料便被开采,山岗被炸,武侯庙也毁了。[①]

[①] 政协江门市新会区文史社会法制委员会:《新会文史资料》第 61 辑,新会区印刷有限公司 2007 年版,第 32 页。

近年，当地在鸡笼岗原址附近重建了武侯庙。现庙面阔单间、两进，庙额楷书"诸葛武侯庙"，门联为"忠贞照万种，武烈益三分"。现在，村民仍以农历二月十五日为庙诞，每三年组织一次孔明诞活动。届时，村民会聚庆祝，流水席摆满了村委会门前的空地，俨然一方盛事。

二 附祀诸葛武侯之祠庙

（一）开平市水口镇塘口村龙冈古庙之先贤武侯祠

龙冈古庙，俗称四姓祠，位于开平市水口镇刘姓塘口村。据《龙冈古庙记》，此地"脉出云山，气连珠海，盘旋起伏，势若蟠龙，中起一小冈，若龙首之昂空，故老传言，每当风雨晦冥之夕，恒见冈上云雾迷濛，直升宵汉，若有神物嘘气于其间者"，故名龙冈。其"业权本属山草步乡刘姓所有，附近各姓，以其地有灵气，知为龙脉所钟，均欲据夺，刘姓族小，以强邻虎视，恐酿争端，乃集刘、关、张、赵四姓人士商决兴建祠庙于冈上，塑奉汉昭烈帝、关壮缪侯、张桓侯、赵顺平侯及诸葛武侯诸神像，并名之为龙冈古庙，以杜觊觎者谋"。

该庙始建于清顺治、康熙年间，咸丰、光绪年间曾重修。主建筑坐北向南，正殿三进，祀刘备、关羽、张飞、赵云。正殿东侧有武侯祠，亦称孔明楼。该祠绿墙黄瓦，门楣刻着"先贤武侯祠"五个大字，楼高三层，高耸雄踞，俯览四方。楼内设蟠龙神阁，阁楣阳刻行楷"相殿"两字，阁侧左右阳刻对联为"千秋勋业留三国，一代忠贞属首师"。阁内正中供奉诸葛武侯坐像，神像头戴纶巾，身穿绿袍，左手持羽扇，右手掐算状。楼内四周绘有壁画，内容为草船借箭、弹琴退敌等故事。

20世纪90年代，世界龙冈亲义总会在新加坡成立"修复龙冈古庙筹建计划委员会"，筹得款项后再次重修龙冈古庙。此次修缮于1998年竣工。2000年，开平市公布龙冈古庙为开平市文物保护单位。2018年，古庙重光20周年，当地举办了盛大的庆典，四姓宗亲两千多人从世界各地回到龙冈参与盛典。目前，龙冈团体遍布世界各地，在全球一百多个国家和地区有龙冈亲义会（宗亲会）三百多个。

（二）中山市坦洲镇联一村水仙宫之武侯庙

联一村位于中山市坦洲镇西南部，下辖九围、孖洲、茂丰、宜东、四合、新隆、一围7个自然村。其中，孖洲村建于孖洲山东南麓。据说，此地先有始建于清末的水仙宫，祀天后，后于民国十一年（1922）重修时增建偏殿武侯庙、观音殿、财星庙。武侯庙祀诸葛武侯，其建筑与水仙宫、观音殿、财星庙并排相连。庙联为"洲屿远遗丞相泽，耕桑原慰草茅心"。

（三）中山市沙溪镇沙平村沙平祖庙

沙平村位于中山市沙溪镇东南部。该村有沙平祖庙，建于清嘉庆七年（1802），重修于2005年，建筑面积约177平方米。该庙坐西向东，为两进三间的硬山顶建筑，中有天井，天井置香亭，正殿中龛祀北帝，左龛祀天后，右龛祀诸葛武侯。武侯神龛横幔绣"天下军师"四字，左右垂联绣字"功盖三分国，人当万里城"。

（四）中山市沙溪镇云汉村北极殿

云汉村位于中山市沙溪镇东北部。该村有北极殿，始建于明末清初，重建于2005年，供奉北帝、王巡抚、观音、诸葛武侯、张王爷、金花娘娘、谭师公。该庙每六十年举办一届罗天大醮，一般年份则举办太平清醮，具体时间为农历三月初三北帝诞。

（五）中山市沙溪镇圣狮村洪圣殿

圣狮村位于中山市沙溪镇西北部。该村有洪圣殿，建于明天启或崇祯年间，重修于清光绪二十九年（1903），供奉洪圣龙皇、感应公王、诸葛武侯、灵慧侯王等。

（六）中山市沙溪镇涌边村洪圣殿

涌边村位于中山市沙溪镇西南部。该村有洪圣殿，始建于明代，重修于1995年，供奉洪圣王、牛王、王巡抚、诸葛武侯。

（七）中山市南区街道北溪社区渡头村康真君庙

渡头村位于中山市南区街道西南部。该村康真君庙始建于清代，重修于1999年、2007年，现位于渡头纪念馆内，供奉康公、天后、观音、诸葛武侯、关公、财帛星君、悦城龙母、马大元帅等。

（八）中山市三乡镇外塘敢村四圣庙

外塘敢村位于中山市三乡镇东北部。该村有四圣庙，始建于清代，重修于2014年，供奉刘备、关羽、张飞、诸葛亮。该庙单间单进，规模较小。

（九）中山市三乡镇平南村列圣宫

平南村位于中山市三乡镇西南部。该村有建于清代的列圣宫，庙联为"乾坤一圣母，楚汉两纯臣"，庙内主祀齐天圣母，附祀诸葛武侯、屈原等。庙内存一清咸丰七年《重修列圣古庙碑记》。

(十) 中山市火炬高技术开发区张家边村观音庙

张家边村位于中山市火炬高技术开发区中部。该村原有先锋庙，建于村内飞鹅岭山腰，庙里有华佗殿、北帝殿、关帝殿、观音殿、诸葛孔明殿和玄坛像室等一排八间。"文革"后期，该庙被拆。1993年，侨胞、港澳同胞和村民捐资在原址重建该庙，改名为观音庙。2008年重修。新庙一排三间，中间祀观音，左右两间祀关帝、北帝。观音庙外另附一小庙，有诸葛武侯、先锋杨爷、三仙娘等神位。

(十一) 中山市火炬高技术开发区张家边村东岳庙

张家边村有东岳庙，主祀东岳大帝、文昌帝君，附祀诸葛武侯等。武侯金色神像前有雕龙神位，上写"南阳智通诸葛武乡侯王"。

(十二) 中山市南朗镇麻东村麻东祖庙

麻东村位于中山市南朗镇东北部。该村麻东祖庙建于清康熙二十三年（1684），民国时重修，1999年拆除重建。今庙面阔三间，绿瓦绿墙红柱，庙联为"智高西汉，学裕南阳"，主祀曲逆侯陈平，附祀诸葛武侯等。庙内对联有"突出奇谋擅长反间，曲逆侯名驰西汉；图成八阵鼎定三分，后汉相誉满南天""祖庙落成，敢谓雄伟壮观物华天宝；乡情共识，堪称仁义礼智人杰地灵"。

(十三) 中山市南朗镇西江里村北帝庙

西江里村位于中山市南朗镇西北部。该村北帝庙主祀北帝，附祀诸葛武侯等。庙联为"星环北极，泽沛西江"。庙内对联有"北帝显神通，斗座星环，营造无为宏德泽；武侯崇道义，左安圣母，定能大地沐恩波"。

（十四）中山市南朗镇安定村康公庙

安定村位于中山市南朗镇中心。该村康公庙始建于 1921 年，重建于 1994 年，主祀康公，附祀诸葛武侯。

（十五）中山市南朗镇麻西村社灵庙

麻西村位于中山市南朗镇东北部。该村社灵庙 20 世纪 90 年代重修，附祀诸葛武侯。

（十六）中山市东凤镇祥兴社和合庙

祥兴社位于中山市东凤镇东部。该村有和合庙，始建于清嘉庆年间，光绪五年（1879）重建，1985 年再次重建，2013 年重修。庙里主祀和合二仙，附祀诸葛武侯等。武侯神像戴蓝帽、衣蓝袍，双手持令牌。该庙每年正月十二日办灯酒会，有投灯活动。

（十七）云浮市郁南县大湾镇狮子头村狮子名山庙

狮子名山庙，又称狮子庙，位于云浮市郁南县大湾镇狮子头村公路桥头，始建年代不详，重建于清光绪二十四年（1898），占地面积 1500 平方米，建筑面积 450 平方米。该庙坐东向西，面临泷江，由前殿、正殿、后殿、拜亭、配殿、虎廊、月门、厢房等组成，正龛祀关公，左龛祀张飞，右龛祀诸葛武侯。

附录一

关于对拙文《中山南下村汉武侯庙考述》（载《广东史志》2018年第1期）的修正

原文考证中山南下村汉武侯庙建于清雍正年间，乃忽略了庙内一通文字漫漶的雍正八年（1730）《重修神像记》碑之误。既存此碑，则南下村汉武侯庙当建于清雍正之前。然清康熙十二年（1673）编修的《香山县志》未载此庙，且未载南阳里这一地名，故该庙更可能建于清康熙十二年（1673）之后至雍正之前。

附录二

关于中山市博物馆所藏《南阳庙碑》记载的南阳庙究竟在何地

《文物天地》2022年第4期"中山市博物馆藏品研究专题"载有一篇题为《中山市博物馆藏〈南阳庙碑〉与〈重修陪祀碑文〉浅读》的文章，文中说："《南阳庙碑》，明弘治三年（1490）立石，中山市西桠小区征集。板岩质，碑残，圆首。碑通高75、宽55、厚6厘米，周边饰以花纹。碑额篆书阴刻'南阳庙碑'四字，碑文为楷书阴刻，存余碑文多能辨识。据学者考证，碑中所指南阳庙所在位置，应该就是位于明代香山县永乐乡得能都西丫村（今西桠）。"

因《南阳庙碑》为现在所知广东武侯庙碑刻中之年代最早者，所以搞清楚该碑原在何处对研究广东武侯庙的历史有重要意义。笔者认为，此南阳庙很可能并不在西桠村，理由有五。

其一，碑文提到"本庙后峰秀起，林木森郁，名曰'飞鹅'"，而西桠村在历史上或现在都没有一个山峰或地名叫"飞鹅"。附近只有张家边村有飞鹅岭（又称后门山或后门架）、马安村有飞鹅山、濠头村有水流鹅山。

其二，碑文提到"永乐四年（1406）丈量乃请于官除……"，而永乐年间西桠尚未开村。西桠建村为明嘉靖年间（1522—1566）。上述张家边村、马安村、濠头村早于明永乐建村的是张家边村、濠头村。

其三，碑文提到耆老陈平秀"会同庙祝吴玄升设法化缘"，可知陈氏和吴氏应为当地乡绅大族，而西桠村明代大姓里并没有陈氏、吴氏。上述张家边村、濠头村明代大姓里有陈氏、吴氏的只有张家边村。

其四，西桠村现存神庙里没有供奉诸葛武侯，《西桠村志》也没有当地庙宇曾供奉武侯的历史记载。今虽有近年新建的侯王庙的庙联"功盖三分国，人当万里城"语涉武侯，但这其实是建庙村民重建侯王庙时选择庙联的失误。据《西桠村志》，西桠旧侯王庙建于清光绪年间，主祀西山英烈陈侯三王。旧庙于1912年拆毁，原址改建学校。今侯王庙为迁址重建，庙内没有神像，只有神像壁画，壁画正中绘西山英烈陈侯三王，并没有绘画诸葛武侯。那么为何庙联写的是诸葛武侯呢？估计是村民重建该庙时照搬了邻近武侯庙的庙联。使用此联的有曹边村武侯殿、雍陌村南阳祖庙、紫马岭村武侯殿等。当地人也把诸葛武侯称作"侯王"，然此"侯王"非彼"侯王"，庙联并不能通用，应该是西桠村建庙者失察了。而张家边村历史上曾有武侯庙，还是张家边最大的庙宇，俗称大庙。该庙位于飞鹅岭东行的第二个山峰之下，前后三进，庙前有龙井，有广阔大道，大道两旁有绿荫如盖的大榕树。这与《南阳庙碑》记述的"复植秀茂嘉树，老少乘凉，凿井庙右，应众之汲"是一致的。该庙于1949年前后被拆除，大榕树也遭到砍伐。

其五，《南阳庙碑》是在张家边挖得。笔者于2022年8月上旬写毕上述四点理由，8月下旬因一个偶然的机会与《中山市博物馆藏〈南阳庙碑〉与〈重修陪祀碑文〉浅读》的作者蔡凌晖先生取得了联系。蔡先生也认为，笔者对于该碑原属张家边村武侯庙的推论是合理的，并补充了一条重要信息。蔡先生说，《南阳庙碑》是2009年他与同事在西桠村做文物普查时发现的，当时为一朱姓村民所收藏。其后，该村民向中山市博物馆无偿捐赠了这块碑。起初，村民只道碑是村中拾来。近日，蔡先生邀请该村民家属到中山市博物馆新馆参观，其家属说该碑当年乃自一鱼塘底挖得，鱼塘位置在张家边医院一带。张家边医院累迁其址，距离张家边武侯庙旧址最近的一处仅百米之遥。

综合以上，有理由相信，中山市博物馆藏《南阳庙碑》原在张家边村，碑中所记南阳庙即张家边村武侯庙。

（笔者注：受疫情影响，中山的民间庙宇已三年不对外开放。幸得中山蔡凌晖先生惠赠其于疫情前所抄录龙溪祖庙、西亨祖庙、曲涌古庙、列圣宫的庙内碑文，弥补了笔者不能进庙之憾。另，附录二《关于中山市博物馆所藏〈南阳庙碑〉记载的南阳庙究竟在何地》在撰写时得到中山陈桂明先生的无私帮助。陈先生熟悉东乡地理，为笔者解答了一些地理疑问，又慷慨为笔者提供了《西桠村志》《张家边乡闻选辑》等难以买到的资料。在此，谨一并向蔡凌晖先生、陈桂明先生致以衷心的感谢。）

（何诗莹：广州市第三工人文化宫）

广西左江流域天琴文化嬗变研究

冯雪梅

天琴文化主要流传于左江流域的龙州、宁明、凭祥一带,是古代壮族古老祭祀仪式的遗存,骆越巫文化的重要组成部分。它以天琴弹唱为载体,以"喻天"为宗旨和以"娱人"为目的的一切民间宗教信仰法事活动和民间文娱活动,以及由此所派生的一切文化形态。[①]它包含了天琴经书、唱词等物质文化,天琴的制作、弹奏、信仰崇拜等行为文化,以及天琴文化在创造与发展中所形成的多种思想文化。笔者在探究天琴文化的起源、要素及内涵变化的基础上,归纳出影响天琴文化嬗变的两大因素:一是天琴文化中的封建迷信内涵与时代主流思想不符,二是天琴文化赖以存在的经济基础发生了变化。在新时期、新环境之下,需要以求同存异的态度看待文化发展中的差异性,凝聚、融合文化的多样性,以此促进天琴文化的良性发展。

一 天琴文化历史渊源

天琴文化属于越巫文化的类别,《列子·说符》中有关于越巫文

[①] 秦红增、宋秀波:《由外源及内发:民族传统文化重构反观——以金龙布傣天琴文化的发展为例》,《吉首大学学报》(社会科学版) 2012 年第 1 期。

化的较早记载:"楚人鬼而越人礼。"① 在《史记》的孝武帝本纪中的记载最为清楚:"是时既灭南越,越人勇之乃言:'越人俗信鬼,而其祠则皆见鬼,数有效'。"② 这里说明了古越人尚巫行鸡卜,信巫术。越巫文化在汉朝之前就已经存在,也从侧面印证了天琴文化有着悠久的历史。

(一)天琴文化探源

根据有关骆越时代的历史记载可知,壮族最早被称为"西瓯""骆越"等。《王临川集》在论邕州事宜一则中,描述骆越的生活时说:"骆越人无城郭可居,于高险崖岩之上,各安巢穴,一有寇至,举家以登,石所不及。"③ 由此可以看出,骆越祖先生活在一个相对艰苦的环境里,与同时期的中原地区相比是相对落后的。在这种情形下,他们没有能够抵抗自然灾害和外敌入侵的有利条件,所以一旦遇到天灾人祸,就只能寄希望于上天的眷顾。

1. 从民间传说窥探天琴文化缘起

在所知民间传说中,我们也可窥见古壮先民的自然崇拜与鬼神崇拜观念。相传,旧时左江流域一带大旱,大地荒芜,危难中龙州县金龙明(今金龙镇)有位妇人向苍天祈求雨降人间,拯救生灵。果真有老仙翁显灵,拔下两根银色的胡须对她说:以老翁万年之葫芦,千年之桃杖,百华之胡须做个"鼎叮",手持着它,口念着心语,一切都会如愿以偿。④ 妇人遵照指示而做,"鼎叮"的声音惊动神龙,天空

---

① (战国)列御寇:《列子》,上海古籍出版社1989年版,第60页。
② (汉)司马迁:《史记》,中华书局1982年版,第478页。
③ 白耀天:《侬智高:历史的幸运儿与弃儿》,转引自王安石《王临川集》卷89《论邕州事宜》,民族出版社2006年版,第303页。
④ 黄伟晶、黄桂秋编著:《壮族民俗风情》,广西民族出版社2012年版,第134页。

乌云密布,下起了倾盆大雨,人们得救,大地重现生机。从此"鼎叮"能传达人心愿的消息便开始流传开来,长此以往,周围的人凡是有不顺之事,都会来求妇人弹"鼎叮"念心语,为他们祈福消灾。奇怪的是,受灾受难者经过"鼎叮"弹唱诵念后都会转运。自此"鼎叮"成了人们心中可以传达任何愿望的万灵之物。这"鼎叮"中的"叮"是壮语发音的"天",音译过来就是今天所说的天琴。由此可知,骆越洞穴时期的原始壮族人民对于"天"和"自然"充满敬畏,因为他们认为万物都是有灵性的,只有尊敬自然,取悦上天才能保证自己免受无妄之灾。因此,也从侧面解释了为何会有在遇到灾难时,妇人要乞求上天垂怜生灵,最后出现神灵赐予天琴拯救苍生的传说。

2. 农耕稻作发展与天琴文化滥觞

一个民族的文化总是与他们所处的地理位置和自然环境密切相关,天琴文化的主要代表地区——崇左龙州县金龙镇地区,恰好处于左江流域的农业文化圈。《水经注》转引《交州外域记》载:"交趾昔未有郡县之时,土地有雒田,其田从潮水上下,民垦食其田。"[1] 这是说,在秦汉以前,此地的骆越人就垦食"雒田"。汉朝至唐朝时期,壮族的水稻种植技术更是有所发展,如在唐代的《岭表录异》中就有描述此地域人们的耕作场景,"新泷等州山田,拣荒平处,以锄锹开为町畦"。[2] 南宋时期,壮族多数地区已使用牛耕。明人林弼《龙州诗》有云:"水枧枝枝横槛似,禾囷个个小亭如。"[3] 这说明此地种植水稻相当普遍且技术成熟。那么依据文化产生与地域社会历史条件的

---

[1] (北魏)郦道元撰,陈桥驿校证:《水经注校证》,中华书局2007年版,第861页。
[2] (唐)刘恂撰,商壁、潘博校补:《岭表录异校补》,广西民族出版社1988年版,第40页。
[3] 潘超、丘良任、孙忠铨等:《中华竹枝词全编》(六),北京古籍出版社2007年版,第461页。

关系来说，当地天琴文化的产生必定与稻作历史有一定联系。

从当地人的祭祀目的中也可窥见端倪。古壮人民认为人老多病，是因为缺少粮食而断命，于是举行寿辰仪式借以天琴弹唱来为"缺粮"的老人"添粮续命"，以让老人恢复健康，延长寿命。[①] 在举行祭祀过程中，巫公还会将稻米撒落在老人房内，并将祭祀过神的生稻米让老人就符水服下，意思是将神明的祝福融入身体里。可见，长久以来在稻作农业环境的影响下，壮族人对水稻有天然的尊崇感，认为这是支持自己生存必不可少的基础。加上当时岭南地区靠近防城一带多自然灾害，容易导致粮食减产，《岭表录异》曾记载："南中夏秋多恶风，彼人谓之飓。坏屋折树，不足喻也。甚则吹屋瓦如飞蝶。"[②] 飓风破坏和降雨的不足，多会形成旱涝灾害，影响人们的生产生活。古人面对恶劣的自然灾害无能为力，于是希望可以借助天琴将自己的内心愿望传达给天神，祈求天神保佑风调雨顺，这样才能保证农业的丰收，以保障自我的生存。在秋收时节进行祭祀活动也是出于此目的。因此天琴文化的产生，是由族群所处的稻作文化圈而决定的，它与人们祈求农业生产的顺利进行有着密切的关系。

（二）早期天琴文化与"求务"祭祀仪式

龙州金龙镇的天琴，最初在当地特定的节日——侬峒节里出现。"求务"是"侬峒节"的核心部分。"务"，是飘浮在天地之间可以沟通天地的神明。"求务"是法事操作者通过用"鼎叮"（天琴）弹唱"心语"（经书）等方式转达人向"务"祈求风调雨顺、五谷丰登、

[①] 农瑞群、黄柳菱：《壮族天琴的喻天文化功能解析》，《广西民族师范学院学报》2012年第5期。

[②] （唐）刘恂撰，商壁、潘博校补：《岭表录异校补》，广西民族出版社1988年版，第21页。

氏族繁衍、六畜兴旺、老少平安等意愿的一种仪式。"求务"仪式分为：安桌—封桌—开声—吹香—请师清洁—上溏（上路）—点挑夫领丁马—登天—求务—领花（人种）—领种（作物之种）—驱虫—回人间—下禁门—退师退法—分配花种、作物种—仪式结束，共17个程序，整个仪式从凌晨3时持续到第二天中午12时，而其中的法事操作者在整个过程中手持天琴进行喃唱弹跳，此过程被称为"弹天"、"跳天"或"唱天"。①《龙州纪略》中曾记载这样的情景："龙州遇有疾病者即延鬼婆之家永夜弹唱，亲族妇女以饮啖为散福。鬼婆大约年轻者多，手弹二弦脚抖铁链，银铛之声以锁鬼，其宣扬诅咒哪哪之音，非但内地人不能聆会……"②《岭表纪蛮》亦载："又有一种女巫，多散布于边防各县，名曰'鬼婆'。以匏为乐器，状如胡琴，其名曰'鼎'。以铁或铜为链，手持而掷诸床（枺），使其有声，其名曰'马'。"③从以上"求务"仪式的场景中我们可以看出，早期天琴文化透露出巫文化的痕迹。

另外从仪式中的"领花"与"领种"环节来看，"领花"是指供桌上的鲜花，代表着人类种子，寓意上天给人们带来子孙，连绵不绝；"领种"寓意上天送来五谷种子，保证人们家中五谷丰登。这也预示着在早期天琴文化中蕴含着保佑农业丰收、人丁繁衍的含义。

（三）早期天琴文化与当地生活习俗

壮族人民创造了天琴文化，千百年来接受天琴文化的熏陶，天琴

---

① 蒋凌昊、韦珍妮：《媒介融合背景下"侬峒"文化传承与弘扬的田野调查》，《传播力研究》2018年第35期。
② （清）黄誉、张大海修：《龙州纪略》，龙州县图书馆2012年整理本，第24—25页。
③ 周谷城主编，刘锡蕃、陈序经、林耀华著：《民国丛书·第3编·18：社会科学总论类——岭表纪蛮》，上海书店出版社1991年版，第182页。

文化也影响着当地族群的生活习俗。

1. 天琴使用场合的特定性

早期天琴主要用于祭天祈福等法事活动。《广西通志·文化志》对于壮族传统文化活动的记载，描绘了早期壮族人民祭祀时，使用天琴结合巫术舞蹈进行表现的情境。"舞求舞原系妇女巫术舞演变而来，逢至大事节庆边弹'叮'琴边舞边唱。"① 在龙州一带，天琴也用于纪念民族英烈或纪念先祖的活动中。这里建有许多英烈的祠庙，如东汉忠烈马援祠。在纪念日当天，人们会穿上民族服饰，向英烈的亡灵献上各种肉食瓜果贡品，手持天琴进行弹唱，表达对先辈的缅怀。《龙津县志》中描绘其场景："槟榔细嚼逗婵娟，妖魑登场展绿毡，口出蛮音莺弄巧，足摇铃子手挥弦。"② 每年正月初一、十五是龙州当地特有的传统民俗节日侬峒节，天琴弹唱是其中的主要内容，人们借弹唱天琴以传心语、会神鬼。另外，防城港市峒中乡板典村的"阿宝节"，也是以天琴弹唱为主要内容的节日。由调查可知，届时会有魑婆运用天琴边唱边跳，当地人也称此舞蹈为"天舞""女巫舞"。天琴既是歌唱的伴奏乐器，又是舞蹈的道具，也兼具祭祀道具。

2. 祭祀活动中的禁忌

在传统祭祀仪式中，天琴的摆放和使用都有禁忌，如天琴法事操作者的休息地需幽闭、整洁；在举行祭祀前，天琴不得放置在女子或他人屋子内；天琴法事操作者做法事前要烧香告知先祖后才能动琴；平日闲暇之余不能使用天琴随意弹奏。这些禁忌告诉人们，天琴不能

---

① 广西壮族自治区地方志编纂委员会：《广西通志·文化志》，广西人民出版社1999年版，第241页。
② 民国《龙津县志》第九编《文艺·龙州风土诗五首》，凤凰出版社2014年影印本，第169页。

随意乱摆放或使用，天琴是灵物，有仙气，一旦触犯了这些禁忌，天琴就不灵了；天神会降罪，巫师将会失去法力，举行祭祀活动的主家也会因此得不到神的祝福。

3. 饮食习惯上的特殊性

在左江流域一带生活的人们，饮食习惯受地理环境的影响较大。如因气候炎热的缘故，此地居民普遍喜欢将素食和一些肉类进行腌制，做成酸味食品，以利于开胃，酸粥、酸鱼等皆是他们的心头好。但普遍性下也有其特殊性，如当地天琴法事操作者及家人不能带牛肉或狗肉回家，更不能食用牛肉、狗肉，多尚素食。壮族人民认为牛是农业之神，壮族是稻作民族，吃牛肉便是犯了忌讳。这与传统的古代东方农业宗教信念中认为吃牛肉可增强生命力的观点有所不同。《艺术的奥秘》一书中写道："牡牛之肉植于土中，可以使土地的生命力转为丰饶。"[1] 而狗作为看家护院的动物，可挡邪祟，食其肉便会因此失去庇护，招惹来恶灵。《防城县志》载有老一辈的壮族人逢每月初一早餐吃素、晚餐才吃荤，拜祖宗也是摆素的习俗。[2] 素食中吃葫芦也是不被允许的，这是因为早期的天琴传说中天琴的主体就是葫芦，天琴由天神赐予，吃葫芦会被认为是对神灵的不敬。天琴法事操作者在当地有较高地位，他们的饮食禁忌也辐射到周围人群，从而形成了当地特殊的饮食习惯。

从以上的分析中我们可知，在早期原始社会时期由于生产力和认识力的低下，人们的生产生活受制于自然，从而认为万物都是有灵性的，由此产生了对自然的崇拜。古壮民族是稻作民族，对时令节气和水的依赖程度很深，风调雨顺才能保障他们的田地有所收成，保证家

---

[1] 姚一苇：《艺术的奥秘》，漓江出版社1987年版，第347页。
[2] 《防城县志》编委会：《防城县志》，广西民族出版社1993年版，第644页。

中有粮度日，于是"神灵"成了他们精神上的寄托。然而人与神无法直接对话，必须借助桥梁进行连接，传递心愿，而天琴就是这座桥。人们在对天的祭祀活动中往往以天琴作为媒介，由此便催生天琴文化并影响左江流域人民的生活。《广西通志·民俗志》也有记载关于天琴文化的内容，"唱天流行于防城各族自治县峒中、板八等乡的民间弹唱曲艺。'天'是琴名，人们边唱边弹天琴。唱天可分为独天、对天、奠天"。[①] 结合前文所述与记载的"奠天"一词可知，早期的天琴文化最初应是作为一种祭祀文化而存在。

二 古今天琴文化的比较

天琴文化主要由天琴、法事操作者、祭祀仪式和弹唱经书等四大要素构成，有着深厚的文化内涵，下面我们试将对天琴文化的要素和文化内涵进行分析，以探究在历史发展中古今天琴文化的差异。

（一）天琴文化要素的变化

1. 天琴器物本体

从天琴本体形制来看：在所用材料上，早期天琴用材分别用葫芦、桃木、胡须制成。葫芦在中国古代象征"瓜瓞连绵"，预示生殖崇拜，子嗣连绵。应大旱而生的"鼎叮"折射出"葫芦救人"的神话信仰，以此引申出族群绵延的思想观念；桃木在中国传统文化里有镇妖驱鬼、辟邪纳吉之意；而神仙胡须则被赋予了神圣的韵味。发展到近代，当地人以桑木作为天琴主体的主材料，梧桐木材为天琴的面

[①] 广西壮族自治区地方志编纂委员会：《广西通志·民俗志》，广西人民出版社1992年版，第131页。

板。梧桐被古人视为神树，当地的"布祥"认为鬼神偏爱这种木材，以此制琴可通神灵，亦可以避邪祟。可见这透露此时天琴寄寓了人们"驱污、净化"的想象。20世纪80年代以后，现代天琴多以椛木、红木等珍贵树木为琴杆，以葫芦为琴筒，以尼龙线为琴弦。细节方面，发音孔位置从后到前，琴弦从两弦变为三弦，琴头雕饰从无到有，多刻画龙、鸟等动物。在制作上，原始天琴形式粗糙、简单易作；近现代则偏向繁杂，如"文革"时期是拆装式样天琴，但现代天琴却多为固定式。天琴器物本体形制的改变，体现了时代变迁中古今天琴的不同。

从含义上看，由原始传说记载中我们可以得知，早期天琴是沟通天地神鬼的神圣器物，后来是人们祭祀仪式中操作者手中的法器，而在现今更多是作为乐器而存在，多用于进行舞台的展演或被当成当地特色礼品贩卖给外来游客。

2. 祭祀仪式中的操作者

首先，从天琴操作者的性别上看：在早期资料中其操作者多称"鬼婆""魖婆""电婆"等。从原始传说的妇人求雨到清代黄誉的《龙州纪略》记载"鬼婆之家永夜弹唱"，再到民国刘锡蕃《岭表纪蛮》载"又有一女巫……，名曰鬼婆"。《宁明县志》载："行巫术者多是妇女，男子极少，其作法各有异同。"[①] 这可能与早期壮族先民处于母系氏族、女性为主的社会形态有关。另外当地对女性的称谓，壮话翻译为"mehmbwk"（音译浼，意为大或伟大的意思），从这尊敬的称谓中可知，壮族人民尊重和褒扬女性，女性在当地族群社会里拥有较高的地位。这也就解释了为何早期关于天琴文化的神

---

① 《宁明县志》编纂委员会：《宁明县志》，中央民族学院出版社1988年版，第697页。

话传说中主角多为女性的缘由。可为何现今在当地乡村的传统的祭祀仪式上，我们看到操作天琴举行祭祀活动的多为男性？这应是随着私有制的产生和汉文化中儒家思想的传播，壮族也产生了重男轻女的思想观念形态。秦汉以来，尊重和褒扬女性与重男轻女观念相斗争而存在，直到中华人民共和国成立前夕，尊重和褒扬女性受到冲击而逐步淡化，而重男轻女日趋加重。① 中华人民共和国成立后，尽管重男轻女的思想观念有所淡化，可男性为主导地位的思想观念已经随着时间的推移而逐步沉淀在偏远壮族地区。所以现今有关用到天琴的祭祀仪式中操作者多为男性，应与社会历史中观念性文化的发展有关，这或许是比较合理的解释。

其次，从当地祭祀仪式中的操作者的受戒仪式上看：操作者为魀，又称"布祥"，在当地的族群中享有较高的地位，其职责一般是请神送鬼、祈福消灾。魀的出师有严格的受戒仪式，要先通过拜师、学艺、修道和册封等过程和礼仪，并经过长期的考核后才能根据自身成就得到相应的封号。拜师前一定要先学习经书，合格后再择时选地出坛。出坛之前需要开展规范的受戒活动，持续时间通常为三天两夜，并由师傅教唱经书典义，而未婚者则不得参加受戒。也就是说，只有通过此系列受戒仪式的人才可以拥有天琴，并有资格使用它来进行一系列的祭祀活动。而现代拥有天琴、能熟练天琴弹唱的人，却未必是受过戒的天琴法事操作者。自从天琴文化被大力开发后，传统的业缘师徒传承、一年只能收一个徒弟的禁忌被打破。以教授天琴弹唱为主要目的的培训班开始出现，越来越多的人开始学习天琴弹唱技艺，拥有天琴的人变得不受限制。这也就预示着原本的举行受戒仪式

---

① 周光大：《壮族传统文化与现代化建设》，广西人民出版社1998年版，第406页。

的意义丢失，在原始天琴文化中天琴操作者的受戒仪式在一定程度上被打破。

3. 祭祀仪式与天琴弹唱

这里所讲的祭祀仪式的变化体现在空间及时间上。譬如早期的天琴弹唱通常有特定时间，只有在"祭天"仪式时才会进行，而且地点是在室外田间地头、村落广场或是家中正厅，平时不可随意组织。《防城县志》载，"逢至年庆祭祀，村庄较大的集中邀请七八个'电婆'在广场中唱'电'，边唱歌边弹琴"。[①] 据当地人所讲，特殊的时令场所才能让先祖更好地听见他们的愿望，他们相信人身死化为鬼神，灵魂不灭。《礼记》的祭法一则中记载了对于鬼神的解释："大凡生于天地间者皆曰命。其万物死皆曰折，人死曰鬼。"[②] 人们将死后的"人"归入"鬼"的范畴，他们甚至从满足自身利益的立足点出发，将与自己相关的先祖亲属与虚构出来的神灵对应并进行供奉，以此求得心灵上的抚慰，认为这样便能让鬼神保佑自己及身边的人，帮助自己实现愿望。这种万物有灵的观念，让人们对自然、鬼神保持着尊崇之心。然而现今经过音乐家们的改造，天琴弹唱作为一种展演方式登上了舞台，原始天琴弹唱的特定性在时空上发生了改变，原有的万物有灵观念在其中几乎看不到存在。祭祀仪式没有了依托内容，也就丧失了意义。

另外在天琴弹唱中，原始天琴与现代天琴在曲调与语音运用上也各有不同。传统弹唱内容与当地族群所用语言——壮话——有较大关系。举行祭祀仪式时多会使用壮语进行喃唱，在祭祀活动时弹奏出的旋律有随意性和即兴性，天琴操作者会依据主家的意愿来即兴编词入

---

① 《防城县志》编委会：《防城县志》，广西民族出版社1993年版，第644页。
② （西汉）戴圣：《礼记》，张延成、董守志编著，金盾出版社2010年版，第465页。

乐，也会根据祭祀仪式所需的怒、哀、乐情绪，边弹边喃；①而现代天琴曲目面向观众，在舞台等公共大众化的场所进行弹唱，因此要求通俗化，一般用普通话进行喃唱，运用的曲调也较为丰富且固定化。在曲目内容上二者也有所差异，传统的天琴曲目多为歌颂先祖功德，或无规则的"魍"自行喃唱即兴发挥；而现代的天琴唱曲内容多为歌唱山河风景、男女爱情，或是与当下流行因素结合，内容冗杂。在唱法上原始天琴朴实、简练，具有浓厚的乡土气息和生活气息，不会特意地去加工和修饰；现代天琴在继承传统的民间唱法特点上吸收借鉴了外国音乐唱法，为力求"琴声"与"人声"的完美融合，以展现歌曲的民族韵味。

（二）天琴文化内涵的变化

天琴文化在长久的历史发展中其内涵发生了改变，经历了喻天到娱人再到族群标识的嬗变历程。下面我们试将它的变化分成三个阶段进行阐述。

原始壮族民众崇尚自然，因而在原始观念中有自然崇拜的理念。马克思在《路德维希·费尔巴哈和德国古典哲学的终结》一文中将其解释为，"它是在最原始的时代从人们关于自己本身的自然和周围的外部自然的错误的、最原始的观念中产生的"。②壮族先民在原始社会中由于对自然现象及灾害的不理解，从而对自然有恐惧心理。人们认为自然物都是有灵性的，以此产生了"万物有灵"的观念。而这种观念对应到早期天琴文化上，主要体现在天琴神话中人们对于大旱等自

---

① 秦红增、毛淑章、宋秀波：《"偎峒"天琴金龙布傣壮族群的信仰与生活》，知识产权出版社2015年版，第105页。
② 《马克思恩格斯选集》第4卷，中共中央马克思恩格斯列宁斯大林著作编译局编译，人民出版社1995年版，第250页。

然现象的自救行为，希望上苍降雨拯救生灵。

壮族人崇拜鬼神，于是便会产生原始迷信的思想。这种观念性的变化又嬗变出各种禁忌与繁杂的祭祀活动，也相应地映衬在天琴文化上，导致其蒙上迷信的色彩。这体现在天琴文化的要素中，表现为法事操作者的受戒仪式与举行祭祀神灵活动在时空上有特定性以及种种禁忌等。由于后期社会生产力的发展，社会分工化明显，于是就产生了自称可通神的神职人员——巫和觋。进入阶级社会后，壮族就开始出现了占卜迷信。这些掌握占卜迷信的职业者，就是通常讲的觋公巫婆。① 觋公巫婆称自己可通鬼神，以占卜为人测凶吉，送神治病，疯狂地进行迷信活动，以至于人们受到蛊惑，不相信科学只相信命运，有病不求医而求神问鬼。《岭表纪蛮》中记载天琴法事仪式中的女巫"凡病患之家延其作法"也可体现出此点。可见，原始天琴文化主要是以"娱天"为目的，向天传递祷告以求平安康健。直到中华人民共和国成立后，党和政府大力宣传，加强思想政治工作，这种迷信现象才逐渐消失，但这也导致近现代的天琴文化开始向另一内涵转变，即娱人。由于地域环境的封闭，天琴弹唱也成了当地人进行人际交流、娱乐的主要形式，主要常见于情人欢会、寻求配偶等场合。根据老一辈人所述，金龙一带的人基本上是依靠唱歌交流，年轻的男女都会用天琴来表达自己的感情。由此可见，此时期的天琴文化是为满足人们的交往需求，目的在于"娱人"。

20世纪80年代以来，相关学者对天琴进行挖掘和保护，并将其编入《中国少数民族艺术词典》中。2003年，当地政府对传统乐曲进行了改良，组建了龙州壮族天琴女子弹唱组合，将天琴展演推向舞台表

---

① 周光大：《壮族传统文化与现代化建设》，广西人民出版社1998年版，第408页。

演。舞台型的展演使得更多的人认识并认可天琴文化,天琴文化逐渐成为当地族群的标识。对于族群标识,有学者解释为"一个族群的身份认同通常总是依附于某些实物或符号上,人们以此找寻并展示认同的分辨特征"。[①] 天琴是该地域族群所特有的,加上弹唱天琴早已融入族群的信仰习俗,贯穿于每个壮族人的生活与礼仪,已成为当地族人与外界沟通与互动的桥梁和媒介,因而也最有文化的凝聚性和代表性。[②]

从以上的探究中我们可以看出,古今天琴文化无论要素或内涵都发生了变化,其文化重心更是有了较大的改变,古代天琴以"喻天"为目的,即娱神,重心是对鬼神的崇拜与取悦;而现代天琴以"娱人"为目的,其重心在于满足人民的娱乐与交际需求。

三 天琴文化嬗变归因与思考

天琴文化是左江流域壮族人民的智慧结晶,民族特色文化的体现。天琴文化为何会产生嬗变,其中存在着许多促使其发生变化的因素,归纳起来,时代变化导致内涵不符合当下主流,原始存在根基的改变是主要因素。因此笔者认为,虽然在历史发展的过程中,种种因素诱导天琴文化发生了嬗变,呈现出差异性,但是,我们要学会尊重文化差异,以求同存异的态度对待文化差异,寻求共性的同时给予文化的独特性以充分的肯定,鼓励文化在保留原有特色的基础上相互吸收、借鉴、融合,以求长远发展。

---

① [挪威]弗雷德里克·巴斯主编:《族群与边界——文化差异下的社会组织》,李丽琴译,马俊成校,商务印书馆2014年版,第31页。
② 秦红增、毛淑章、秦琴:《中越边境布傣天琴文化变迁:喻天、娱人与族群标识》,《民族研究》2008年第1期。

(一) 天琴文化嬗变因素

1. 天琴文化中的封建迷信内涵与时代主流思想不符

"文化的存亡虽则不因个人的存亡而存亡，但因社会上人们对它的态度而决定其存亡。"① 这说明文化的发展与人们的发展需求相关。天琴文化原本就是在信仰鬼神而进行的祭祀活动中衍生的。这种迷信思想在过去的社会中有功用是因为人们认知的限制，以及封建统治者统治的需要。但随着时代的发展，封建王朝覆灭，新社会建立，人们认知提高，对虚无鬼神的崇拜逐渐消弭。现代社会中人们相信科学，用逻辑思维去解释疑难杂问，以往遇病、遇事求神的迷信愚昧思想与当前时代的主流思想显然不符。这种依靠祭祀与鬼神沟通来进行答疑解惑的方式也与现代社会价值观格格不入。加上思想解放的背景下，社会生活的丰富，人们的文化需求也变得多样化，单纯依靠天琴进行娱乐已经不足以满足人们的需要。天琴文化也因此发生嬗变，重心围绕着人发展，内涵向着适应社会主流文化的方向靠拢。

2. 天琴文化赖以存在的经济基础发生变化

原始天琴文化与传统稻作农业的生产息息相关。随着社会的发展，工业化气息逐渐占据人们的生活，天琴文化也就失去了赖以存在的条件。"生产力所引起了整个社会以及人们的生活方式和价值观念的急剧变革。"② 也就是说，生产力的发展不可避免地引起社会文化的变化。生产工具和生产技术的进步使得壮族人民不再单纯依赖稻作农业，传统看天吃饭、乞求天神的理念在人们心中逐渐淡化，更多的人

---

① 孙本文：《文化与社会》，上海东南书店1930年版，第10页。
② 周晓虹：《现代社会心理学——多维视野中的社会行为研究》，上海人民出版社1997年版，第527页。

开始进入城市谋生。据《龙州县志》载：1949年，全县非农业人口占总人口23%。改革开放后，非农业人口比重逐年上升。传统天琴文化赖以生存的经济基础发生了改变，导致天琴文化自身也不得不随之发生变化。另外，工业化带来科学技术的进步，人们生活得以改善。多种治疗疾病的药物出现，使得人们明白疾病的根因，将疾病归咎于外来神秘力量影响的思维发生了改变。据防城、龙州等地县志记载，清朝至民国期间，民间药房与从事医药行业人员呈现增长趋势。加上中华人民共和国成立初期实行了对巫婆、道公的改造和打击，巫师道公数量减少，人员根基受损，巫婆手持天琴作法治病的方式便没了用处。这是因生产力进步而导致原始万物依赖神灵观念淡化，巫师的用途在人类生活中可用性范围缩小，因而致使天琴文化发生嬗变的又一因素。

（二）从求同存异角度看待天琴文化的嬗变

我国著名学者费孝通讲："各美其美，美人之美，美美与共，天下大同。"[①] 这说明只有尊重文化的差异，让各种文化相互借鉴，相互包容，展现自己的独特性，才能使文化共生共荣。

1. 尊重差异，求同存异

左江流域的天琴文化虽然在发展过程中发生了变化，从古今内涵到民俗表现等方面都有不同，但是其差异性中也有共通性。

首先，就古今天琴文化的差异而言。一是体现在内涵表达上。原始天琴文化蕴含对神灵的崇拜，祭祀中注重心灵与神灵的对话，内心虔诚，才能终有所得；现代天琴文化更多地认为文化由人创造，也理

---

① 费孝通：《反思·对话·文化自觉》，《北京大学学报》（哲学社会科学版）1997年第3期。

应为人们所服务，更多的是注重人们的内心愿望表达。二是在祭祀时间上的长短差异。传统的祭祀时间是农历的正月初一、十五及六月六，以对歌、祭祀聚会等形式进行，以庆丰收；现今的祭祀活动除了在这两个节点外在其余时间也有举行，如今三月三也会进行祭祀活动，日常婚丧嫁娶活动等也会进行。三是体现在祭祀仪式道具的运用的灵活性上。先前祭祀时需具备整套的工具才可进行祭祀活动，如新生稻米、铜铃、巫师的脚链等缺一不可，还会有焚烧纸币等环节，有让神灵升空之意；现在会将仪式简化，只保留其中较为重要的天琴弹唱和纸币焚烧，对其余工具则不讲究。四是在祭祀的服饰限制上。以前的祭祀活动中，当地人要穿壮族的传统服装，巫师要身着特定的服饰才可参加，是为以显庄重；而如今，祭祀活动现场人们穿着现代服装的居多，这说明祭祀活动特定穿着要求发生了变化。另外，现今的天琴文化偏向弹唱的娱乐化展演，也更多地注重展演时的美观性。

其次，不同地区的天琴文化以不同形式呈现出来。如《凭祥市志》载："'舞求'是一种民间巫术舞蹈。解放前，每到秋后，粮食归仓，新屋落成，各村屯的巫婆聚集在一起，跳起舞求，以求来年五谷丰收、六畜兴旺。舞求动作优美，外柔内刚，造型幅度大，如'行马仰望''跪地抖铃''踏步转舞'等，加上铃声、琴声、歌声交织在一起，气氛热烈，乡土气息浓厚。"[1] 这里体现了天琴文化中的舞蹈形式，可见凭祥地区的天琴文化中是有成熟的舞蹈体系的。但依据所载的资料以及调查发现，龙州和宁明地区却更注重弹唱而缺少舞蹈。在举行祭祀的时间上，防城港、凭祥一带多在春节，而宁明、龙州则多在六至七月的秋收时节。《防城县志》记载，"有'电婆'边唱歌

---

[1] 《凭祥市志》编纂委员会：《凭祥市志》，中山大学出版社1993年版，第485页。

边弹琴边跳舞花样不断，翻新歌调也层出不穷，一直唱到大年初三才散。初二一早去办三牲拜祖，男女老少到各村去玩或看'唱电'"。①日常生活习俗上，前者多用于红事，后者多用于白事。在发展方向上，龙州以打造地域性旅游文化产业为突破口，将其打造成龙州旅游名片，政府给予政策上的支持，建造广西龙州天琴谷文化旅游度假区及天琴艺术传承中心。集合地域优势，设计出红色文化加天琴文化旅游研学路线，并将其路线辐射到周围的县域。同时结合文化产业，制作了舞台剧、电影作品《天琴》，向更多人群介绍天琴文化。防城港、凭祥的天琴文化则是通过节俗的改造来进行传播。《防城港市加快文化创意和设计服务与相关产业融合发展的实施方案》的通知中提出，以重大节日活动为载体，将相关非物质文化与之结合进行展览，打造当地特色民族风情游，即依托三月三歌节、阿宝节，将其中的节俗如歌曲对唱与天琴文化中的弹唱等结合起来，进行文化遗产展览，打造当地的特色文化品牌。同时注重乡土化中对于祭祀仪式的保留，让天琴文化在乡土基因中进行传承延伸。相对于龙州地区天琴文化的发展，防城港、凭祥地区天琴产业的发展是较为滞后的且不太完善，有待提高。

虽然天琴文化具有地域上的差异性，但对于这种差异性我们应该发掘其中的特性，尊重其发展而不是简单地进行定义。左江流域宁明、龙州、防城港等地的天琴文化，呈现出的差异部分正是民族文化多样性的体现。虽在民风民俗等方面表现不同，但各地的天琴文化中借助天琴传达祈祷平安、驱邪的愿望却是相同的。另外，虽然古今天琴文化有所差异，原始天琴文化中对神灵的信奉、对巫师的盲从在当

---

① 《防城县志》编委会：《防城县志》，广西民族出版社1993年版，第644页。

今看来都是愚昧的表现，但不可否认在当时的历史时期是相对进步的，而现代天琴文化也是由此不断进化而来。所以不可简单地进行否定，应该在保留其特色、吸收原有精华的基础上修缮发展。只有如此，才能让天琴文化有区别于其他壮族文化的鲜明性。

2. 增强凝聚，融合发展

左江流域的天琴文化应从增强凝聚力的角度出发，积极吸收各地天琴文化的差异和亮点，使其拥有更丰富的内涵。目前，在各地的天琴文化中以龙州地区发展势头最好，通过积极的改编、展演等来寻求发展，但宁明、凭祥、防城港等地却更多地保持原地踏步的状态。试想，相同地域下的天琴文化过于松散，各自为营甚至互相贬低排斥，那么后期天琴文化必然会变得单调乏味，逐渐趋于僵化，难以继续繁盛发展。因此，处在时代发展洪流中的天琴文化要如何才能增强自我的凝聚力？这不是相互杂糅或是刻板的复制粘贴所能达成的。应在持有对文化发展求同存异的态度基础上，不断寻求合理途径来加强该区域天琴文化的凝聚力，如加强不同地域族群的交流，携手共建天琴文化带等方式。向燕南在《10—19世纪历史文化认同意识的发展》中提出："整个中华民族历史文化认同意识的发展，始终是整个中华文明发展的主流。"[1] 历史文化认同发展是时代主流观念。随着现代社会的发展，天琴文化闭塞的环境被打破，不同地域族群的文化交流愈加频繁，天琴文化开始被更多的人认知，这也意味着是增加文化认同的契机。在此基础上，左江流域中各地方的天琴文化应相互认可，把握机会增强凝聚力，进行文化融合。这样也可促使天琴文化与左江流域地区其他文化的和谐共生。

---

[1] 向燕南：《10—19世纪历史文化认同意识的发展》，《河北学刊》2005年第3期。

因此，虽然古今天琴文化有变化，该地域中各地天琴文化的表现各有差异，但自始至终都属于天琴文化的范畴。左江流域的天琴文化不是单个地方鹤立鸡群就可长远发展的，而应携手共建，共生共荣。现代天琴文化也不能一味地否定原始天琴文化，要在原有基础上取其精华去其糟粕。对于天琴文化，我们也要联系多方因素明白它的嬗变缘由，用求同存异的态度去看待天琴文化在历史发展中表现的差异。同时，把握契机，不断增强左江流域天琴文化的凝聚力，以此促进天琴文化的良性发展，扩大其影响力。

四 结束语

天琴文化是左江流域壮族人民智慧的结晶，是传统文化及越巫文化的重要组成部分，也是古老祭祀文化的遗存。它保留了壮族原始农业的文化内涵，并逐渐与现代文化相融，在特定地域民族性格的滋养下凝聚了深厚的乡土历史文化底蕴。作为一种民族文化，天琴文化随着时代的发展而产生变化是不可避免的。因此在当前新形势下，我们要从求同存异的角度出发，认同历史发展过程中左江流域内各地天琴文化表现出的多样化，包容古今天琴文化的差异性，探究古今、着眼当下，共同促进天琴文化在百花齐放的民族文化世界里绵延不绝，生生不息。

（冯雪梅：南宁师范大学法学与社会学院研究生）

说广州的土炮台与铁炮台

黄利平

作为中国南大门的广州，清代炮台众多，城防江防海防炮台齐全。从清初开始就大建炮台，有些重要区段的炮台在有清一代多次重建。早期城防炮台是重点，中期以后江防海防炮台后来居上，其数量在全国沿海大城市中位居前列。时至今日，度过岁月沧桑的古炮台遗存已成为广州军事历史建筑的名牌。它们集中在珠江两岸、虎门海口和江中的小岛上，有数十座之多，犹如点缀于大河上的粒粒珍珠，美轮美奂，是广州近现代史上重要的文物，印证着鸦片战争、抗日战争以及广州城市的发展史。其中位于大学城广东药学院北的穗石村炮台和荔湾区大黄滘江中岛上的绥定炮台（俗称车歪台），不但材质独特，而且有着鲜为人知的特殊意义，前者是广州唯一尚存的鸦片战争时期的炮台，后者是晚清中国罕见的铁炮台。因为缺乏准确的鉴定，其重要价值一直没有得到应有的彰显，长此以往将会给历史文化名城广州带来不可挽回的损失，认真研究和科学认定这些炮台的价值和意义势在必行。

一 珠江现存古炮台

晚清广州近代化海防位于中国海防前列，北洋水师提督叶祖珪

1900年考察后惊叹："惟（珠江）各台所配之炮（西洋大炮）为各省所最多，炮之新式亦为各省之冠。"① 它不但在中法战争中力保广州不失，而且半个世纪后还将日本海军阻拦在虎门外达一年之久。现存的广州古炮台主要是晚清炮台的遗存。其中海防炮台集中在珠江口虎门两岸及江中的两个岛上，即东莞虎门镇的沙角、威远和广州南沙区南沙街的大角（含蒲洲），上、下横档岛，绝大多数是近代化海防的混凝土炮台，由当时主政广东的张树声、彭玉麟、张之洞和李瀚章于光绪七年（1881）至二十年（1894）之间主持建造或改造而成，安装有数百门洋炮和土炮，其中主力是59门"洋钢大炮"，品牌分别是德国克虏伯，英国阿姆斯特朗、乌理治、瓦瓦司和猛的力等。这些大炮都是纯钢的架退炮（大炮发射时以炮架后退来消除后坐力），因此每门炮必须要安装在独立炮台上。除少数外，大多数炮台仍保存完整（详见图1）。可惜的是，除沙角捕鱼后台外，其他台中的大炮已全部消失。

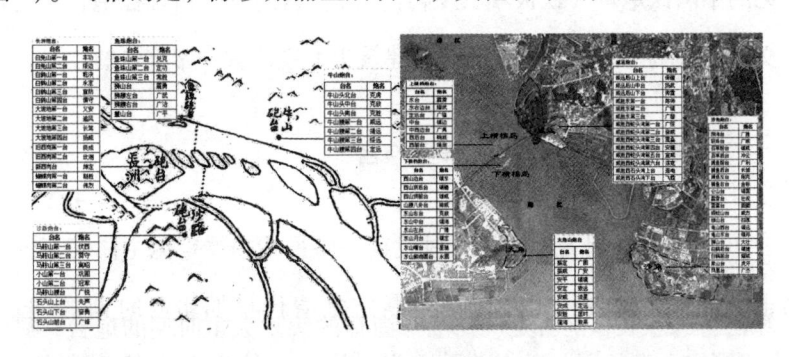

图1 清末长洲、虎门炮台位置图（笔者自制）
说明：图文是各台洋钢大炮名字和品牌，"克"是德国克虏伯炮；"阿"是英国阿姆斯特朗炮；"瓦"是英国瓦瓦司炮；"猛"是猛的力炮。（长洲图中未含穗石炮台）

现存江防炮台集中在长洲两岸及江中的岛上，即南岸番禺沙路和

---

① （清）叶祖珪：《沿江沿海各省炮台图说》，国家博物馆藏本。

北岸鱼珠、牛山和长洲岛上。另外还有一座是在大黄滘江中的车歪岛上。其中除穗石炮台外全部是近代化海防的混凝土炮台，与虎门炮台一样，也是由当时主政广东的张树声、彭玉麟、张之洞和李瀚章于光绪七年（1881）至二十年（1894）之间主持建造或改造而成，安装有数百门洋炮和土炮，其中主力是42门"洋钢大炮"，品牌同广州海防大炮相同。每炮一台。除少数外，大多数炮台仍保存完整（详见图1中的《清末长洲炮台图》）。台中洋钢大炮除鱼珠的蟹山台广平炮（现在五层楼下展出）外，其他已全部消失。广州现存炮台保持了19世纪末由上百门德国、英国海岸大炮构成的广州近代化海防江防的盛况，长期以来受到全社会的重视，许多炮台得到多次维修并建成公园对外开放。与多数混凝土炮台不同，穗石炮台和绥定炮台（俗称车歪台）却长期被忽视。穗石台是广州仅存的鸦片战争时期土炮台，绥定炮台中的铁炮台是罕见的中国铁炮台（铁板今已腐朽消失）。它们是广州现存炮台中的珍稀文物，在鸦片战争史和中国炮台建筑史上应该有一席重要的位置。

二 唯一尚存的鸦片战争土炮台

20年前在广州大学城穗石村发现一座虽残损严重但主体尚存的无名土炮台，当时被相关专业单位断定是清代早期康熙时期的炮台："小谷围炮台遗址（后改名为穗石头村炮台）位于小谷围穗石村北约东北面的马展冈（又称炮台山，现广州大学城广州药学院的北面）上。炮台面向东南面的沥滘水道。15个炮洞呈圆弧形排列。……至于炮台修筑的年代，……此炮台应为康熙时的石子头冈炮台。炮台年久失修，在鸦片战争前已废弃。"[①] 考诸文献和遗址可知，穗石村炮台不

---

① 陈建华主编：《广州市文物普查汇编·番禺区卷》，广州出版社2008年版，第40页。

是康熙时期的炮台，而是广州仅存的一座鸦片战争时期的炮台。其根据如下。

首先，炮台是军事设施，较之民用建筑有着严格的统一规范，而且随着各时期火炮的不同形式差异巨大。早期的康熙时期炮台有夯土和石材两类，炮台墙体完整如城堡，大炮架在城墙（实心高台）上头，特征十分鲜明。目前广东这个时期炮台尚存有多处，如汕头大莱芜炮台、惠州的大星山炮台等。对于清代中期炮台的形制，关天培曾经说得很明白："用三合土筑成炮洞，须用内外八字式。"① 实物可见新会崖门炮台。穗石村炮台形制与早期炮台完全不同，现存的15个夯土炮台遗存很明显是14个内外八字式炮洞的残存部分，与崖门炮台相似。所以，从形制上来说穗石村炮台是鸦片战争时期的炮台。

其次，穗石村一带四周河涌，向南隔河与番禺新造蚺蛇洞相对，夹江而立。从相关文献记载来看，今天大学城穗石村一带在第一次鸦片战争前从未被纳入广州江防区域，没有任何江防建设的记载，直到道光二十一年（1841）这种状况才被打破。当时两广总督祁贡首次提到要在这一带建设广州江防：

> 欲收复香港，必先修虎门炮台，然非设险省河，虎门亦难兴工。先于狮子洋、蚺蛇洞诸要隘筑堡守戍。②

最后，现存穗石村的炮台并非无名无姓，道光二十一年十一月初

---

① 关天培：《筹海初集》卷一，《查勘虎门扼要筹议增改章程咨稿》，见沈云龙主编《近代中国史料丛刊》第43辑，（台北）文海出版社1969年版，第90页。
② 《清史稿》卷七八一，第38册，中华书局1977年版，第11514页。

七日,"林俊英来辕具禀,奉宪台札谕团练义勇,在穗石防堵,炮台现已完工。……应领大小各炮运赴穗石,以资防守等情,连领状一纸内开八千斤炮三位、五千炮二位、三千炮四位、一千炮十位、五百炮十位、子母炮四十条、鸟枪四十枝等由到本部堂"。①

道光二十二年(1842)四月三十日,钦差大臣奕山的上奏中也提到穗石炮台:"复于三元冈、蚺蛇洞、大冈边、穗石……等处安设炮台、土墩,分布壮勇。"② 今人华林甫《英国国家档案馆庋藏近代中文舆图》收录有《穗石炮台图》。③ 综上可见,这是一座1841年鸦片战争时建成的安装着30门大炮的炮台,其名为"穗石炮台",不是今名"穗石村炮台"。

图2 刚发现时的穗石炮台遗址（图片源自网络）

---

① 刘志伟、陈玉环主编:《叶名琛档案:清代两广总督衙门残牍》第1册,广东人民出版社2011年版,第113页。另,暨南大学贾富强博士学位论文《清代广东海防炮台建设的历史地理学考查》对此有讨论。

② 中国第一历史档案馆:《鸦片战争档案史料》第5册,天津人民出版社1992年版,第382页。

③ 华林甫:《英国国家档案馆庋藏近代中文舆图》,上海社会科学院出版社2009年版,第120页。

穗石炮台对于鸦片战争中首先遭受入侵的广州来说有着重要的意义。首先，穗石炮台是今天广州唯一尚存的鸦片战争时期炮台。鸦片战争时的广州虽曾建有数十座炮台，但时至今日，除穗石炮台之外已全部被毁，无一可寻。就广东全省而言，清代早期炮台尚有多处，中期炮台只有江门崖门炮台和广州穗石炮台这两处；现存最多的就是前述的晚清西式炮台。而崖门炮台虽保存得比较完整，但因其在咸丰年间有过大型维修，故不及穗石炮台更多地保存着第一次鸦片战争时期炮台的原状。就全国而言，如此体量的鸦片战争时期的炮台遗址也是凤毛麟角，其珍贵的历史价值毋庸再论。

图3　穗石炮台遗址航拍图①

三　罕见的晚清中国铁炮台

光绪七年（1881）在广州二沙岛与车歪岛上曾各建有四座铁炮

---

① 陈建华主编：《广州市文物普查汇编·番禺区卷》，广州出版社2008年版，第40页。

台，即顶盖、两边及正面均用厚3寸至1尺多的铁板覆盖包裹的炮台，称为铁炮拱房。在光绪六年（1880）对威远、下横档、大黄滘和中流砥柱四座炮台进行的防护改造中，引人注目地在车歪岛上的大黄滘绥定台和二沙岛上的中流砥柱台的主要迎敌部位各自打造了四座相同的铁炮台，成为这次改造工程的一个亮点。两广总督张树声在光绪八年（1882）的改造工程奏报中特别指出：

  中流砥柱台、大黄滘绥定台当冲之处，逼近河滨，地势俾湿，炮房梁柱用木易滋朽蛀，饬机器局员江苏试用道温子绍改用铁板作坚厚炮房各四座，以期经久而资抵御。[1]

八座铁炮台正对进入广州的南北水道，进入广州的船舶都要从这些坚不可摧的铁炮台前经过，可以想见它无疑是当时珠江上最豪华、坚固的炮台。据目前公开资料显示，这是中国建筑师首次在军事建筑上大面积地使用铁板＋混凝土作为大炮的掩体，极大地增强了炮台抗轰炸的能力。这样的炮台在当时全国是唯一的。主持建造的温子绍是广东本地顺德人，广东机器局绅、二品顶戴、江苏试用道。他心灵手巧，喜好钻研西洋机器设备，早在光绪六年就曾自费仿西洋先进军舰建造一艘战船捐赠给清军。这是一艘长12丈4尺、200匹马力的木底战船，性能与刚进口的精钢战船相差无几[2]，因而扬名全国，得到主持洋务运动的李鸿章的赞赏，乃至李鸿章曾打算把他调到直隶参加国家军舰的建造。今天位于二沙岛上的中流砥柱炮台其上的四座铁炮台

---

  [1] 中国第一历史档案馆等：《明清皇宫虎门秘档图录》，人民出版社2011年版，第294页。
  [2] 《张靖达公奏议》第五卷，沈云龙主编：《近代中国史料丛刊》第二十三辑，（台北）文海出版社1966年版，第289—292页。

已消失，只有绥定台上四座铁炮台的基础，即当年固定着铁板的混凝土炮台建筑保留了下来。

由于长期缺乏历史图文资料和现存炮台铁板已腐朽消失，因而风光一时的铁炮台并没有引起后人应有的关注，甚至在互联网上大量的温子绍纪念文字中也鲜有其创建铁炮台的记载。2002年，故宫博物院出版了大型系列图书《清史图典》，以图文并茂的形式全方位展现了有清一代的宏大历史。在其中的《道光朝卷》中首次刊布了故宫藏《三册清代广州炮台图》。由于该书的编者误将这三册图作为鸦片战争时期广州抗英炮台图，因而人们普遍没有将该图与晚清车歪炮台进行联系。近年来，已有考证确定该图是光绪八年的广州三册炮台图。① 在此基础上，重新审视其中的《大黄滘各炮台分图》② 时，因为图与现存炮台二者的结构布局完全相同，就很容易辨识出图中绥定铁炮台图（见图4）描绘的就是今天车歪炮台上的南向四个炮台（铁板今已消失）。在炮台图上，作者以粗细不同的蓝色线条代表薄厚不同的铁板，以文字注明了铁炮台上铁板的位置及各部分的尺寸和厚度，图文显示长方形的铁炮台四面用铁板严密遮护，迎敌的炮台正面铁板厚达一尺有余，台顶铁板厚达四寸，两边铁墙厚达五寸。它不但给我们形象地再现了铁炮台曾经的雄姿，也解释了炮台内墙上现存规律排列的铁螺栓座的用途。另外，图文记载此台上"正面铁炮门四个，安二万二千斤后膛洋炮二位，一万二千斤后膛洋炮二位"，并清楚绘出四门后膛洋炮的形状，与其后的《广东全省海图总说》《广东海防图》等文献相同。文物与文献

---

① 黄利平：《故宫藏三册清代广州炮台图识读及其他》，广州文化广电新闻出版局等：《广州文博》第15集，文物出版社2022年版，第233—245页。

② 朱诚如主编：《清史图典·道光朝》，紫禁城出版社2002年版，第50页。

的互证，有力地说明了车歪岛上现存的这处炮台就是晚清中国铁炮台遗址。

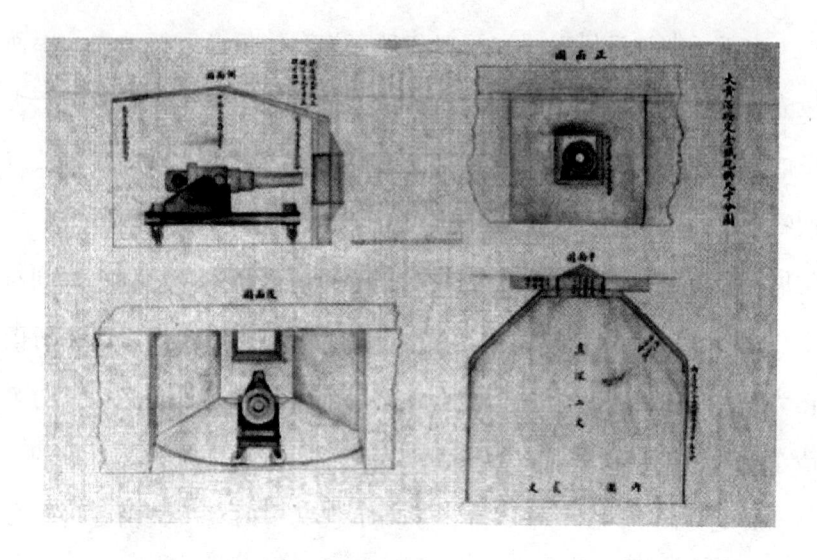

图4　故宫博物院藏《大黄滘铁炮拱尺寸分图》①

目前在全国沿海尚存有多处晚清混凝土炮台，除广州虎门、长洲炮台外，还有厦门胡里山台、烟台西炮台、威海刘公岛上各炮台和大连旅顺湾各炮台等，但鸦片战争土炮台和晚清铁炮台却是中国炮台中的稀缺品种。鸦片战争时期炮台已属凤毛麟角，晚清中国铁炮台更是难得一见。由于二者年代长期被误判，特有的历史文化价值被掩盖，各方面保护力度难以达到应有的强度，至今尚未完全开放，展示利用也无从谈起。因此，我们应该重新认识土炮台和铁炮台对于鸦片战争时的广州和中国海防江防史的重要价值和重大意义，加大保护力度、

---

① 朱诚如主编：《清史图典·道光朝》，紫禁城出版社2002年版，第80页。图上文字：《大黄滘铁炮拱尺寸分图》正面图：炮门口径四尺三寸五分成方。平面图：当炮门铁墙厚一尺一寸八分。当门横墙铁厚六寸。内八字铁墙厚五寸。直深二丈。内阔二丈。两边护三合土铁墙厚一寸半至五分。侧面图：铁房顶太平护盖铁厚自三寸半至四寸五分。前檐高一丈一尺二寸半。中脊高一丈四尺一寸。后檐高一丈三尺一寸。

科学复原并创造良好的展览环境，以填补广州没有鸦片战争时期炮台文物的空白，展示唯一中国铁炮台的风采，在历史文化名城广州的故事中添加精彩的一章。

（黄利平：广州市南沙区虎门炮台管理所）

从灰塑装饰看广州花都区祠堂建筑的特点

伍若玥

灰塑是广府地区特有的一种传统工艺，主要由于广府多台风、湿热的气候因素而产生，因主要原料为贝灰或纸筋，故具有抗风镇瓦、除湿降温的功能，还因为较高的艺术审美价值而具有重要的装饰作用。灰塑作为岭南建筑的一种传统装饰，在唐代就已经存在，明清两代最为盛行，在祠堂、庙宇、寺观、豪门大宅等类型的建筑上使用较多。灰塑现在是广州花都区唯一的一个国家级非物质文化遗产项目，在花都各种类型的古建筑上使用普遍。本文以广州市花都区现有的所有祠堂建筑为例，研究灰塑装饰的使用情况，并探讨其特点。

一 花都祠堂建筑概况和本文研究对象的界定

祠堂是族人祭祀祖先或先贤的场所，南宋朱熹《朱子家礼》首立祠堂的形制，有等级限制，而且规定民间不得立祠。嘉靖十五年（1536），朝廷才允许官民建祠堂祭祀祖先，从此出现普通百姓大建宗祠的热潮，祠堂也成为岭南地区乡村常见的建筑。

以花都区炭步镇塱头古村为例。塱头村是广州十大特色村落，国家第六批历史文化名村。村民多姓黄，是七世祖黄仕民于南宋末年从福建辗转多地，经由广东南雄珠玑巷迁至村现址开基立业。这也是南宋以来北方移民南下的一个缩影，现在珠江三角洲许多家谱，都记载其祖先南下粤北珠玑巷，然后迁往珠江三角洲各地。塱头村的黄氏祖祠是由十一世祖黄宗善（乐轩公）于元朝至正二十七年（1367）所建，据族谱记载，清同治十年（1871）重建。此后，其子孙后代在明清两代建造大型建筑群，形成现今塱头古村的建筑和景观风貌。十二世祖云涯公、景微公、渔隐公（三人同为乐轩公的儿子）分别在塱头西、塱头中、塱头东建屋延续后代，云涯公祠、景微公祠、渔隐公祠成为3座房祠。还有5座支祠：乡贤栎坡公祠、留耕公祠、友兰公祠、雅溪公祠、以湘公祠。塱西最多，包括祖祠在内6座，塱东2座，塱中1座。冯江认为，如此分布是因为塱西、塱东以科举见长，塱中以务农、经商为主。随着科举考试获得功名人数增多，祠堂也随之增加。塱东因考取功名的人较少，故书室最多，支祠较少。

民间建筑中的书室，并不是真正的书塾或书院，冯江等在其论文《广府村落田野调查个案：塱头》中谈到塱头村的书室时说它们"是托名书室的家祠，同时拥有祠堂的堂号"[1]。塱头村有书室29间，其中塱东18间、塱中7间、塱西4间。这些书室不如祠堂严整，最多只有两进，通常有两种形制：一为居民形制太公屋，一为祠堂式的头门。书室的功能一般为讲学、祭祀和藏书，而塱头村书室只有头门和祭堂两座建筑，可以列入祠堂建筑[2]。

又如位于花都三华村中华社的资政大夫祠建筑群，不论在建筑规模还是建筑艺术上均居于花都区现存古建筑之首。建筑群从东到西，

---

[1] 冯江、阮思勤：《广府村落田野调查个案：塱头》，《新建筑》2010年第5期。
[2] 冯江：《明清广州府的开垦、聚族而居与宗族祠堂的衍变研究》，博士学位论文，华南理工大学，2010年。

由资政大夫祠、南山书院和亨之徐公祠组成。其中的南山书院为该村第廿五世祖徐表正为被封为奉直大夫的父亲而建，南山书院和祠堂的区分度也不是很明显。①

祠堂的功能随着社会发展、家族的变迁，不再只停留于祭祀先祖，还有炫耀功名、炫耀财富的用意。本文为了研究的方便，对祠堂建筑与书室（院）、祠堂建筑与民居不再做进一步的辨析，而是直接以《广州市文物普查汇编》（花都区卷）②和《广州市文物普查增编》（中卷）③为依据，对列入花都区"祠堂"类目下的建筑作为研究对象。其中，《汇编》收花都区祠堂247座，《增编》收花都区祠堂26座，本文便是对这273座祠堂的灰塑装饰情况做较为系统、整体的研究。

对广府祠堂的研究，主要集中在陈家祠作为个案的研究，整体研究有冯江、赖瑛的相关研究成果。赖瑛在博士学位论文《珠江三角洲广府民系祠堂建筑研究》④中，通过对广府地区祠堂实例的统计，归纳出乡村祠堂的一般形制，一路三进三开间最多，占70%，还有一路两进三开间、一路四进三开间。花都区的祠堂基本为一路三进三开间，三个开间分别是头门、中堂和后堂。两座主体建筑间设天井，天井两侧以廊过渡。

二 灰塑装饰在花都祠堂建筑正脊及其他部位的使用情况

建造祠堂一方面是在建筑材料的选择上力求质量好，能够完好保

---

① 刘琪、姚丹：《广州灰塑艺术设计特征与现状研究——以荔湾区陈氏书院和花都区资政大夫祠为中心》，《湖南包装》2021年2月26日。
② 花都区文物普查汇编编纂委员会编著：《广州市文物普查汇编》（花都区卷），广州出版社2006年版。
③ 陈建华主编：《广州市文物普查增编》（中卷），广州出版社2008年版。
④ 赖瑛：《珠江三角洲广府民系祠堂建筑研究》，博士学位论文，华南理工大学，2010年。

存更长时间以确保祠堂能长时间承担祭祀祖先的功能。另一方面，为了表达对祖先的敬意，祠堂的美观也是追求的一个目标，祠堂的装饰和美化成为必然。花都祠堂主要使用的建筑材料有青砖、灰瓦、木头、石材等，都是上等耐久的材料。祠堂的装饰美化工艺主要有木雕、石雕、砖雕、陶塑、灰塑。

祠堂建筑的颜色基本是建筑材料本身的颜色，以青色、灰色、白色、黑色为主，简单又比较清新淡雅。祠堂主体建筑的外墙基本采用青砖，屋顶多用灰瓦，冷色调的主体建筑需要辅助色去点缀和装饰，突出色彩的部位主要在屋顶的正脊、垂脊和檐口等处，利用灰塑或陶塑的丰富色彩，以高纯度的红、黄、蓝、绿调配而成，使主体建筑颜色和装饰色对比鲜明，同时又和谐统一，使得祠堂在华丽之中不失端雅高贵。

（一）灰塑装饰在祠堂建筑的正脊上使用最多

灰塑在花都祠堂的正脊上使用最多，正脊是指前后斜屋面顶部相交会的位置，原为遮挡屋顶接缝、兼具防水功能，后因为位置特殊，成为装饰的要点。头门的正脊、中堂和后堂的正脊，都是灰塑装饰的地方。垂脊处偶尔也有，如朱氏大宗祠垂脊塑凤鸟博古纹。

在对花都273座祠堂的研究中，据笔者不完全统计，有193座在祠堂正脊使用了灰塑，占总数的71%。在有灰塑屋脊的193座祠堂中，有16座祠堂的头门正脊使用灰塑龙船脊，分别是：黎氏宗祠、德彦黎公祠、杜氏宗祠、厚之徐公祠、鹤龄公祠、立庵公祠、崇德乡祠、达章陈公祠、曾氏宗祠、贞定冯公祠、棅公宗祠、黄氏大宗祠（平东村）、象贤黄公祠、庚氏大宗祠（莘田村）、敬止汤公祠、维翰钟公祠。灰塑龙船脊是珠江三角洲较为古老的屋脊，如南宋庆元三年

（1197）始建的增城正果寺就有灰塑龙船脊。岭南河网密布，舟船作为劳作工具为人们所崇拜，进而化为屋脊。灰塑龙船脊较为简洁、朴实，一般只在屋脊上灰塑浅浮雕的卷草纹，在屋脊中间位置用鲤鱼跳龙门、诗礼传家等题材，两侧辅以山川花卉。其余177座祠堂的头门正脊使用灰塑博古脊。博古脊是明清使用最多的一种屋脊形式，博古纹原型为夔纹，夔是一种独角兽，为群龙之首。同时博古纹也源于蛇纹，与古越人的蛇崇拜有关。所以博古脊蕴含着龙、蛇崇拜的文化意义。博古纹一般位于正脊的两末端，与山墙相贴；或者位于山墙的垂脊末端，通常为镂空立体式，具有防风的功能。此类正脊上的灰塑往往造型生动，色彩艳丽，题材多样，包括岭南佳果、神兽及神话人物等。

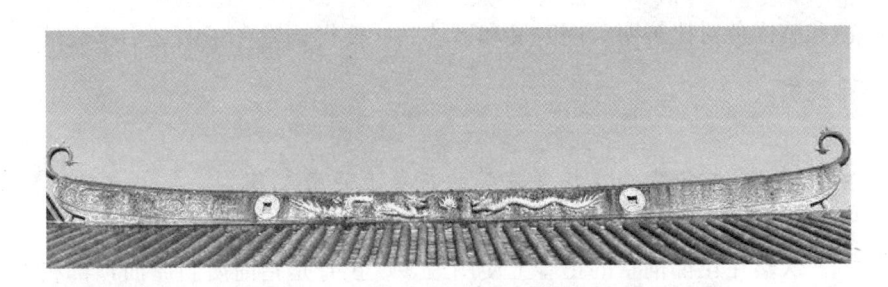

图1　灰塑龙船脊（图片来源于网络）

图2　灰塑博古脊（图片来源于网络）

花都祠堂的构造通常有三个开间，每座祠堂的三个开间建筑的正脊形状并不统一，如西湖姚公祠头门正脊为灰塑博古脊，后堂正脊为龙船脊；叶氏宗祠（荷溪村）也是这种情形。

（二）灰塑装饰在花都祠堂建筑其他部位的使用情况

花都祠堂建筑的装饰工艺多元，装饰样式丰富并有一定的规律，如封檐板、梁架的木雕，挑头、雀替的石雕，墀头的砖雕，墙楣的壁画，等等。灰塑主要出现在花都祠堂的正脊上，但在其他部位也有灰塑装饰，如下。

墙楣处。花都祠堂墙楣处最多见的是壁画，但也有灰塑装饰，如杜氏宗祠、次华徐公祠、得贤梁公祠、杨氏大宗祠、栟公宗祠、芝聘王公祠、联英张公祠、王氏大宗祠（九湖村）、文阁刘公祠、嘉儒卢公祠等。文阁刘公祠的中堂墙楣灰塑有"五伦图""雀鸟图"，联英张公祠的衬祠墙楣有灰塑装饰，王氏大宗祠（九湖村）也在衬祠前檐的墙楣上施有灰塑桃树、宝瓶、仙鹤等吉祥图案，嘉儒卢公祠墙楣有灰塑群狮图。

廊门门楣处。如法明公祠前廊楣有灰塑花鸟；廷芳李公祠后堂两侧廊门有"五鲤鱼图""五狮图"灰塑；冯氏大宗祠中堂两廊拱券门，门楣分别灰塑"左宜""右有""祥麒""起凤"等字样和图案；李氏大宗祠后堂两廊拱形廊门，门楣灰塑"兰馨""桂馥""祥麟""威凤"等字样和图案；麦氏大宗祠的廊门灰塑有"饬纪""修睦"；王氏大宗祠（和郁村）的后堂廊门门楣，灰塑钱纹、牡丹、莲花、蝙蝠。

其他。钟氏宗祠头门前廊的梁架上有灰塑彩绘；云史曾公祠的墙体上有灰塑花鸟图案；坤高张公祠的两墀头施有狮子、山水、树木等灰塑图案。

三 花都祠堂无灰塑正脊可能存在的原因

据初步统计，在花都现有的 273 座祠堂中，193 座在祠堂正脊使用了灰塑，其余 80 座为正脊无灰塑祠堂。这 80 座祠堂之所以无灰塑正脊，一方面是祠堂建造之初本身就缺乏，另一方面是因为后来的各种破坏。

明清以来，随着经济中心南移，人口南迁，官员往南方流放至边陲之地，岭南文化逐渐丰富，岭南建筑逐渐融合北方建筑的风格，花都祠堂也受到了北方的影响，呈现出多样性特点。在统计的 80 座无灰塑正脊的祠堂中，有相当一部分运用了卷棚顶，例如月槎王公祠、原爵骆公祠。这种屋顶常见于北方等级较低的民居、园林等建筑，其显著特点是不含正脊，将其他屋顶形制中的正脊做成圆弧形曲线，屋面前坡与脊部呈弧形滚向后坡，显示出曲线的阴柔之美。

灰塑的使用起源于南宋，兴盛于明清，在民国时期逐渐走向衰落。在统计的 80 座无灰塑正脊的祠堂中，有 10 座建于民国，9 座于民国修复。除该时期财政预算有限的原因外，也进一步体现了灰塑在民国建筑中逐渐没落，在祠堂头门正脊这样关键的位置中逐渐被水泥、琉璃瓦片等材料取代。此外，在这 80 座无灰塑正脊的祠堂中，记录在册有 9 座被损坏；4 座后期修复时使用水泥博古脊，如汤氏宗祠和谢氏宗祠；4 座使用瓷片和瓦片，如嘉儒卢公祠使用琉璃瓦脊，江氏大宗祠使用黄色瓷片，目的是修复时从材质上与屋顶瓦片相呼应；3 座使用等级更高的陶脊，轻轩宋公祠使用双龙戏珠陶脊，大东村黄氏宗祠使用鳌鱼陶脊，嘉儒卢公祠头门正脊是石湾"文如壁造"字样的琉璃瓦脊。

从祠堂现状来看，有一些祠堂虽然无灰塑正脊，但在其他部位有灰塑装饰，如坤高张公祠，虽然无脊塑，但两墀头有狮子、山水树木等灰塑图案，又如应宗徐公祠，没有正脊灰塑，但头门垂脊有灰塑狮子。祠堂正脊作为重要的装饰部位，在其他地方有灰塑装饰的情况下建筑正脊却呈现建筑原生态，这应该是不可能的。由此可推断，此类祠堂在初建时应该是有灰塑正脊的，只是在后来遭到了破坏。

本部分对花都没有灰塑正脊的祠堂建筑进行整理，并试图从花都祠堂借鉴北方建筑，灰塑装饰流行、衰落的时间以及祠堂建筑被破坏的情况做出原因的推测，可见花都祠堂建筑受北方建筑的影响，呈现多样性的特点，其繁荣时期基本与灰塑的历史同步。

表1　　　　花都80座没有使用灰塑正脊的祠堂状况

祠堂名称	地址	始建时间	修复时间	祠堂现状	备注
松冬徐公祠	三华村	明代	清代		
昌甫刘公祠	新华街田美村	1933年	1996年		
宗贤梁公祠	新华街三东村	清咸丰二年	1932年 2002年		
孔生陈公祠建筑群	新华街清㘵村	1919年			
陈氏宗祠	新华街广塘村	不详	清光绪二十二年		
褆兴刘公祠	新华街广塘村	清咸丰八年		广塘村卫生站	
洪富骆公祠	赤坭镇莲塘村	1914年	2001年		
钟氏大宗祠	赤坭镇东升村	不详			
利氏宗祠	赤坭镇荷溪村	1933年	1984年		
张氏宗祠	赤坭镇下连珠村	清嘉庆二十二年			已毁
姚氏宗祠	赤坭镇瑞岭村	清代			
叶氏宗祠（鲤塘村）	赤坭镇鲤塘村	不详	清同治三年 2002年		水泥博古脊
林氏宗祠（鲤塘村）	赤坭镇鲤塘村	不详	清光绪十八年		已毁
印荣黄公祠	赤坭镇心和村	清咸丰七年			
坤高张公祠	赤坭镇石坑村	不详	清光绪二十九年		
云史曾公祠	赤坭镇荷塘村	清光绪三十三年			

续表

祠堂名称	地址	始建时间	修复时间	祠堂现状	备注
厚德乡祠	赤坭镇赤坭村	清光绪二十七年			
乡贤栎坡公祠	塱头村	不详	清光绪元年		已毁
明峰汤公祠	茶塘村南社	晚清	2004年	小学校址	已毁
谢氏大宗祠（上社）	炭步镇文二村	不详（距今约300年）			
谢氏大宗祠（文冈小学）	炭步镇文二村	明代	清代		已毁
谢氏宗祠	炭步镇文二村	清道光十一年	1925年 2001年		水泥博古脊
汤氏家庙	炭步镇石湖村	清同治十年	1987年	石湖村小学活动场所	
黄氏宗祠（东风村）	炭步镇东风村	不详	清咸丰八年 1997年		
象峰黄公祠	炭步镇东风村	不详			
乐善骆公祠	炭步镇骆村	不详	清宣统元年	村老人活动中心	改混凝土结构
水园庚公祠	炭步镇新太村	不详	清光绪八年		
西园庚公祠	炭步镇新太村	不详	清光绪二十二年		改混凝土结构
刘氏宗祠（坭头村）	炭步镇坭头村	清乾隆四十年	1921年		
汤氏宗祠	炭步镇坭头村	清道光元年		坭头村小学使用	水泥博古脊
白鹿汤公祠	炭步镇坭头村	清乾隆二十年			
嘉儒卢公祠	狮岭镇罗仙村	1936年			琉璃瓦脊
政平卢公祠	狮岭镇罗仙村	清代	1936年		
毓畦邓公祠	狮岭镇罗仙村	清同治十一年			
帝养曾公祠	狮岭镇石岗村	清代	1935年		
宣义杨公祠	狮岭镇杨一村	不详	清光绪四年 2005年		
应宗徐公祠	狮岭镇东边村	清光绪八年		小学校舍	已毁
应田徐公祠	狮岭镇东边村	清代			

续表

祠堂名称	地址	始建时间	修复时间	祠堂现状	备注
发志叶公祠	狮岭镇东边村	1921年		叶氏舞狮会会址	
麦氏宗祠	狮岭镇联星村	清光绪二十五年	1983年		瓷砖拼贴画
汝翼王公祠	狮岭镇马岭村	清代			
江氏大宗祠（新和村）	花山镇新和村	清代	清宣统二年		
利氏大宗祠	花山镇新和村	不详	1922年	小学体育馆及幼儿园	
景志利公祠	花山镇新和村	不详	清道光二十三年 1999年		
翔斋何公祠	花山镇东湖村	不详	清光绪十二年 1913年		
范氏宗祠	花山镇龙口村	不详	清光绪十六年		
仰山江公祠	花山镇东华村	清宣统三年	2001年		
秀林刘公祠	花山镇两龙村	清光绪二十二年	1987年		
邝氏宗祠	花山镇永乐村	清光绪二十三年	1940年		
巨臣邝公祠	花山镇永乐村	清道光年间	清光绪二十五年 2003年		
江氏大宗祠	花山镇平山村	清光绪十八年	1996年		黄色瓷片
志善江公祠	花山镇平山村	清光绪六年	1986年		
梁氏大宗祠（平山村）	花山镇平山村	不详	清同治六年		
刘氏大宗祠	花山镇平山村	清光绪七年	1986年	老年人联谊会活动中心	水泥博古脊
琼伯黄公祠	花山镇平东村	同治六年		仓库	
允达邱公祠	花山镇平东村	清光绪十八年	2002年		
福荫祠	花山镇	清乾隆四十八年	多次修葺	花城中学	
康明梁公祠	花山镇五星村	清同治十三年		诒燕堂舞狮会会址	

续表

祠堂名称	地址	始建时间	修复时间	祠堂现状	备注
世梁张公祠	花东镇李溪村	不详	清乾隆年间 2004年		
百岁流芳祠	花东镇联安村	清代	1934年		已损毁
康祖危公祠	花东镇农光村	清咸丰八年	1949年		
梁氏宗祠（京塘村）	花东镇京塘村	明正德年间	清光绪三十四年 2003年		陶塑和彩瓷
官铭谢公祠	花东镇莘田二村	清光绪六年	1923年 1997年		
罗信谢公祠	花东镇莘田二村	清同治十年	2000年		
明氏宗祠	花东镇莘田二村	清咸丰三年	1944年 2002年		
高氏大宗祠	花东镇杨二村	明崇祯年间	2000年		混凝土博古脊
宗贤邓公祠	雅瑶镇旧村	不详	清道光二十九年		
陈氏宗祠（邝家庄）	雅瑶镇邝家庄	清代	清宣统三年 1997年		石湾琉璃瓦脊
石塘村黄氏宗祠	石塘村	1920年	2001年 2007年	老人活动中心	烧毁重修
岑境村岑氏宗祠	岑境村	不详	清同治七年	"文革"时为人民公社	
楷所汤公祠	炭步镇石南村边头社	明代			
渔隐汤公祠	炭步镇石南村边头社	1916年		村活动中心和小卖部	已损毁
月槎王公祠	炭步镇三联村	清代		仍有人居住	
原爵骆公祠	炭步镇大涡村	清代		祭祖与宴席场所	
法明公祠	炭步镇藏书院村	清乾隆五十八年	2009年		
轾轩宋公祠	狮岭镇中心村	民国初期	2001年		陶脊
观敬何公祠	长岗村	清光绪二年			

续表

祠堂名称	地址	始建时间	修复时间	祠堂现状	备注
大贤罗公祠	花山镇南村	明代	1985 年	临时厨房	
大东村黄氏宗祠	花东镇大东村	1937 年	20 世纪 90 年代初期		陶脊
缠岗村郭氏宗祠	赤坭镇缠岗村	清光绪十三年	2007 年	祭祖和宴席	

四　花都祠堂灰塑装饰的艺术造型和审美

灰塑装饰在花都祠堂的使用非常普遍，灰塑工艺考究，呈现形态较为完美，红、黄、蓝、紫、绿等鲜艳、热烈的色彩点缀了建筑大面积灰色、黑色的净素，为建筑带来一丝斑斓和亮丽，使祠堂建筑的外形在肃穆典雅中透出华美和明快的气息[①]。灰塑装饰的审美性分别体现在它丰富多彩的造型要素、意蕴深厚的人文品格和生动广阔的审美联想上。

（一）丰富多彩的灰塑造型要素

灰塑装饰使用在祠堂建筑屋顶的正脊、垂脊、檐口等部位，这些突出的地方使用明亮的色彩对祠堂建筑整体有画龙点睛的效果。灰塑造型丰富，有祥麟瑞兽、水产海鲜、花果蔬菜、树木山水、器物人像等。它们大致可被分为物件类和事件类，物件类如体现岭南地理环境的花果蔬菜：梅花、兰花、荷花、牡丹等各种花卉，竹子、松树等各种树木，石榴、荔枝、葡萄、菠萝、桃子等各种水果，南瓜、苦瓜、节瓜、丝瓜等各种蔬菜，它们结合在一起，完成了祠堂灰塑装饰要表达的主题。事件类的像周氏宗祠、夏氏宗祠（南社）、任氏宗祠、景

---

① 公晓莺：《广府地区传统建筑色彩研究》，博士学位论文，华南理工大学，2013 年。

微公祠头门正脊的山水，王氏大宗祠（九湖村）正脊的人物造型，胡氏宗祠正脊灰塑的文臣武将，杨氏大宗祠正脊的"英雄会"，等等。

(二) 意蕴深厚的灰塑人文品格

灰塑的人文品格首先体现在它所展现的岭南传统风俗与民间信仰上。例如狮子在花都祠堂灰塑中经常使用，有时以单只造型，如以湘公祠头门正脊灰塑狮子、麒麟、花鸟，凤山徐公祠头门正脊"雁塔题名"及狮子、花鸟、宝瓶等纹饰等。这些灰塑造型中的狮子以单只出现，和其他元素一起构图来表达设计主题。狮子更多时候以群体形式出现，如廷芳李公祠后堂两侧廊门"五狮图"灰塑，嘉儒卢公祠墙楣的灰塑群狮图，友兰公祠头门正脊的群狮灰塑，云涯公祠头门正脊的群狮献瑞图，周氏宗祠头门正脊的"群狮下山图"，赖氏宗祠头门正脊的"五狮下山"，杨氏大宗祠正脊的"三狮会"灰塑，奉政大夫祠头门正脊、曾氏大宗祠后堂正脊的"九狮下山图"等。狮子之所以成为花都祠堂建筑灰塑装饰出现最多的造型，与盛行于珠江三角洲的醒狮有关。醒狮属于中国狮舞中的南狮，由唐代宫廷狮子舞脱胎而来，五代十国之后随着中原移民的南迁传入岭南，明代以来成为广东特有的民俗。广东醒狮被认为是驱邪避害的吉祥物。又如鲤鱼跃龙门、独占鳌头寓意学业有成、事业发达。与龙有关的鱼也经常出现在花都祠堂的灰塑装饰造型中，如廷芳李公祠后堂两侧廊门"五鲤鱼图"灰塑；谭氏宗祠（文一村）第二进仪门正脊饰有一对鳌鱼灰塑，鱼尾拱圆珠，两条鱼尾向内卷；王氏大宗祠（九湖村）、胡氏宗祠正脊也有鳌鱼造型的灰塑。还有其他一些祥禽瑞兽如谐音"遍福"的蝙蝠受到民间的喜爱，出现在花都祠堂建筑的灰塑装饰中，夏氏宗祠（南社）、兰蕙谢公祠的头门正脊，王氏大宗祠（和郁村）后堂廊门门楣等都嵌有蝙蝠的灰塑形象。

其次，灰塑的人文品格体现在它造型背后的神话传说。二龙戏珠是由古代神话故事演变来的一种艺术题材，在花都祠堂建筑装饰中也经常出现。如郁山徐公祠头门正脊、洞湖徐公祠头门正脊、莲溪骆公祠正脊都有"二龙戏珠"，文济俞公祠后堂的正脊也有此灰塑造型。除此之外，麒麟凤鸟是我国古代神话故事里经常出现的角色，在卿品骆公祠、周氏宗祠、夏氏宗祠（北社）、任氏宗祠、凤山徐公祠、景微公祠、竹溪公祠、万成汤公祠等建筑的头门正脊，都可以看见以它为造型的灰塑图案。此外还有以湘公祠头门正脊的麒麟、燕伦刘公祠头门正脊的"百鸟朝凰"、杨氏大宗祠正脊的"双凤朝阳"、夏氏宗祠（南社）头门正脊的梅花鹿、王氏大宗祠（九湖村）衬祠前檐墙楣灰塑的仙鹤等，都有特定的寓意。这些灰塑造型丰富了花都祠堂建筑的装饰内容。

图3　云崖公祠正脊群狮献瑞图（图片源自《广州市文物普查汇编》）

（三）生动广阔的灰塑审美联想

以上这些审美意象有祥麟瑞兽、传说典故，这些具有丰富想象力的图案体现了岭南丰富的历史文化主题；而水产海鲜、花果蔬菜、树木山水、器物人像等更是为广府百姓所熟悉和喜闻乐见，具有鲜明的岭南地域文化特征，体现了岭南文化经世致用的风格，使灰塑作品呈现雅俗共赏的审美特点。花都祠堂建筑根据每个灰塑作品的主题，或以浮雕或以圆雕的形式将这些材料组合在一起，以鲜明的色彩、生动传神的造型及均衡有度、疏密相间的构图，配以吉祥的几何花纹图案（如万字符、回字纹、如意纹等），表达美好的寓意和祝福，使花都祠堂建筑具有了较高的审美价值。

总之，从灰塑装饰在花都祠堂建筑的使用情况可以看出，广府祠堂建筑具有实用性和审美性并存的特点。花都祠堂建筑在建造中借鉴、融会北方建筑风格的同时，突出了浓郁的岭南文化特色。尤其是灰塑装饰在祠堂建筑中的普遍使用，使岭南地域文化的特点更为明显，并显示出了祠堂繁荣时期基本与灰塑的历史同步的规律。

（伍若玥：华南理工大学建筑学院 21 级学生）

广府文学与艺术研究

《区太史诗文集》存世版本及考证

乔玉红

《区太史诗文集》是明代万历年间岭南历史上著名诗人区大相所著,由两部古籍构成,一部为《区太史诗集》,另一部是《区太史文集》。暨南大学的刘正刚教授在搜集整理区大相的作品时,为了便于古籍的点校利用和数字化,将两部古籍整理修订并合为一部,最终出版了由《区太史诗集》和《区太史文集》两部古籍组成的《区太史诗文集》。[1] 为了更全面地研究区大相,刘正刚教授同时附录了区大相胞弟区大伦的两部著述,即《区罗阳集》和《区大司徒疏稿》,详尽搜罗了散佚在其他古籍中关于区大相的记载和史料,包括明清时期学者为区大相撰写的传记、墓志铭及对区大相诗作的评注等。此文中的《区太史诗文集》即以《区太史诗集》和《区太史文集》为考察对象,考证其版本在国内的保存状况,以期为广东地区的古籍保护工作做出贡献。

一 区大相其人

区大相,明代广东省肇庆府高明县(今佛山高明区)人,字用

---

[1] (明)区大相、区大伦撰:《区太史诗文集(外二种)》,刘正刚整理,齐鲁书社2017年版。

孺，号海目，生于嘉靖二十八年（1549）五月十九日，卒于万历四十四年（1616）六月二十一日，享年68虚岁。万历元年（1573）秋，24岁的区大相与兄长区大枢同时考中举人，成为岭南科举史上的佳话。万历十七年（1589）春，40岁的区大相与弟弟区大伦又同年考中进士，再次成为美谈。此后，区大相历任授翰林院庶吉士、检讨、同修国史、玉牒，升赞善，转左春坊左中允，知制诰、起居注、经筵侍讲，两次奉使册封淮藩、周藩，赐一品服。万历三十三年（1605），区大相离开京城赴滁州担任南太仆寺丞；万历三十六年（1608），因"痹疾"辞官返回广州，八年后在广州病逝。崇祯年间，区大相之子区怀瑞在参与编修《肇庆府志》时首次为自己的父亲立传，其文如下：

  区大相，字用孺，高明人。为文有奇气，援笔数千言。万历癸酉（万历元年，1573）举于乡，己丑（万历十七年，1589）成进士，选庶吉士，授检讨，同修国史，经筵展书，历赞善中允，掌制诰，居词垣十五年。兰溪赵公、新建张公、四明沈公先后当国。兰溪忤江陵，迁岭表，以古文词受知，及居政府，引避不轻谒。尝肄业南雍，新建为大司成，深赏重。后柄政，欲汲引托所知谕意，不答。以是东宫讲官，京省典试一无所与。四明沈公移居比邻，竟鬻宅迁避，沈以是为憾。拾遗调南仆丞，二年移疾归里，居八年卒。明兴，前后七子称诗，号翰林为馆阁体，大相始力祛浮靡，还之风雅三百篇，以至汉魏盛唐各造其极，陈言习气为之一变。再奉剪桐命，历齐晋吴越嵩洛衡湘土风遗迹，民瘼国计，咸著篇咏，馆阁以来所未有也。天性至孝，追远若孺慕，生平耻干谒，公论侃侃，义形于色，积俸置祭田外悉周亲友，急六经微言奥旨，皆笺传未发。所著《太史诗集》《使集》《图南集》《濠上集》《制诰馆课杂文》行于世。①

此后，所有广东地区的方志中涉及区大相的记载基本上以此文为蓝本。区大相在京为官时的品级并不高，最高也仅是正六品的左春坊左中允兼翰林院编修，掌有代皇帝拟写制诰之职。所以区大相在政治上的建树一般，他最令人瞩目的是在岭南诗坛上的地位。1993年，陈永正教授高度评价区大相对岭南诗坛的重要影响，认为他提倡诗歌创作应"观国俗""补于时政"等观念，具有鲜明的倾向性和现实主义内容，从而把岭南诗歌的现实主义传统推向一个新的高度。自区大相后，广东诗派摆脱了复古主义的影响，向着更健康的道路发展，终于出现了明末诗坛的繁荣局面。陈永正指出，在诗歌艺术上，区大相另一突出特点是继承和发展了岭南诗派的雄直风格，不少作品都写得境界宏阔，气势豪迈极具阳刚之美，从而开启了明代末年著名诗人邝露、黎遂球等慷慨悲歌的先声。②

可见区大相在岭南诗坛上有着承上启下的地位。他"力祛浮靡，还之风雅"的诗风，摆脱了当时主流诗坛流行的"馆阁体"影响，将诗歌创作的主旨放在"民瘼国计"上，将反映社会现实、民间疾苦作为诗歌创作的首要目标，切实履行了一位心怀正义的史官之责。在撰写诗歌时，区大相始终坚持以诗言志、以诗记史、以诗讽今的创作态度，为明末清初的岭南诗坛带来巨大变革，促使岭南诗坛在清初之时以强势之姿获得主流诗坛的认可。区大相因此被后人评价为"岭南诗

---

① （明）陆鳌、陈恒葵纂修：《肇庆府志》卷22《人物传》，崇祯六年（1633）刻本。
② 陈永正：《岭南文学史》，第三章《明中后期诗人》第三节《区大相》，广东高等教育出版社1993年版，第189—192页。

宗""岭南风雅领袖",开创了岭南诗派的现实主义传统。

按照区大相之子区怀瑞所言,区大相的著作有《太史诗集》《使集》《图南集》《濠上集》《制诰馆课杂文》等多种,但如今存世的却不多。经过多次合并、修订或遗失,现今流传于世的诗歌和文章都收录进《区太史文集》和《区太史诗集》两部古籍中,前者为区大相撰写的文章、信札等,区怀瑞所言《制诰馆课杂文》也包含在内;后者为区大相所写诗歌总集,囊括了《太史诗集》和《使集》等内容。这两部古籍大致在明末定稿,其中崇祯年间《区大相诗集》有过出版,之后经历过两次翻刻,《区太史文集》却仅在雍正年间有过刻印。通过考察两部古籍在国内的存佚情况,一方面能更好地追根溯源、讲述古籍故事,另一方面对后人利用和保护古籍亦有很大帮助。

二 《区太史诗集》

区大相一生创作的诗作数量有很多,据崇祯十六年(1643)刻本《区太史诗集》的目录来看,共有27卷,一千六百余首诗。诗歌体裁多样,有赋、四言铭赞、骚体诗、乐府杂体、五言诗、七言诗、五言律诗、五言排律、六言诗、七言律诗、七言排律、五言绝句、七言绝句等多种,其中以五言、七言和五言律诗、七言律诗为多。

(一)《区太史诗集》的主要内容

区大相诗歌的内容颇为丰富,所涉题材也比较复杂。此前在撰写《区大相诗三百首赏析》[①]一书时,我们曾经尝试将区大相的诗作简单地分为天伦、乡情、游历、访古、四时、节令、感怀、交游、咏

---

① 刘正刚、乔玉红:《区大相诗三百首赏析》,齐鲁出版社2015年版。

物、边塞、民生、闺阁和闲逸十三大类。其中游历和交游各占两章，一共有十五章，每章选诗二十首。彼时只是为了便于开展读者阅读而进行的简单归类，实际上这十三种分类根本无法概括区大相诗作的全部内容，分类的标准也不科学，甚至不尽合理。为了增强该书的可阅读性和普及性，我们曾刻意模仿唐诗三百首的说法，名义上选出三百首区大相的诗作予以赏析。但因为存在同一题名下有多首诗作的情况，为保持诗作的完整性，当时选出的诗歌远超三百之数。之所以采用这样的分类和选诗办法，一方面是为了便于开展区大相诗歌的阅读和推广，另一方面是为了保持该书体例的整齐，使每个章节在名义上都有二十首诗。

几年后再次尝试区分区大相的诗作，发现这依然是个难题。在区大相的诗作中，采风之诗占据了很大一部分。按照区大相自己在《前使集小序》和《后使集小序》中的统计，他第一次出使得诗近三百篇，第二次出使得诗近四百篇，仅两次出使途中创作的诗作合计就有七百余篇，将近《区太史诗集》中一千六百余首诗歌一半的体量。这些采风作品不仅涉及民生、交游、游历和访古等内容，同样包含着亲情、乡情甚至对弊政的批判、对民生的关怀。所以想真正清晰地对区大相的诗作进行分类是一件颇为困难之事。

但为了研究的方便，还是有必要对《区太史诗集》中的诗作进行简单的划分，此处暂且将之归为六类：国政和民生、述志和感怀、乡情和亲情、游历和访古、交游和唱和、闲适和拟古。虽然这种区分方法仍显牵强，但可以大致将区大相的一千六百余首诗囊括在内，即便还有些诗作不好归类，但数量不至于太多而对整体造成影响。勉强归类也有弊端，即打乱了原书按诗歌体裁区分的二十七卷体例。同时，如此分类仍显牵强。因为有些诗歌本身兼具不同意义，像区大相的游历诗中很多都是出使途中访古所得；还有一些采风则是出使途中看到的灾情和百姓生存的困境，这些又和民生相关；有些同朋友的交流唱和之作多和对国家政局的看法混在一起；一些述志感怀诗则容易和关注国政民生的诗联系起来。像这些诗作其实是较难归类的，只能片面地根据主要内容大概归于一种。尽管如此归类依旧牵强粗糙，但便于我们对区大相的诗作内容及其意义进行大致的梳理。

第一类关于国政和民生的诗作。这些诗的主要内容包括区大相在出使途中的观察采风、对国政的议论、对弊政的批判、对民生的哀矜。这个主题的诗作在一千多首诗篇中占据了很大一部分，是他关注"民瘼国计""力祛浮靡"诗风的最好诠释，也是区大相诗作区别于馆阁诗派的精髓之处和体现。因此，这些采风之诗是区大相走访基层、目睹的真实社会状况，和主流诗坛提倡的复古之风完全不同。诗中没有辞藻的堆砌、粉饰太平的无病呻吟，只有针砭时弊、直面苦难的社会现实。通过区大相的这些诗作，后人能管窥晚明社会的实际状态。

第二类关于述志和感怀的诗作。面对朝堂的争权夺利和皇帝的昏聩，区大相心中的忧愤和怀才不遇之感常伴随着对国家政事的失望、对百姓的哀矜而发，此类型的诗作很容易和关于国政民生的诗作相混淆。

第三类关于乡情和亲情的诗作。这些诗歌展示了区大相的日常生活，从区大相与妻子、儿女、兄弟、子侄等亲人的交流唱和中，能看到一个立体的、极具生活气息的诗人形象。

第四类关于游历和访古的诗作。区大相借两次出使册藩之机游历山川名胜和古迹，这些诗构成《前使集小序》和《后使集小序》中提到的七百余首采风诗的大部分内容。但这类诗作容易和采风诗混淆，其中一些访古诗极具借古讽今意味。

第五类关于交游和唱和类的诗作。区大相拥有一批志同道合的知己、同僚，他们通过赋诗唱和，以诗作来交流感情，形成了一个以诗会友的群体，通过相互交流学习以促进自身对诗歌创作的深入理解。

第六类关于闲适和拟古的诗作。此类诗作与之前的分类相比较为庞杂，一些不太好归类的作品可暂时归于此类，这些诗歌作品代替言语成为区大相日常心绪变化的表达。苏映华曾对区大相诗作中出现"梅""菊""月"的次数进行过统计，其中"梅"出现 16 次，"菊"出现 8 次，"月"出现 14 次，直观地展现了他对于梅、月、菊的喜爱，也体现出区大相对于这些事物所代表的高洁品性的追求。①

区大相曾去拜访当时的诗坛领袖王世贞，却不想被王世贞不留情面地质疑与"古调不和"②，但所谓的"不和"只是不同诗家作诗理念的不同。区大相显然更注重以诗歌记述现实这一作用，描写社会现实正是他诗歌创作的核心。他不同于那些远离民间疾苦、以粉饰太平为旨趣的贵族文人，而是深入民间，与百姓、与社会进行零距离接触，将基层社会中最真实的一面写入作品中。因此，他的诗是最真实的社会图景，是底层百姓真正生存状态的反映。这正是区大相采风目的之所在，也是与当时执掌诗坛的馆阁诗派最大的不同。区大相这种诗歌创作理念和风格，引领了岭南诗派诗歌创作的巨大变革，最终被誉为"岭南风雅领袖"。

（二）《区太史诗集》的版本

弘扬传统文化、整理保护和推进古籍的数字化，使其成为我国灿烂文明的载体并更好地予以利用，是当代学者和古籍保护工作者们一

---

① 苏映华：《区大相诗歌研究》，硕士学位论文，广西民族大学，2020 年，第 36 页。
② （明）区大相、区大伦撰：《区太史诗文集（外二种）》，《明大司徒罗阳区公传》，刘正刚整理，齐鲁书社 2017 年版，第 536 页。

直努力的目标。对区大相诗歌和著作的整理，古今不少学者都付出过巨大的努力。清前期的学者朱彝尊选编《明诗综》时在卷61中选录了48首区大相的诗作，清代沈德潜在《明诗别裁集》中收录了4首，清前期的粤籍学者温汝能选编《粤东诗海》时收录了169首，清中叶钱塘地区的著名女诗人汪端选编《明三十家诗选》时收录了41首，清嘉庆道光时期岭南籍学者罗学鹏所刻《广东文献》中收录了56首，清代汪森的《粤西诗载》中收录了4首。

当代学者对区大相诗作的整理编辑也作出了极大的贡献。中山大学陈永正教授在编写《全粤诗》时，将区大相的诗作纳入该书的第十四册中，从卷463到卷487，用了24卷的体量进行收录。他使用的底本为日本内阁文库所藏明崇祯十六年（1643）的《区太史诗集》，参校清道光二十年（1840）伍崇曜的诗雪轩校刊本，以及道光二十五年（1845）区灿如重刊本，又附录了从其他书中辑得的部分佚诗。只是在编写《全粤诗》时，陈教授并未沿用传统的27卷体例，而是大致按照诗歌体裁进行了分类。

刘正刚教授在整理和选择底本时同样表现出审慎严格的学术态度，对从明至清再到近代不同时段刊刻的区大相著作进行详尽的搜罗，然后对从佛山、广州、澳门、南京、日本等国家和地区搜集到的不同刻本进行比对。以《区太史诗集》为例，刘教授亦选取崇祯十六年（1643）刻本为底本，参考道光二十年（1840）南海伍氏诗雪轩校刊本、道光二十五年（1845）区灿如重刊本，同时还参校了日本内阁文库藏本以及《粤东诗海》《全粤诗》，还有地方志、个人文集等多种古籍中记录的区大相诗作，经过多次互校而成。①

---

① （明）区大相、区大伦撰：《区太史诗文集（外二种）》，《绪言》，刘正刚整理，齐鲁书社2017年版，第5页。

通过两位学者的辛苦收集和整理，能看到现存于世的《区太史诗集》至少有三个版本，即崇祯十六年（1643）的《区太史诗集》、道光十年（1830）的《区海目诗集》（道光二十五即1845年的区灿如重刊本）、道光二十年（1840）《粤十三家集》中的《区太史诗集》。区大相在《前使集小序》中曾提到，他第一次奉命出使淮藩时共得诗近三百篇、赋一、记二，经由友人汪和叔及兄长区大枢的排序修订后，由"好事者"携至南都即南京刻版[①]；在此后的《后使集小序》中区大相再次提到，他在第二次出使周藩时共得"诗歌杂体近四百篇"，亦经汪和叔和兄长区大枢校订排序，被"好事复窃而刻之"[②]。但这两次刻版显然未能流传下来，且与后来的诸版《区太史诗集》和《区海目诗集》关系均不大。

1. 崇祯十六年本《区太史诗集》

现今存世最早的一版《区太史诗集》刊刻于崇祯十六年，是为"崇祯本"。但因年代久远，收录的图书馆并不多。据网上的不完全搜索，在日本内阁文库、澳门大学图书馆和南开大学图书馆均有收藏。查日本内阁文库图书馆网站，标明其馆藏《区大相诗集》为江户时代的4本手稿，系丰后佐木藩主森隆赠书，或许是江户时期手写的崇祯本钞本，陈、刘两位教授提到的内阁文库本应当就是这个本子。

以澳门大学图书馆所藏崇祯十六年27卷本《区太史诗集》为例，该书共五册，半叶9行，行18字，小字双行同，白口，单鱼尾，四周双边。该书首册封面有汪宗衍所题"海目诗集"四字，首叶是明末陈子壮为《区太史诗集》所作书序，不过因书叶破损，多行都有缺

[①] （明）区大相、区大伦撰：《区太史诗文集（外二种）》，刘正刚整理，齐鲁书社2017年版，第49—50页，《前使集小序》。

[②] （明）区大相、区大伦撰：《区太史诗文集（外二种）》，刘正刚整理，齐鲁书社2017年版，第51页，《后使集小序》。

字，尤以第一行和第二行为多，且有较明显的修补痕迹（如图1）。首叶的下方钤有一枚"宗衍"的阴文印章，猜测此书原先应是汪宗衍的藏书，后由澳门大学图书馆收藏。

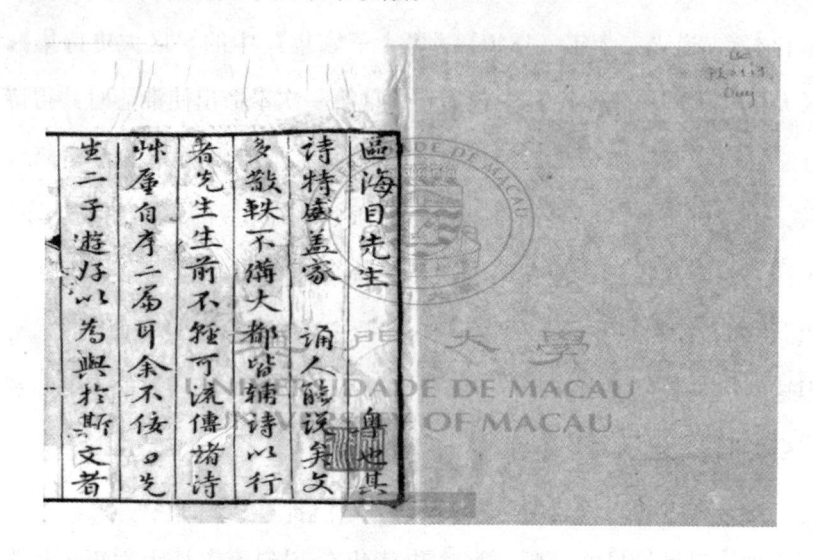

**图1　澳门大学图书馆馆藏崇祯十六年（1643）刻本
《区太史诗集》首叶陈子壮序**[1]

汪宗衍（1908—1993），字孝博，号杕庵，广东番禺人，晚清岭南著名诗人汪兆镛之子。汪宗衍生于1908年，幼承庭训，饱读诗书，青年时代便在各著名的大学学报发表过多篇论文。20世纪30年代时汪宗衍移居澳门，后又移居香港。他一生淡泊明志，辛勤著述，治学精严，颇负时誉，受聘为香港中文大学文物馆顾问，于1993年3月逝世。[2]

---

[1]　本图片选自澳门大学图书馆网站的数字化古籍《区太史诗集》，崇祯十六年（1643）刻本。下面图2亦选自该网站（https://umlibrary.primo.exlibrisgroup.com/discovery/fulldisplay?docid=alma991004508059706306&context=L&vid=853UOM_INST：umlibrary&lang=en&search_scope=MyInst_and_CI&adaptor=Local%20Search%20Engine&tab=Everything&query=title,contains,%E5%8C%BA%E5%A4%AA%E5%8F%B2%E8%AF%97%E9%9B%86&mode=advanced）。

[2]　陈乔之主编，《港澳大百科全书》编委会编：《港澳大百科全书》，花城出版社1993年版，第552页。

在澳门大学图书馆馆藏崇祯本《区太史诗集》每卷的卷首叶下方，均有"端溪区大相用孺父著，兄大枢用环父、区大伦孝先父评校"字样（如图2）。据此猜测，诗集的具体内容可能在区大相兄弟三人在世时便已定稿，只是未曾付梓，直到崇祯十六年（1643）才由区大相的两个儿子即区怀瑞和区怀年将之刻版成书。假设区大相在《前使集序》和《后使集序》中提到的，万历年间被"好事者"携至南京雕版的七百余首诗作有书稿流传于世，姑且称之为"万历本"，那应是按区大相两次出使的不同时间分两次刻版。崇祯本却将诗歌创作的时间顺序打乱，按诗歌体裁分成27卷，囊括了区大相生平所作的绝大多数诗篇，并不限于前后两次出使时的作品。因此，万历本和崇祯本并不相同，甚至可能万历本的七百余首诗仅有刻版而未真正印刷成书，又或因印量极少很快便散佚了。

澳门大学图书馆所藏崇祯本《区太史诗集》卷1的下方钤印有一枚"凌雀书印"（如图2）的阴文印章。"雀"为"鹤"的异体字，这应是清末民初广东番禺人凌鹤书的名章。凌鹤书，字孟徵，光绪年间举人，曾和汪宗衍的父亲汪兆镛一起参修民国《番禺县志》，可惜未竟而卒。由这枚印章来看，此部《区太史诗集》或初为凌鹤书所藏，后转到汪宗衍手中，再后来又随着汪宗衍定居澳门而被澳门大学图书馆收藏。

2. 道光二十年（1840）诗雪轩校刊本

道光二十年，南海人伍元薇即伍崇曜主持刊刻了《粤十三家集》，其中就收录了区大相的《区太史诗集》，此为"诗雪轩本"。伍元薇在道光二十年（1840）重阳时为《区太史诗集》所写后跋中提到："先生（区大相）一门父子昆弟俱以文章道德著作流传，而诸集间多遗佚。此亦通行本，与陈砺甫茂才购得，爱玩不置，爱校勘一过亟付

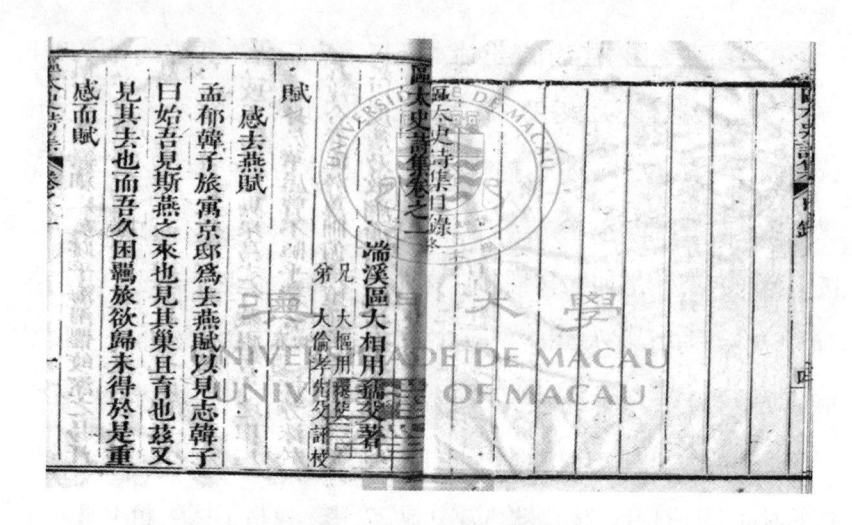

图2 澳门大学图书馆馆藏崇祯十六年（1643）
刻本《区太史诗集》卷1首叶

梓人。"① 按伍元薇所说，虽然区大相父子兄弟的著作多所遗失，但他从陈砺甫秀才手中购得的这部诗集在当时却是一个通行本。伍元薇所言"通行本"当是指在市面上较为流行的版本，但因材料所限，难以判断究竟是哪一版，只能从时间上猜测或为道光十年（1830）区灿如本的可能性较大。伍元薇购得此书后爱不释手，于是将之纳入《粤十三家集》中刻版印刷。

诗雪轩本的印刷数量较多，如今在国内多家图书馆都有收藏。和崇祯本《区太史诗集》相比，两版的名称、卷目基本相同，仅在个别地方略有变化。以中山大学图书馆馆藏的道光二十年诗雪轩27卷本《区太史诗集》为例（如图3），该书半叶9行，行20字，小字双行同，黑口，左右双边，版心有"诗雪刊校刊本"字样。在《区太史诗集廿七卷》的书名叶上钤有"广东国民大学图书馆"和"中山大学

---

① （清）伍元薇：《区太史诗集后跋》，（明）区大相：《区太史诗集》27卷，道光二十年（1840）诗雪轩刻本。

图书馆藏书"两枚阳文馆藏章。卷1首叶有"明高明区大相用孺著"的题名，但无区大枢和区大伦之名，之后诸卷亦是如此。

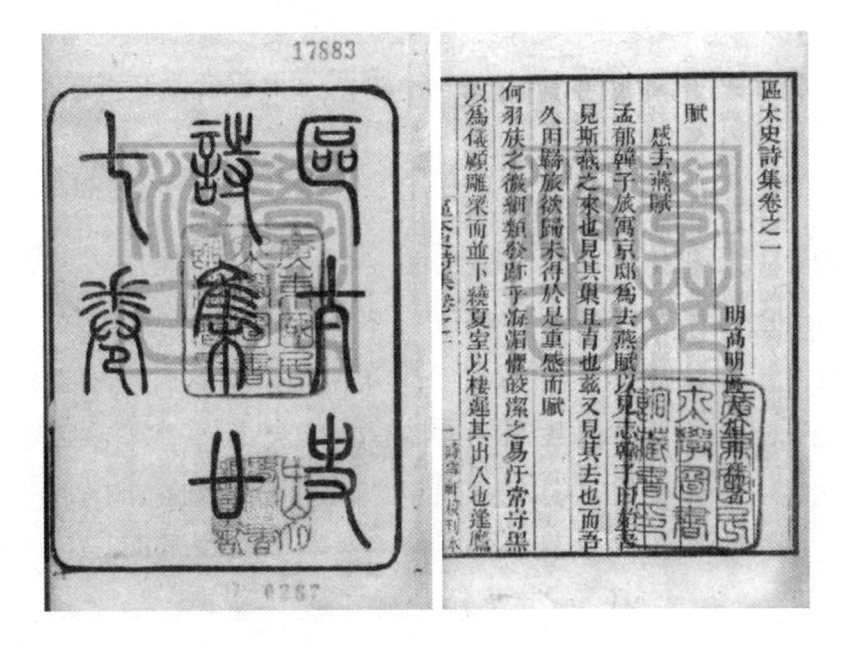

图3　中山大学图书馆藏道光二十年（1840）诗雪轩校刊本《区太史诗集》①

3. 道光十年（1830）区灿如重刊蜀本（道光二十五即1845年本衙藏本）

区大相诗集的第三个存世版本是道光十年由区氏家族的第十九

---

① 本图片选自网站《学苑汲古》高校古文献资源库读者检索系统（http：//rbsc.calis.edu.cn：8086/aopac/controler/main? resource = rarebook&resource = map&searchtype = simplesearch&field1 = creator&trunction1 = 1&condition1 = %E5%8C%BA%E5%A4%A7%E7%9B%B8&new_ library = PUL&new_ library = RUC&new_ library = TSU&new_ library = BNU&new_ library = NKL&new_ library = TNU&new_ library = SXU&new_ library = NMU&new_ library = LNU&new_ library = JLU&new_ library = FDU&new_ library = ECU&new_ library = NUL&new_ library = SUZ&new_ library = NJN&new_ library = ZJN&new_ library = XMU&new_ library = SDU&new_ library = OUC&new_ library = ZZU&new_ library = HND&new_ library = WUL&new_ library = ZSU&new_ library = SCU&new_ library = NXU&new_ library = SNU&new_ library = UMA&new_ library = HYL&new_ library = HKC&new_ library = UBC&new_ library = UWE&optype = simplesearch&dbname = rarebook）。

世、区大相长兄区大标的后代区灿如在蜀中刊刻的，有"道光庚寅孟夏重镌"字样，只是书名为《区海目诗集》而非《区太史诗集》，区氏族人将这一版称为"蜀本"。但不知何故，这一版流播范围有限，道光二十五年（1845）区氏一族的区慕濂又据蜀本重新补正刊刻（如图4）。

区灿如，据《江川区氏族谱》卷2《列传》记载，"字锦云，号晦亭，存心忠厚，无城府，操笔为文，风发泉涌。登乾隆壬子（乾隆五十七年，1792）贤书，嘉庆壬戌（嘉庆七年，1802）修谱，公为序"。[1] 区灿如于1792年考取举人，十年后即1802年区氏修撰族谱时他为之作序，为区氏家族的文化传播作出了巨大贡献。重新刊刻蜀本之时，区灿如在《区海目诗集》序中完整介绍了此书翻刻的缘起：

> 右从祖《海目太史诗集》二十七卷，板藏家祠，岁久湮灭，坊间无从刊布，海内操觚家诵其诗而未睹全集者，百端求购，卒不可得。如宰晋榆社时，行箧尚存数帙，邑人士争求之。乙酉（道光五年，1825）来蜀就养于长子拔熙双流署中，知所携集亦尽为士人索去，复传抄不已。爰将所存一帙付之剞劂，应蜀士之求也。
>
> 其诗力袪浮靡，脱尽有明一代习气，诸巨公已有定论。番禺屈翁山先生谓："《海目诗选》行世，而虞山钱氏不获见之，此《列朝诗集》之憾事。"国朝《四库全书》搜辑大备，吾粤自南园五先生后，黄、黎诸公遗集俱经纂录，而《太史诗集》独阙，非采访偶遗，亦刊布者少也。然则重刻之役，又可缓乎哉！

---

[1] （清）区为栋：《江川区氏族谱》卷2《列传·人物传》，清光绪十五年（1889）刻本。

家有敝帚，享之千金，而况清芬之可诵，知而不传则不仁，君子耻之矣。祖又有《文集》三十卷，异日邮寄来蜀，当重订付梓并广其传。①

区灿如提到，自己所存《海目太史诗集》的书稿来自家族祠堂之中的藏版，由于年代久远，木制的雕版因不易保存而开始腐朽，此书在坊间几乎也没有流通。因此，别人想阅读全书之时往往不可得。身为区氏后人，借由家族藏版的便利，区灿如手中尚存有数套诗作。他外出为官时会随身携带一些以随时翻阅，结果引起士人争求。当他被在四川双流为官的儿子区拔熙迎养于官署时，听到区拔熙提及携带的诗卷被士人索去传抄，这促使区灿如下定决心将区大相的诗作重新刊行于世，于是有了道光十年（1830）蜀本的刊刻。

和区灿如同辈的区慕濂，也是区氏通过科举出仕的一位人才。按《江川区氏族谱》记载：区慕濂，"字周翰，号静斋，天才超迈，文体高骞，声名藉甚。道光辛巳举贤书第一，座主殿撰陈君目以国士，相期远大"。他于道光元年（1821）中举，后任职乐昌，主管学校教育。道光二十四年（1844）参加会试未中，被授以誊录之职。区慕濂为家乡和宗族同样做了不少贡献，他平时所得薪俸多周济穷乏之人，又捐资修五世祖之墓，设立乡规以规范族人。② 区慕濂在《区海目诗集》目录之后为此书的重刊撰写了《例言》，其中提到：

是集原刻本已无存，遂以重校本为旧本。谷樵侄拔熙官蜀时

---

① （明）区大相、区大伦撰：《区太史诗文集（外二种）》，《区灿如跋》，刘正刚整理，齐鲁书社2017年版，第342页。
② （清）区为栋：《江川区氏族谱》卷2《列传·人物传》，清光绪十五年（1889）刻本。

将所携旧本锓板,是为蜀本。官河南时重加补正,仍惧其沿讹。蹈阙奉讳,家居后欲再校刊,未就而卒,今续成之。①

由此段话来看,区氏族中保存的区大相诗至少有"原刻本"和"重校本"两种,道光十年(1830)时"原刻本"就没有了,保留下来的仅有"重校本"。由崇祯本中有"端溪区大相用孺父著,兄大枢用环父、区大伦孝先父评校"等字样猜测,"重校本"或为崇祯本的可能性较大。区灿如和儿子区拔熙以"重校本"为"旧本"刻版印刷,被称为"蜀本"。此后区拔熙曾想校订讹误后再次刊行,可惜未能实施便去世,最终由区慕濂主持重刊,是为"本衙藏本"。本衙藏本既为蜀本的重刊本,其题名、版式应皆与之相同。与崇祯本相比,此本亦为27卷,具体内容稍有不同。如卷1首页,蜀本在区大相三兄弟的名字后面加有"从孙灿如重刊"字样(如图4),半叶9行,行21字,小字双行同,白口,单鱼尾,四周双边。同时,书中在开篇添加了区大相的本传,陈子壮所写序文末的印章字体也与崇祯版不同。

目前流传于世的完整的《区太史诗集》主要便是上述三版,其中的蜀本和本衙藏本暂视为一种。从保存数量来看,三版中以诗雪轩本和本衙藏本流传于世的较多,存于国内外各大图书馆;崇祯版则很少。若从诗歌卷数的析分上看这三版的传承关系:崇祯本《区太史诗集》共27卷,每卷卷首均有"端溪区大相用孺父著,兄大枢用环父、弟大伦孝先父评校"字样,当是区氏三兄弟在世时对此部诗集已经进行了点校和整理,他们按照诗歌体裁的不同对区大相所作之诗进行分卷,最终确定了27卷的体例。此后的诗雪轩本《区太史诗集》、蜀本

---

① (明)区大相:《区海目诗集》,《例言》,道光庚寅(道光十年)孟夏重镌,本衙藏版。

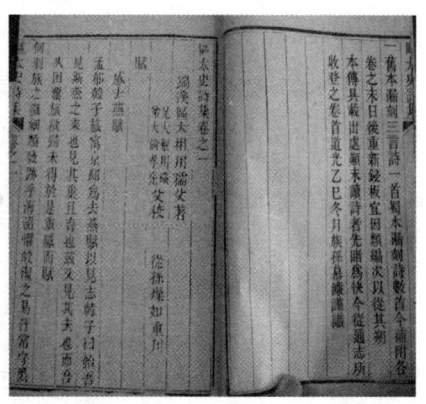

图 4　道光二十五年（1845）重刊版《区海目诗集》

和本衙藏本《区海目诗集》都遵从了这个原则，按照 27 卷体例刻版，仅编写者有所变化。据此推测，极有可能崇祯本的《区太史诗集》就是后世几版刊刻时依据的蓝本。

三　《区太史文集》存世版本及考证

《区太史文集》是区大相所写书信、诰敕等文章的合辑。与《区太史诗集》相比，《区太史文集》存世的版本仅有一种，存世数量也极少。据刘正刚教授考证，他目前发现的《区太史文集》有两部：一部钞本，藏于广东省立中山图书馆；另一部为雍正朝刻本，藏于澳门大学图书馆。刘教授在整理《区太史文集》时将这两个本子进行了互校，认为从每卷后皆标有"端溪区大相用孺父著"字样来看，不排除明末已经成书的可能[①]，但也有可能区大相在世时已将《区太史文集》编定成册，只不过未曾出版。通过在《学苑汲古》高校古文献资

---

① （明）区大相、区大伦撰：《区太史诗文集（外二种）》，《绪言》，刘正刚整理，齐鲁书社 2017 年版，第 5 页。

源库中的搜索可知，南京大学图书馆和香港中文大学图书馆也各有一部12卷本的《区太史文集》。其中南京大学图书馆所藏版本按其自己的介绍是清代康熙年间刻本，但该版本的判定需要暂时存疑；而香港中文大学所藏则是民国三十七年（1948）一部四册的钞本。

（一）《区太史文集》的内容

《区太史诗集》在区大相活着时便由兄长区大枢和弟弟区大伦共同校定，但他的文章却一直没有整理。民国时期汪宗衍对区大相著作的收录作出了极大贡献，1932年仲夏即五月，他在自己所居之榕西傲庐为之前寻访到的《区太史文集》撰写了序言（如图5）：

> 《区太史文集》十二卷，《明史·艺文志》道光《广东通志》皆未著录。惟《高明县志》载之，卷数与此同。清嘉道间罗学鹏《广东文献》、伍氏《粤十三家集》仅刻《诗集》，其序跋皆言欲访刻《文集》，而不果。道光庚寅（道光十年，1830），其族人灿如重刻诗集于蜀中，跋谓《文集》三十卷，异日当邮蜀重订付梓，亦未之见。卷数与此不符，殆记忆之误，亦未刻成也。此本缺笔至胤字，而丘字尚未加阝，当为雍正初年刻本，似有清一代未有第二刊也。余偶于冷摊获此，惜缺失第八、九两卷，访之同人皆无。之后，从黄慈博先生家得一残本，仅余四卷，而此所缺者适在。爰假归，觅人景写之，一成帙焉。见存亦无第二本也。①

---

① （明）区大相、区大伦撰：《区太史诗文集（外二种）》，刘正刚整理，齐鲁书社2017年版，第360页，《汪宗衍序》。

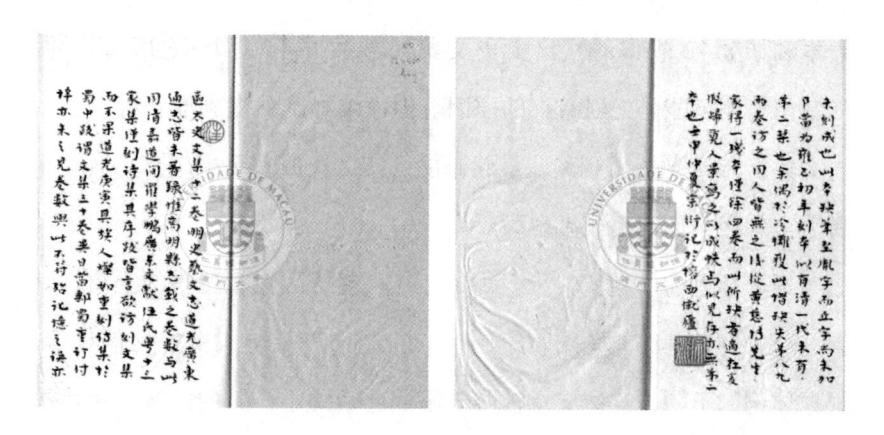

图 5　澳门大学图书馆馆藏雍正初年刻本《区太史文集》

扉页汪宗衍的手书①

据汪宗衍所说，他搜集到的《区太史文集》共 12 卷，与《高明县志·艺文志》中提到 12 卷本《区太史文集》②的记载相同，《高明县志》中提及的《区太史文集》可能指的便是这一部。然而《明史·艺文志》和道光《广东通志》中对《区太史文集》均没有著录，清嘉庆、道光年间罗学鹏所刻《广东文献》和伍元薇所刻《粤十三家集》中也仅收录《区太史诗集》而无文集。虽然罗学鹏和伍元薇所刻两部丛书的前序和后跋中皆提到有继续访查并刊刻《区太史文集》的想法，但最终都没能实现。汪宗衍也说，道光十年（1830）区灿如在四川双流重新刊刻《区太史诗集》时，在后跋中也提到有《文集》30 卷，将改日邮寄到四川刊刻，但最终未能付梓。区灿如提到的 30

---

①　这两张图片和下面图 7、图 8 中卷 1、卷 8 的第一叶截图均来自澳门大学图书馆网站的数字化古籍《区太史文集》（https：//umlibrary. primo. exlibrisgroup. com/discovery/fulldisplay? docid = alma991001554219706306&context = L&vid = 853UOM_ INST：umlibrary&lang = en&search_ scope = MyInst_ and_ CI&adaptor = Local% 20Search% 20Engine&tab = Everything& query = title, contains, % E5% 8C% BA% E5% A4% AA% E5% 8F% B2% E6% 96% 87% E9% 9B% 86&mode = advanced）。

②　光绪《高明县志》卷 14《艺文》，叶十一。

卷本和如今 12 卷本的《区太史文集》卷数并不相同，之所以不同，汪宗衍猜测可能是记忆有误的原因。但区灿如既然提到准备将《区太史文集》邮寄到四川刊刻，最起码能证实区氏族人手中应存有区大相所著文集之全部底稿或者雕版。

现今存世的 12 卷本《区太史文集》包括区大相所写的上疏、馆课、颂、赞、碑铭、题跋、序、代拟的制诰以及与人交往的信札等。根据体例的不同，这些文章被归于不同卷目之下，其中以区大相代拟的制诰和与朋友的来往信札所占卷数最多。

卷 1 是《疏》，收录了两篇区大相在翰林院为官之时给万历皇帝所上的奏疏。

卷 2 是区大相在翰林院学习时的馆课之作，即考试作业和相关的文章。

卷 3 的文章题材较多，有一颂、两赞、一碑、一铭、两记、一题跋，大部分为命题之作。

卷 4 有九篇文章，是区大相奉旨为朝中官员所作考绩序，旨在表彰这些同僚的政绩功劳。

卷 5 有十篇文章，其中五篇是为他人所作寿序，另五篇是为同僚、朋友著作撰写的书序，以简述著作内容、褒扬作者的文采为目的。

卷 6 到卷 8 是区大相所写制诰，包括内制敕谕和外制制诰两个部分，加起来有六十多篇。

卷 9 到卷 12 是区大相与同僚、朋友交往的信札，无论是在内容还是数量上都颇为可观。信中包含的内容极为丰富，通过这些来往书信能管窥区大相日常与同僚和友人的交往与交流情况，借此还原一个立体的区大相形象，也是研究当时社会生活和政治经济的一手资料。

（二）《区太史文集》的版本

在12卷本《区太史文集》刊刻于何时这个问题上，汪宗衍根据书中出现的避讳字进行了推测。他指出，书中出现的避讳清代帝王姓名之字到"胤"字止，即以缺笔之法写"胤"以避雍正帝胤禛之讳，说明此书最晚刊刻于雍正朝。汪宗衍又发现书中出现的"丘"字都没有加"阝"这个偏旁。雍正三年（1725）时，雍正皇帝因孔子名丘，为避孔子之讳，他下谕除四书五经外，凡"丘"字都要加"阝"改写成"邱"，这也是后世"丘"姓多写为"邱"的原因。据此，汪宗衍将该书的刊刻时间进一步缩小到雍正三年以前，且认为有清一代没有再次刊刻。也就是说，《区太史文集》仅在雍正初年刊刻过一次，保存下来的数量并不多。

汪宗衍在一个偶然的机会，于某个偏僻的书摊买到了一部雍正初年刊刻的12卷本《区太史文集》，只可惜第8、9两卷已经缺失。此后汪宗衍四处寻访缺失的部分而未得，好在他打听到黄慈博先生家里有一部仅余四卷的残本，这给他带来了希望。黄慈博即黄佛颐（1886—1946），字慈博，广东香山人（今中山市），同样是清末至民国时期岭南的著名藏书家，他家学渊深，自小博览群书，一生致力于岭南乡土文献的收集、整理和研究工作。

幸运的是，汪宗衍购买的雍正本中所缺8、9两卷正好在残存的四卷本中保存了下来。于是汪宗衍从黄佛颐先生那里将缺失的两卷借出抄写，凑成一部完整的《区太史文集》。同时，汪宗衍又请人按照原书版式影写了一部，在1932年时应当已经完成。故而他自信地认为，现存于世的《区太史文集》除此之外没有第二本。不过汪宗衍先生的这段话在中山图书馆的馆藏钞本中并未看到，仅出现于澳门大学图书馆馆藏雍正朝刻本《区太史文集》的扉页上。这段话的开篇处钤了一枚椭圆形阳文印章，为"汪"字；文末结尾处钤一枚长方形阴文印章，为"宗衍"两字，合起来正好是"汪宗衍"（如图5）。可见这段文字是汪宗衍手写在原刻本的扉页上，意在记载《区太史文集》搜寻的经过、版本信息及存世源流。汪宗衍移居澳门后，12卷雍正本《区太史文集》被带到澳门，后收藏于澳门大学图书馆。

至于南京大学图书馆所称康熙版12卷本的《区太史文集》，因未能得见其原貌且与汪宗衍的分析差异较大，故对其版本的判断暂时存疑。而民国时期的钞本目前来看至少有两部，一部藏于广东省立中山图书馆，一部藏于香港中文大学图书馆。其中，香港中文大学图书馆所藏钞本在卷1叶亦有一枚"宗衍"的阴文印章（如图6），与澳门大学图书馆所藏雍正朝刻本《区太史文集》扉页上的"宗衍"印章完全相同（如图5）。据此判断，这三部《区太史文集》应当均是借由汪宗衍收录而成的，澳门大学图书馆所藏为原雍正初年的刻本，广东省立中山图书馆和香港中文大学图书馆所藏为民国时期的钞本，只是抄写时间或有所不同。

需要确认的是现存于澳门大学图书馆、刻于雍正年间的12卷本《区太史文集》中的第8和第9两卷，究竟是黄佛颐所藏雍正初年所刻之残卷，还是汪宗衍于民国时期影钞得来。考虑到汪宗衍曾对两部残卷进行过详细比对，并没有对两部残卷的版本提出其他异议，那么两者均是雍正初刻本的可能性较高。以澳门大学图书馆所藏《区太史文集》的卷1和卷8的第一叶为例进行比较：两卷的雕版版式相同，均是半叶九行，行十八字，小字双同行，白口，单鱼尾，四周单边；书口下方均附有刻工所刻字数。不同之处在于，卷1下方钤有"汪宗衍"的个人名章（图7）；另外从纸张上看，卷1和卷7均采用金镶

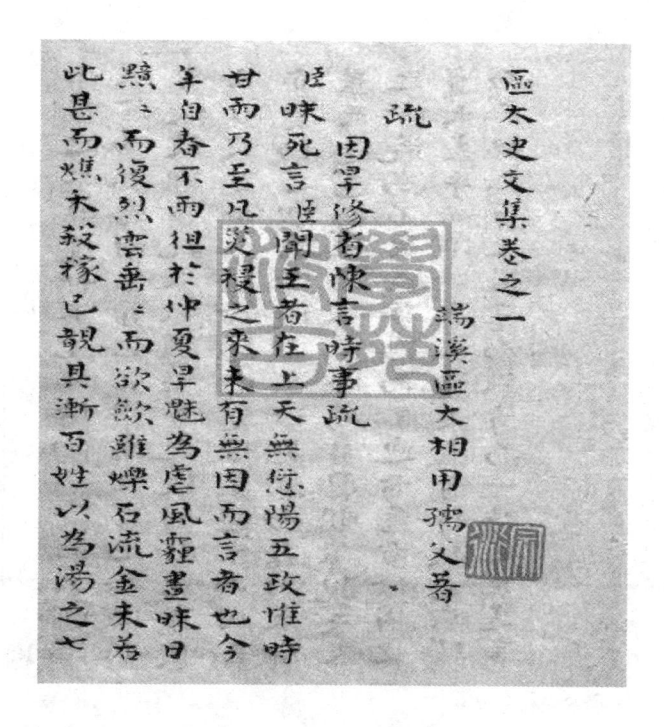

图 6　香港中文大学图书馆馆藏钞本《区太史文集》卷 1①

玉的方法进行过修复，能明显看到原书筒子页内的衬纸，而卷 8 却是整张纸下来，没有镶衬痕迹（图 8）②；从字体上看，卷 1 字体方正，笔画略细，而卷 8 字体却略显扁平，笔画略粗，故显得用墨较多。同

---

①　本图片选自网站《学苑汲古》高校古文献资源库读者检索系统（http：//rbsc. calis. edu. cn：8086/aopac/controler/main? resource = rarebook&resource = map&searchtype = simplesearch& field1 = creator&trunction1 = 1&condition1 = %E5%8C%BA%E5%A4%A7%E7%9B%B8&new_ library = PUL&new_ library = RUC&new_ library = TSU&new_ library = BNU&new_ library = NKL&new_ library = TNU&new_ library = SXU&new_ library = NMU&new_ library = LNU&new_ library = JLU&new_ library = FDU&new_ library = ECU&new_ library = NUL&new_ library = SUZ&new_ library = NJN&new_ library = ZJN&new_ library = XMU&new_ library = SDU&new_ library = OUC&new_ library = ZZU&new_ library = HND&new_ library = WUL&new_ library = ZSU&new_ library = SCU&new_ library = NXU&new_ library = SNU&new_ library = UMA&new_ library = HYL&new_ library = HKC&new_ library = UBC&new_ library = UWE&optype = simplesearch&dbname = rarebook）。

②　除图 7 卷 1 和图 8 卷 8 的比较外，图 8 中右侧卷 7 和左侧卷 8 装帧用纸的不同也有清晰的展现。

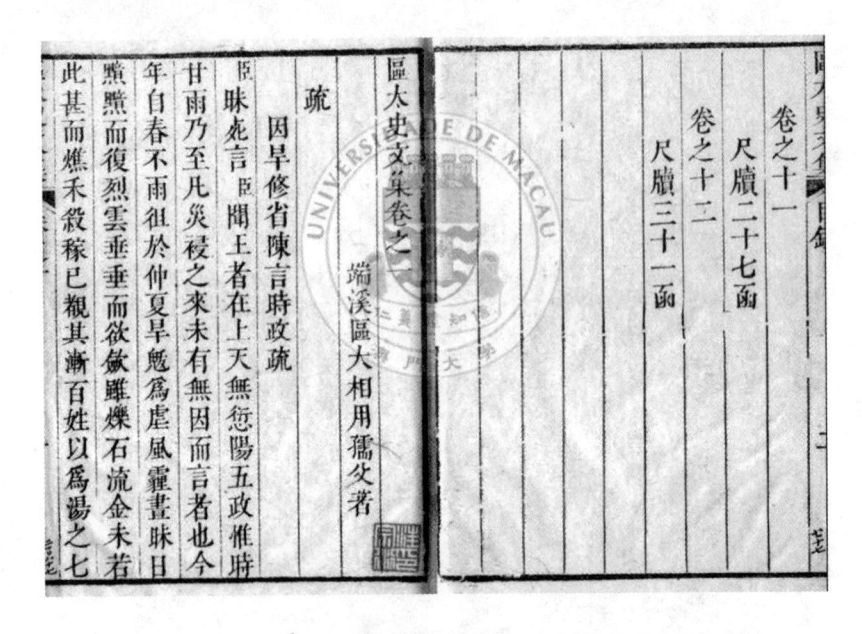

图7 澳门大学图书馆馆藏雍正初年刻本《区太史文集》卷1

图8 澳门大学图书馆馆藏雍正初年刻本《区太史文集》卷8

样的差异在卷8、卷9与其他卷的比较上亦能看到。也就是说，虽然版式相同，但从用纸、着墨、装帧等方面来看，卷8、卷9和其他10卷则有明显不同。

根据上述差异推测，澳门大学图书馆所藏12卷本《区太史文集》之中，卷8和卷9并非雍正初年所刻原稿，而是汪宗衍在请人影钞《区太史文集》时，专门将黄佛颐所藏四卷本中的卷8和卷9多影钞了一份，与自己手中的10卷合在一起凑成了一部完整的12卷本。为保证书籍纸张、大小、样式的整齐，汪宗衍将拼凑完整的12卷《区太史文集》进行了统一的修复装订，成为如今的模样。只不过黄佛颐手中的四卷残本却依然无法考证现收藏于何处。

结　语

《区太史诗文集》是明代末年岭南著名诗人区大相所著，它实际上包括两部古籍，即《区太史诗集》和《区太史文集》。

《区太史诗集》是区大相所撰诗歌的总集，共27卷，流传至今的至少有三个版本。最早的一版是明末崇祯十六年（1643）的刻本；第二个版本是清道光十年（1830）区灿如在四川主持刊刻的蜀本《区海目诗集》，但这一版本未能广泛流传，道光二十五年（1845）时由区氏族人区慕濂主持重刊；第三个版本是道光二十年（1840）伍元薇的诗雪轩本。这几版从溯源上来看应当都是以崇祯本为蓝本刊刻而成，但在细节上有所改变且有一定的延续性。如蜀本应当是据崇祯本而来，诗雪轩本则有可能是据蜀本编修而成，而本衙藏版则完全依照蜀本重刻而成，这也是将蜀本和本衙藏版暂算为同一版的原因。

《区太史文集》是区大相撰写的诰敕等文章以及日常与友人来往信札的合集。据网上所能搜集到的资料和图片进行考察，现存《区太史文集》应该有一版两种，均是 12 卷。据汪宗衍考证，澳门大学图书馆所藏当为雍正初年的刻本，但卷 8 和卷 9 却是影钞而成；广东省立中山图书馆和香港中文大学所藏则是民国时期的钞本，其底本为雍正初年刻本，均由清末民初岭南著名藏书家汪宗衍收集而来，只是抄写时间或有前后不同，有待进一步考证。而南京大学图书馆所藏 12 卷本《区太史文集》，据该馆主页介绍是清康熙间刻本，但因网络上未能搜到相关图片进行比对，且与汪宗衍的分析差异较大，故对此版本究竟刊刻于何时暂时存疑。

虽然前人在整理《区太史诗集》和《区太史文集》时对两部书的版本都有过查找比对，但其版本的流传脉络却未能梳理清晰，并不利于古籍的整理、保存、利用和数字化。而梳理古籍流传脉络、讲好古籍故事，提升我们的文化传承和文化自信却是如今的古籍研究者和古籍保护者义不容辞的责任。本文对《区太史诗文集》在国内留存版本及其流传脉络进行考证的目的便在于此，只是囿于搜集资料的困难，只能通过网上检索以获得相关图片进行比对，疏漏之处在所难免，希望日后能有机会补正。

（乔玉红：天津师范大学历史文化学院副教授，硕士生导师）

李黼平诗中的广东

方 隽

李黼平，字绣子，又字贞甫，广东嘉应州（今梅州）人。幼时颖异，14岁通乐谱。及长，治汉学，工考证。李黼平以诗赋出色入州学，获生员资格；35岁中进士，选翰林院庶吉士，乞假南归，主讲越华书院二载，散馆，改用昭文县知县，为政宽和，公余手不释卷。民间有"李十五书生"之号。后因改革漕粮征收陋规为奸吏诬告，加之管理不善导致国库亏损落职，入狱七年。两广总督阮元爱重其才，先是聘其授诸公子经学，后聘为学海堂主讲。又因阮元推荐，主讲东莞宝安书院。其人深于经学，精通《文选》，亦工诗赋。著有《读杜韩笔记》八卷、《著花庵集》八卷、《吴中集》八卷、《南归集》四卷等。

李黼平诗歌讲究声韵，雄浑典雅，题材多样，感情真挚，被学海堂学长曾钊誉为"粤诗冠冕"。20世纪30年代，李黼平侄曾孙李云俦将上述三种诗集刻为《绣子先生集》，著名广东诗人黄节、陈洵为之题名。金松岑称："绣子先生诗惊才绝艳，颉颃翁山、二樵。"[①]汪辟疆《光宣以来诗坛旁记》评岭南近人诗，认为最有名的三位，即黄

---

① （清）李黼平著，李永新点校，李国器辑补：《李黼平集》，广东人民出版社2020年版，第560页。

遵宪、康有为、丘逢甲,"皆不及稍前之李绣子、朱九江二家"。①

李黼平的诗学观,用他自己的话说,可分为三点:"志复南音"、"心声所发"及"学有根柢"。他曾在《著花庵集》自序中谈及岭南诗的成就,将岭南诗之源头上推至《诗经》之雅乐,与孟子"南蛮鴃舌之人,非先王之道"②的观点迥异,显然有提升岭南诗之地位的用心。他写道:"乐之有《南》解之者曰:'南,任也,盖任乐也。'或曰:'雅乐之名。'"③《诗经》里有《周南》《召南》,历代学者多认为《南》是《风》的一部分。如孔颖达疏解《毛诗序》,云:"诗各有体,体各有声……《周南》为王者之风,《召南》为诸侯之风,是听声而知之也。"④但李黼平认为《南》和《风》《雅》《颂》并列而四。此观点并非独创,《吕览》已称涂山氏女始作南音,周公、召公取以为《周南》《召南》。高诱注谓《周南》《召南》即取南方之音以为乐。⑤但李黼平用意显然不仅在经学探讨,而是借此提升岭南诗之地位。他又称传说中三皇五帝中的两位定律制乐都跟广东有关,"轩律采诸禺竹"⑥,黄帝定律用了禺州的竹子;"舜乐张自韶石"⑦,舜在韶石山作了《韶》乐。"其地皆在五岭之南"⑧。他认为《南》《风》

---

① (清)李黼平著,李永新点校,李国器辑补:《李黼平集》,广东人民出版社2020年版,第558页。
② 姚永概:《孟子讲义》,黄山书社2014年版,第90页。
③ (清)李黼平著,李永新点校,李国器辑补:《李黼平集》,广东人民出版社2020年版,第3页。
④ (唐)孔颖达:《毛诗正义疏》,转引自陈良运《中国历代诗学论著选》,百花洲文艺出版社1995年版,第206页。
⑤ 游国恩:《先秦文学 中国文学史讲义》,商务印书馆2015年版,第65页。
⑥ (清)李黼平著,李永新点校,李国器辑补:《李黼平集》,广东人民出版社2020年版,第3页。
⑦ (清)李黼平著,李永新点校,李国器辑补:《李黼平集》,广东人民出版社2020年版,第3页。
⑧ (清)李黼平著,李永新点校,李国器辑补:《李黼平集》,广东人民出版社2020年版,第3页。

《雅》《颂》本是并称，《风》《雅》《颂》皆传，而《南》不传。[①] 继论唐诗，张九龄之出，"实有以追正始之音"[②]，"正始之音"指纯正的音乐，其时天下诗分三派，"河朔为一派，江左为一派，岭南诗自为一派"。[③] 可惜此后诗乐分而南音亡。

他又谈到对自身创作的要求："心声所发，含宫嚼羽，期与象箾胥鼓相应，南音之复，此其时也。"[④] "心声所发"，即以诗歌书写一己情志；强调南方之音"南乐"也是雅乐之一种。显然有追踪古贤而继起，作为岭南诗人与中原争胜之意。

李黼平为其友人杨鸿举《耕书堂诗草》作序，称赞对方"人品端雅，学有根柢"[⑤]，可视作自我期许。作为乾嘉时期岭南经学家，他崇尚博雅多闻，讲求无征不信，所关注者多在具体名物典章之考证，而非抽象玄远之哲思。李黼平的诗学著作《读杜韩笔记》中有大量内容疏解杜甫、韩愈诗中所用典故。如释《兵房曹胡马》"竹批双耳峻"中"竹批"之意，引《周官》郑玄注，解作"以竹括押其耳"[⑥]，深受当时考据学风之影响。反映到创作上，显示出明显的以才学为诗之倾向，亦可看出当时诗坛对宋诗的宗尚。

李黼平身为粤人，又长期于此地任教，故诗中有广东风物人事不

[①] （清）李黼平著，李永新点校，李国器辑补：《李黼平集》，广东人民出版社2020年版，第3页。

[②] （清）李黼平著，李永新点校，李国器辑补：《李黼平集》，广东人民出版社2020年版，第3页。

[③] （清）李黼平著，李永新点校，李国器辑补：《李黼平集》，广东人民出版社2020年版，第3页。

[④] （清）李黼平著，李永新点校，李国器辑补：《李黼平集》，广东人民出版社2020年版，第4页。

[⑤] （清）李黼平著，李永新点校，李国器辑补：《李黼平集》，广东人民出版社2020年版，第506页。

[⑥] （清）李黼平著，李永新点校，李国器辑补：《李黼平集》，广东人民出版社2020年版，第436页。

少。究其种类，大略可分为名胜古迹、古今名人、地方名物等三类。以下分别论之。

一　名胜古迹与归隐意识

李黼平好游，"平生好古真成癖，破冢荒林俱蜡屐"①，常在纪游诗中独抒胸怀。他游览的许多名胜都与宋遗民有关，如金牛山上的海月岩、宋遗民赵玉渊在东莞温塘的旧宅，以及深溪山内龙潭的元人石刻等，此类诗中，对遗民气节的感叹与归隐意识相互交织。

海月岩在金牛山，山原有寺。相传坐兀禅师到此，见海风山月，风景宜人，在此建庙长居，名之为海月岩。宋代绍兴年间，知县张勋见此地风光，欣然建亭，并挂一匾于岩洞上。宋末宗室赵东山（号野仙）题"海月岩"三字于岩壁，至今尚存，又刻七言律诗二首。后屈大均将其收入《东莞宋八遗民录》。"海月风帆"是明代东莞八景之一。

李黼平见石上所刻赵东山诗："架岩凿石好规模，不学桃源旧日图。亭豁人稀林鸟乐，锡飞天老野云孤。雨余石井泉深浅，烟淡虎门山有无。说与山灵莫分别，从教仙窟著浮屠。"② 此诗书写作者隐居之志，兼及海月岩风景。李黼平的和作《和海月岩石刻诗》则注重表彰赵东山的气节：

> 结构依然旧日模，片岩犹识宋舆图。
> 王园寂寂余支子，神岳沉浮葬藐孤。

---

① （清）李黼平著，李永新点校，李国器辑补：《李黼平集》，广东人民出版社2020年版，第41页。

② （清）李黼平著，李永新点校，李国器辑补：《李黼平集》，广东人民出版社2020年版，第385页。

祀夏二斟何处有，亡秦三户岂曾无。

崖门西望悲歌日，赍恨长鲸手未屠。①

诗中"犹识""依然"可见李黼平登临时，海月岩环境及前代遗迹均未有太多改变，岩上所刻赵东山诗句依然。清代王葆真寻访时也说："野仙旧句壁洇刻。"（《海月岩》）"支子"即嫡子之外的支脉，切中赵东山宗室旁支身份。"藐姑"用《庄子》，藐姑射之山是神人居所，指赵东山隐居海隅。其下用了"一成祀夏""三户亡秦"两个典故，夏王相的遗腹子少康中兴夏朝，楚虽三户而能亡秦，指其暗蓄恢复之志。崖门海战失败后，事已不可为。"西望悲歌"实为写实，赵东山在宋亡之后，常登海月岩，凭高望崖山，悲歌慷慨，涕泪潸然，但最后只能赍志以殁。宋人以议论为诗的影响较为明显。

李黼平身为清朝官员，与遗老不同，且生活在嘉庆道光年间，清政权得鼎已久，他不会有什么恢复之志。此前，乾隆早已编订《钦定胜朝殉节诸臣录》，追谥史可法、黄道周等，认为其矢志孤忠，支撑危局，是"一代完人"。此举实为风厉臣节，宣扬忠君意识，让天下臣民继续为大清服务。因此，李黼平此诗褒扬的耿耿孤忠并不违反当时统治者提倡的意识形态。

民国后，东莞籍清遗老陈伯陶移居香港九龙，潜心著述，他感叹屈大均所辑《遗民录》早已不存，易代生感，重辑《胜朝粤东遗民录》，每登宋王台，则慷慨悲歌，赋诗以吊。② 这种成败不计、明知不可为而为之的悲壮，宁愿遁迹海疆也不与统治者合作的决绝，其中所

---

① （清）李黼平著，李永新点校，李国器辑补：《李黼平集》，广东人民出版社 2020 年版，第 385 页。

② 参见杨宝霖《自力斋文史农史论文选集》，广东高等教育出版社 1993 年版，第 187—191 页。

蕴含的精神力量，或许也是赵东山事迹令李黼平感动的原因。

《温塘茅屋歌》乃李黼平参观东莞温塘另外一位宋宗室遗民赵玉渊故宅所作。据屈大均《东莞宋八遗民录》序，文天祥自江西奔循州，赵玉渊参军，其后文天祥不敌张弘范被执。赵玉渊遁归，宋亡，隐于温塘村，足不入城郭，时常在海岸徘徊，"每望崖山，则伏地大哭"。① 又画文天祥像于厅堂。朝夕泣拜。《温塘茅屋歌》与屈大均所述赵玉渊事迹相合，可见流传已久。赵玉渊故居作为当地人文景点，时见诗章，如咸丰光绪年间东莞蔡召华的诗集《细字吟》中就有《赵玉渊故宅》："温塘故宅雕哀虫，南宋遗民此寓公。"②

诗歌开头，李黼平说赵玉渊故宅已经成为温塘名胜，自己趁春日游览："春衣爱作温塘客，南渡遗民留故宅。苦竹丛芦一千顷，苍凉天水伤心碧。"③ 化用两句唐代诗词："黄芦苦竹绕宅生""寒山一带伤心碧"，景中含情。其后略述赵氏加入文天祥部队勤王及兵败逃归经过："丞相初归开府时，参军正赞勤王策。五坡兵败鼓声死，猿鹤苍黄鹿何择。"④ 连用三个典故，其一出自《抱朴子》，周穆王南征，一军皆化，"君子为猿鹤，小人为虫沙"。⑤ 其二为东汉末年黄巾军起义口号"苍天已死，黄天当立"。⑥ 其三出《左传》："鹿死不择音（通'荫'）"⑦，鹿到了快死的时候，不会挑选荫蔽的地方，比喻到了

---

① （清）屈大均辑，陈广恩点校：《广东文选》，广东人民出版社2008年版，第431—432页。
② （清）袁必达、蔡召华著，杨宝霖编：《卧雪山房诗抄 细字吟》，东莞市政协文史资料委员会2003年版，第136页。
③ （清）李黼平著，李永新点校，李国器辑补：《李黼平集》，广东人民出版社2020年版，第386页。
④ （清）李黼平著，李永新点校，李国器辑补：《李黼平集》，广东人民出版社2020年版，第386页。
⑤ 朱祖延编著：《引用语大辞典》（增订本），武汉出版社2010年版，第308—309页。
⑥ 傅勤家：《中国道教史》，商务印书馆2017年版，第44页。
⑦ 王辉斌：《商周逸诗辑考》，黄山书社2012年版，第361页。

危急关头，只求安身，不择处所。认为赵玉渊隐居是种无奈之举。诗的下半部分，李黼平开始发议论，"田横尚保三齐封"①，田横兄弟三人反秦，先占齐地为王；"留侯系出韩诸公"②，张良身为韩国国相后人反秦，最后成为兴汉功臣。但赵玉渊身为宗室却做不到，反以诗人终其身，非常可惜："惜君不收反正功，甘作诗客号秋虫。""甘作"隐隐有责备之意。不过李黼平也看到赵宋气数已尽："一姓再兴曾有几，隐身合住烟江里。"③ 赵玉渊隐居，不与元廷合作并祭拜文天祥画像已经说明自身立场与反抗精神："文山虽往面犹生，碧澥难填心不死。"④ 遗迹保存至今，游人凭吊，说其忠义之事，胜于事元的另一位王孙赵孟頫，游人来到鸥波亭，对其只有鄙夷："温塘水咽故篱门，忠义榴花别有村。总胜鸥波亭子上，游人齿冷赵王孙。"⑤ 鸥波亭为赵孟頫、管道昇夫妇游息之所，赵孟頫曾多次以鸥波亭入画。

李黼平此诗与所和赵东山海月岩诗不同，隐居之外，似乎更推崇一种积极反抗。

但在吟咏深溪山龙潭元人石刻时，李黼平再度流露出勘破世情的归隐之意。

东莞深溪山内龙潭有元人石刻"飞泉""紫虚洞天"等，李黼平

---

① （清）李黼平著，李永新点校，李国器辑补：《李黼平集》，广东人民出版社2020年版，第386页。
② （清）李黼平著，李永新点校，李国器辑补：《李黼平集》，广东人民出版社2020年版，第386页。
③ （清）李黼平著，李永新点校，李国器辑补：《李黼平集》，广东人民出版社2020年版，第386页。
④ （清）李黼平著，李永新点校，李国器辑补：《李黼平集》，广东人民出版社2020年版，第386页。
⑤ （清）李黼平著，李永新点校，李国器辑补：《李黼平集》，广东人民出版社2020年版，第386—387页。

游览后有感而作《西岳先生歌》,诗前小序说:"志家称为尹道泰,不知何据,知为元代隐君子而已。"① 诗中的这位隐士"姓名犹恐市儿呼,诗句宁遗酒家见"②,用韩康和吕洞宾的典故指其遁迹全身。"从来勇退即仙人,卢生韩终双出尘。鸢肩蜂准不能用,肯为入海求三神"③,这里用秦代卢生、韩终两个方士最终逃走的典故。历史上,这两个方士不过是因秦始皇追求长生而行骗之人,李黼平却借以赞赏急流勇退者的预见性,慨叹不与专制统治者合作方能保全自身,"蜂准,长目,鸷鸟膺,豺声"④ 是尉缭对秦始皇的评价,认为始皇刻薄寡恩,"少恩而虎狼心"⑤。李黼平本人经历丢官入狱,晚年在东莞任教,对此有所怅触,很是自然。"功名误我"之感,在他的诗中屡屡出现,如:"一麾即落魄,七载羁姑胥。惶惶惊弦禽,浩浩失水鱼"⑥(《铁君贻手抄华严末卷赋谢》),有惊弓之鸟的惶恐;"稷下论学士,荀卿最老师,一被齐人谗,再遭楚客讥"⑦(《怨歌行》),又带有遭谗被斥的愤懑。《西岳先生歌》结尾,一变而有讽刺意,"闻到明时方侧席,许多真隐离山泽。不知绮皓若来过,可有移文谢逋客"⑧。"侧席"谓不正坐,指谦恭以待贤者,许多隐士纷纷出山投身圣明的时代。不知如

---

① (清)李黼平著,李永新点校,李国器辑补:《李黼平集》,广东人民出版社2020年版,第411页。
② (清)李黼平著,李永新点校,李国器辑补:《李黼平集》,广东人民出版社2020年版,第411页。
③ (清)李黼平著,李永新点校,李国器辑补:《李黼平集》,广东人民出版社2020年版,第411页。
④ (汉)司马迁:《史记》,中华书局1959年版,第230页。
⑤ (汉)司马迁:《史记》,中华书局1959年版,第230页。
⑥ (清)李黼平著,李永新点校,李国器辑补:《李黼平集》,广东人民出版社2020年版,第377页。
⑦ (清)李黼平著,李永新点校,李国器辑补:《李黼平集》,广东人民出版社2020年版,第378页。
⑧ (清)李黼平著,李永新点校,李国器辑补:《李黼平集》,广东人民出版社2020年版,第411—412页。

商山四皓这种最终出山的隐士来拜访能不能像《北山移文》里一样："请回俗士驾，为君谢逋客"，[1] 代替山神谢绝这种以隐邀名的假隐士。

咸丰时莞城陈铭珪也曾往游此地，有诗纪胜：《游深溪山第十龙潭观元人石刻》，诗前小序明确说"旁有小字"，"大元某年西岳先生尹道泰，开山二所"[2]（《荔庄诗存》）。康熙年间王如龙也说，壁下涧边小字"西岳先生尹道泰"很清晰[3]。可见李黼平所谓"不知何据"并非实情，只是将西岳先生作为元代隐君子的代表，借他人之酒杯浇自己之块垒。

在书写广东其他名胜时亦体现了李黼平的归隐之意。如《慈度寺》："海珠磐石上，祖帐复登临。笳笛迎风嗷，旌麾蔽日阴。别途无远近，征客有升沉。不及烟汀鸟，忘机戏水浔。"[4] 慈度寺本为南汉东七寺之一，建于南汉后主大宝年间。寺院在北宋初年即已倾毁，后人重建于海珠石上。诗后半自伤身世，广州离家乡虽近，毕竟不是家乡，常年作客，宦海浮沉。"忘机"用《列子》典，指倒不如鸥鹭忘却机心，能自在嬉戏。

陪友人游五仙观时，李黼平的这种归隐意识更加显明。他在《偕恕堂游五仙观》中写道："仙人驱须郎，倏忽化为石。至今丛祠内，礧砢留灵迹。矫顾复怒步，讵是龙伯斥。无乃左元放，狡狯为戏剧。不然黄初平，入山倦遗策。万古风月夜，衔禾恣腾挪。甘泉旧读书，灯火耿虚壁。我来纵遐眺，庭树莽萧槭。诛茅开三径，愿与仙共宅。为君招矜兢，荷蓑免行役。"[5] 描绘五仙观中传说由仙羊化成的石头，

---

[1] 曹道衡编选：《汉魏六朝文精选》，商务印书馆2018年版，第171页。
[2] 钟淦泉、邓慕尧：《虎门遗韵》，花城出版社2003年版，第107页。
[3] （清）王如龙：《三游龙潭记》，见厚街镇文化广播电视中心编《竹溪拾遗》，花城出版社2005年版，第535页。
[4] （清）李黼平著，李永新点校，李国器辑补：《李黼平集》，广东人民出版社2020年版，第419页。
[5] （清）李黼平著，李永新点校，李国器辑补：《李黼平集》，广东人民出版社2020年版，第11—12页。

用了两个《搜神记》中与羊相关的典故。左慈戏弄曹操,曹操抓捕他,左慈走入羊群,化作老山羊。黄初平牧羊,被道士带去入山学道,四十年不归。现实中,大儒湛若水少时曾在此读书,"诛茅开三径,愿与仙共宅"①,汉代蒋栩隐居时庭院开三径,后世以此作为隐士代称,陶渊明与苏轼皆曾引用。李黼平借以体现他对归隐的向往,可与前述《西岳先生歌》中"从来勇退即仙人"共参。

传统文人在仕隐之间常感矛盾。李黼平因自身经历深感宦途险恶,但作为教师,对培养弟子考取功名又有一份责任感。他在《春日访门人张犇嵖即送其赴试广州》中写道:"红香花药苑,白雪凤凰琴。一曲向谁奏,泠泠传此心。总章多俗调,大雅有遗音。见说禺阳竹,轩辕着意寻。"② 这次考试,考场为药洲。传说药洲因上有红色芍药而得名,是南汉皇家园林遗址,也是清代广东提督学院所在,广州府考场即设在学政衙门。一曲传心、大雅遗音等自然是对其弟子超然才气的嘉许。禺阳竹的典故出自《舆地纪胜》中所引汉代潭子和《海峤志》,黄帝有少子二人,长太隅,次仲阳,"采阮俞之竹,协凤凰之律,降居南海,尝感五羊之瑞"。③ 既切近弟子的籍贯,"着意寻"又见对弟子的期盼。李黼平虽然归隐之意甚深,但也希望弟子及第成名,为有司识拔。

二 古今名人与地域自豪

广东人杰地灵,文化传统悠久,人文底蕴深厚,近代以来更是开

---

① (清)李黼平著,李永新点校,李国器辑补:《李黼平集》,广东人民出版社2020年版,第12页。
② (清)李黼平著,李永新点校,李国器辑补:《李黼平集》,广东人民出版社2020年版,第384页。
③ 何光岳:《中华姓氏源流史》,湖南教育出版社2003年版,第527页。

风气之先，流芳后世。李黼平诗中亦可见众多名人身影，其中凸显对广东的情感归依与文化认同。随着广东文化与学术的发展，本土作家逐步形成了一种文化心理的自信，地域自豪感油然而生。如李黼平的《留春园看牡丹》诗，讲述番禺诗人黎遂球夺得牡丹状元的一段佳话。

诗歌开头写留春园内黄牡丹盛开，为百花中最艳丽者："君家百花才欲放，一朵姚黄最居上。粤使虚闻北胜名，晋贤实阙南方状。"[①]用《清异录》及《南方草木状》典故，指牡丹本非粤产；继而说明园中牡丹来历："三十年前曾莫识，问君此种何从得。不关飞骑逐埃灰，岂是埋盆开顷刻。"[②] 不是快马异地运来，也不是"能开顷刻花"的韩湘子所变。"莲须职方客邗沟，影园授简参枚邹。金罍正覆玉纤手，蕊榜旋题花状头。岭表归来竞传写，余波绮丽征群雅。番番芳讯寄红桥，的的檀心依白社。"[③] 黎遂球在广州濠弦街修了两座小楼，一名莲须阁，一名晴眉阁，有《莲须阁集》，遂以楼代称。邗沟是古淮扬运河，代指江淮一带。枚邹为枚乘、邹阳，指当时聚会赋诗者之才情。"蕊榜旋题花状头"，引出黎遂球斗诗赢得牡丹状元的佳话。崇祯十六年（1643），黎遂球上京会试，经扬州，拜访影园主人郑超宗，适逢园里黄牡丹盛放，园主召集众文人赋诗，钱谦益任评审。黎遂球在江淮名士面前作了十首七律，一举夺得黄牡丹状元，为当时文坛盛事。黎氏回到广州，挟得胜之势，在著名的南园模仿影园雅集办诗会。陈子壮率先和了十首，岭南名士纷纷唱和。后将酬唱之作结集成

[①] （清）李黼平著，李永新点校，李国器辑补：《李黼平集》，广东人民出版社2020年版，第384页。

[②] （清）李黼平著，李永新点校，李国器辑补：《李黼平集》，广东人民出版社2020年版，第384页。

[③] （清）李黼平著，李永新点校，李国器辑补：《李黼平集》，广东人民出版社2020年版，第384页。

《南园花信》，并寄给江北郑超宗及影园雅集社友，隐有岭南诗坛与江南诗坛争胜之意。① 故《莲须集·南园花信》小引云："遂球北行，逾年至扬州，憩郑子超宗影园。为黄牡丹会。"② "既而粤诗人和章日众，爰录之……以志一时粤社之盛。庶南园无牡丹而有牡丹，黄牡丹无南园而有南园，影园无粤社诗而有粤社诗，均快事也。"③ 南园诗社始于顺德孙蕡，南海王佐，番禺李德、赵介、黄哲，他们活跃于元明初，号南园五先生。明中叶欧大任、黎民表、梁有誉、吴旦、李时行等再度结社，世称南园后五先生。其后风流云散，直到崇祯间黎遂球自扬州归，南园诗社方再度复兴。南园牡丹雅集成为晚明岭南诗坛一大文化盛事。

甲申事起，黎遂球慷慨勤王，后任弘光朝兵部方司主事，城破之时，壮烈捐躯，年仅四十五岁。其后，岭南文坛一直通过诗歌追忆这位牡丹状元，李黼平此诗也是这个传统中的一环。

东莞明朝遗民张穆是李黼平屡次在诗歌中表彰的对象。张穆擅长画马，他身经明朝覆亡，眼见南明小朝廷瓦解，家蓄名马，晚年仍练武击剑，烈士暮年，凭画寄意。李黼平在《张穆之画马》中称赞张穆画马能得其精神："众工舔笔貌不似，铁桥山人心独摹"④ "忽看掣电过小幅，便可追风横大碛。"⑤ 李黼平买到张穆《枯木系马图》，为之

---

① 黎遂球事迹参见陈泽泓《羊城钩沉：广州历史研究文集》，广东人民出版社 2018 年版，第 248—253 页。
② （清）李黼平著，李永新点校，李国器辑补：《李黼平集》，广东人民出版社 2020 年版，第 384 页。
③ （清）李黼平著，李永新点校，李国器辑补：《李黼平集》，广东人民出版社 2020 年版，第 384—385 页。
④ （清）李黼平著，李永新点校，李国器辑补：《李黼平集》，广东人民出版社 2020 年版，第 386 页。
⑤ （清）李黼平著，李永新点校，李国器辑补：《李黼平集》，广东人民出版社 2020 年版，第 386 页。

赋诗，体现作者对张穆高超画技的赞赏。此诗亦深具韩愈"以文为诗"之特色。"古人论绘事，无若六畜难。毫发有不肖，儿童解讥弹。"① 马为六畜之一，古人说画这种常见的动物，其实最困难，万一有一点不像，儿童看了都要嗤笑。但李黼平认为，这说的是凡马，如果画千里马，则不当如此论。"蜚廉没平楚，龙雀谁曾看。粤马最驽下，未堪饰璎鞍。冀马稍雄壮，外强中必干。天马来若鬼，灭没无定端。"② "蜚廉""龙雀"这种上古神兽没人见过。现实生活中，广东的马驽劣，河北马看着高大，却是外强中干，不堪入画；西域大宛的天马则像鬼神一样变化无端。此处化用汉武帝刘彻《天马歌·三》："天马徕，出泉水，虎脊两，化若鬼。"③ 如果单纯求形似，马是画不好的。"区区求形似，卷图不欲观"④，既化用苏轼诗"论画以形似，见与儿童邻"⑤ 开启下文议论，又呼应诗歌开头"儿童解讥弹"，首尾相顾，体现作者的写作技巧。其下说明张穆画马笔法造化，殆有神授："张侯马无师，房精胸次蟠。偶然扫一匹，新浴银河澜。"⑥ 古人认为房星为天马，主车驾，此处借指张穆笔下的马也有天马之姿态。其后笔锋一转，说自己买到这张画上的马只是系在枯树下待价而沽："系之枯杨下，待价意可叹。"⑦ 诗歌最后，作者感叹相马名家伯乐和

---

① （清）李黼平著，李永新点校，李国器辑补：《李黼平集》，广东人民出版社 2020 年版，第 421 页。
② （清）李黼平著，李永新点校，李国器辑补：《李黼平集》，广东人民出版社 2020 年版，第 421 页。
③ 王志杰主编：《汉茂陵志》，三秦出版社 2014 年版，第 257 页。
④ （清）李黼平著，李永新点校，李国器辑补：《李黼平集》，广东人民出版社 2020 年版，第 421 页。
⑤ （宋）苏轼，李之亮笺注：《苏轼文集编年笺注》附录一，巴蜀书社 2011 年版，第 299 页。
⑥ （清）李黼平著，李永新点校，李国器辑补：《李黼平集》，广东人民出版社 2020 年版，第 421 页。
⑦ （清）李黼平著，李永新点校，李国器辑补：《李黼平集》，广东人民出版社 2020 年版，第 421 页。

九方皋已经不在世上了，但他们神识不灭，化为大画家曹霸、韩干，言下之意善画马的张穆也是其中一员，传神写照，纸上留形。但现实中名马一样的人才依然埋没无人能知，"写真当驾驭，英雄为悲酸"[1]，这就超越普通题画诗而具有更深层的感慨，有一种英雄失路之悲，也进一步显示张穆画马的艺术感染力。

阮元对李黼平有知遇之恩，推荐他任学海堂主讲，让其充分发挥所长。李黼平在一首给阮元春柳诗的和诗中写道"却傍琅环小仙馆，江潭憔悴莫重论"[2]，反用庾信著名的《枯树赋》，感叹阮元对其恩同再造。李黼平曾参与庆祝学海堂落成的雅集，作《学海堂落成芸台尚书招同谢澧浦前辈罗萝村编修胡香海司马小集》，开头以学生身份赞叹阮元的学界领袖地位："南溟广大吞湖江，于天地间物莫双。"[3]化用黄庭坚称赞苏轼的诗句："我诗如曹邻，浅陋不成邦。公如大国楚，吞五湖三江。"[4]诗中有如下几句，关涉学海堂选址："先生拥旄撷兰茝，拔十得五多于庞。士有来问鲸待撞，每标学海为刹幢。呼銮道侧山崆峣，飞泉下注金石扰。松簹吟风韵籔桯，自古不闻人足跫。"[5]昔日铸钟好以蒲牢为钮，木杵作鲸形，敲钟时声响传之广远，喻士人问学，又用《礼记·学记》"大叩则大鸣，小叩则小鸣"之意，说明阮元作为一代文宗对地方教育的贡献。

---

[1] （清）李黼平著，李永新点校，李国器辑补：《李黼平集》，广东人民出版社2020年版，第421页。

[2] （清）李黼平著，李永新点校，李国器辑补：《李黼平集》，广东人民出版社2020年版，第364页。

[3] （清）李黼平著，李永新点校，李国器辑补：《李黼平集》，广东人民出版社2020年版，第396页。

[4] （宋）黄庭坚：《黄庭坚诗词文选评》，黄宝华选评，上海古籍出版社2003年版，第85页。

[5] （清）李黼平著，李永新点校，李国器辑补：《李黼平集》，广东人民出版社2020年版，第396页。

阮元仿效之前在杭州创建的诂经精舍，创办学海堂，以经古之学课士子。1820年，他手书"学海堂"匾，悬挂于广州城西文澜书院，起先并无实地。当初十三行潘、伍、卢、叶四大行商与西关绅商于嘉庆十六年（1811）联合组成"清濠公所"，天宝行等行商捐出下九甫坊住屋一所，创建文澜书院。虽有书院之名却没有开设教馆，是聚会场所，并承担清濠与助学两大慈善事务。随后生徒愈多，文澜书院不足使用，且地处西关繁华商业区，不宜办学。道光四年（1824）阮元决定迁址。他到各地勘察，当时其他候选地有南园故址，但过于湫隘；另一个是海幢寺，又离市井太近，最后决定迁至越秀山。

阮元虽非粤人，但他担任两广总督时，不但创立学海堂课士，主持风雅，还刊刻《皇清经解》等书籍。叶恭绰在《记学海堂广雅书局书版》中开宗明义："吾粤自宋元以来已有书板雕镂事业，迨明代崇正书院刻书渐盛，其大事发展当以清代嘉道时为始。阮芸台元为两广总督时，在粤秀山（即越秀山）创立学海堂以朴学课士，提倡刻印经史子集。"① 阮元极力促进广东的学术出版，对广东在全国范围内文化地位的提升贡献巨大，故为李黼平感念至深。

三　地方名物与博雅诗风

李黼平曾对学生说："凡诗人，三十以前识不到，六十以后力渐颓，惟三十至六十，三十年间，识力充韧。"② 认为杰出的诗歌当是才学与识力的结合。在他对地方名物描绘的诗中，可见大量用典、化用前人诗句及仿拟前人诗意等多种手法，以才学为诗的倾向很鲜明，与

---

① 张伯驹：《春游琐谈》，北京出版社1998年版，第149页。
② 张伯驹：《春游琐谈》，北京出版社1998年版，第575页。

乾嘉年间重考证的博雅之风有关。

如《毅堂前辈送菘》中，李黼平因受赠端州产的白菜以诗答谢："安肃菜固佳，道远多迴纡。不如故乡产，到处供有余。"① "野人膳官羊，蹋圃良可虞。霜辰送晚菘，入手惊膏腴。"② 就连用两个典故：其一出自三国邯郸淳《笑林》，有人常年茹素，偶然吃了次羊肉，便梦见五脏神对他说"羊踏破菜园"③。其二出自《南史》载南齐文惠太子萧长懋问周颙，"蔬食何物最佳？"周颙答"春初早韭，秋末晚菘"④。在此诗后半李黼平写道："凌冬贵后凋，志节凛大儒。种此为英雄，知此为士夫。"此典出《埤雅》，陆佃在《埤雅》中说，白菜为何称"菘"，因其"凌冬晚凋，四时常见，有松之操"⑤。将凌冬白菜与士大夫志节相比，又体现了肩荷道义、砥砺节操的儒家情怀。

又如禾花雀，他在《禾花雀歌》前半写道："珊瑚洲畔禾花雀，闲啄禾花生计薄。野田群宿畏网罗，纵欲营巢何处托。"⑥ 禾花雀是候鸟，稻花香时出现在广东番禺、顺德、三水等地，骨软香腴，历来是席上珍味。清代《调鼎集》有"黄雀"一味，清人胡鹤《羊城竹枝词》有"只须一味禾花雀，不数珠江马鲚鱼"。⑦ 在李黼平的笔下，这种小鸟有了更多人化色彩，"群宿畏网""无处营巢"，还是被人捕捉，使人不由想起对曹植《野田黄雀行》的仿拟："不见篱间雀，见

---

① （清）李黼平著，李永新点校，李国器辑补：《李黼平集》，广东人民出版社2020年版，第173页。
② （清）李黼平著，李永新点校，李国器辑补：《李黼平集》，广东人民出版社2020年版，第173页。
③ 陆尊梧、李志江主编：《历代典故辞典》，作家出版社1992年版，第800页。
④ （梁）萧子显：《南齐书》，中华书局1999年版，第496页。
⑤ 高明乾主编：《植物古汉名图考》，大象出版社2006年版，第305页。
⑥ （清）李黼平著，李永新点校，李国器辑补：《李黼平集》，广东人民出版社2020年版，第412页。
⑦ 丘良任、潘超等主编：《中华竹枝词全编》第六册，北京出版社2007年版，第127页。

鹞自投罗。罗家得雀喜，少年见雀悲。拔剑削罗网，黄雀得飞飞。飞飞摩苍天，来下谢少年。"① 这首诗后半他也在想象中为禾花雀消除灾厄，觅得栖身之所："为渠觅得凤凰岗，参天松桧足嬉翔。朝参红豆暮金粟，五日一飞朝凤凰。"② 凤凰岗是罗浮山名胜，这里因地名产生联想，更对如禾花雀一样被需索盘剥的百姓给予了深切的同情。诗歌不止于咏物，更有民胞物与之情。

荔枝是知名度最高的岭南佳果。李黼平《南归集》卷一有《荔枝词十首》，仿民歌竹枝词之体，运用大量典故描绘荔枝，可见腹笥之广。第一首写荔枝的运送：

万紫千红态各殊，园林初夏绛云铺。
锦帆载上三江口，风韵天然见绿珠。③

其下自注"广州荔枝，以增城挂绿为上"。④ 突出荔枝成熟时硕果累累，绛云一片。因挂绿之"绿"，便以风韵天然的美人绿珠作比。"锦帆载上三江口"写荔枝自水路出川的情景。《元史·地理志十二》："叙州路，古僰国，唐戎州。贞观初徙治僰道，在蜀江之西三江口。"⑤ 川人常璩《华阳国志》称宜宾在犍为辖下，"旧本有僰人，有荔枝"。⑥

---

① 党圣元：《六朝诗选》，商务印书馆2018年版，第47页。
② （清）李黼平著，李永新点校，李国器辑补：《李黼平集》，广东人民出版社2020年版，第412页。
③ （清）李黼平著，李永新点校，李国器辑补：《李黼平集》，广东人民出版社2020年版，第365页。
④ （清）李黼平著，李永新点校，李国器辑补：《李黼平集》，广东人民出版社2020年版，第365页。
⑤ （明）宋濂：《元史》，岳麓书社1998年版，第899页。
⑥ 转引自钱林书编著《续汉书郡国志汇释》，安徽教育出版社2007年版，第308页。

第二首写荔枝的栽种环境：

> 海乡诃子间频婆，连理人家活计多。
> 不及姚黄真富贵，生来花样奈渠何。①

自注有"牡丹有名花而无佳实，荔枝有佳实而无名花"②，慨叹荔枝味美可惜花色不佳，不如牡丹光凭倾城之花即可为人宠爱。诃子、频婆都是南方植物，《岭南杂记》载："频婆皮紫，肉如栗，其皮有数层"③，也可见出海乡农户广种多收。

其后几首皆与荔枝进贡有关：

> 往日炎洲比献琛，蒲桃文锦信沉沉。
> 汉廷惟有相如渴，曾费心情赋上林。④

"炎州"见《楚辞·远游》"嘉南州之炎德兮"⑤，泛指南方广大地区；献琛出《诗经·鲁颂》，即进献珍宝。第二联讲汉代南方进贡，葡萄文锦数量不少，荔枝估计只有司马相如喜欢，"渴"从司马相如的"消渴疾"（糖尿病）巧妙移至"渴慕"之"渴"。《上林赋》有"隐夫薁棣，答遝离支"⑥之句。"离枝"即荔枝，古人认为如果要荔

---

① （清）李黼平著，李永新点校，李国器辑补：《李黼平集》，广东人民出版社2020年版，第366页。
② （清）李黼平著，李永新点校，李国器辑补：《李黼平集》，广东人民出版社2020年版，第366页。
③ （清）吴其濬编著：《植物名实图考长编》，商务印书馆1959年版，第902页。
④ （清）李黼平著，李永新点校，李国器辑补：《李黼平集》，广东人民出版社2020年版，第366页。
⑤ 赵逵夫主编：《楚辞语言辞典》，上海辞书出版社2013年版，第714页。
⑥ 赵逵夫主编：《历代赋评注·汉代卷》，巴蜀书社2010年版，第152页。

枝保鲜期变长，需带枝割下，故名。

　　百尺扶官起草莱，千山飞骑逐尘灰。
　　太平包贡寻常事，又报唐羌谏疏来。①

　　专制统治者将荔枝作为贡品，因荔枝不耐久储，便不惜民力，从速运送。苏轼就在《荔枝叹》中批判："十里一置飞尘灰，五里一堠兵火催。颠坑仆谷相枕藉，知是荔枝龙眼来。"② 作者对统治者对民间的无穷需索也有所斥责。尾联用了唐羌进谏的典故。唐羌是东汉人，和帝时任桂阳郡临武县令，为民进谏请求罢贡龙眼荔枝，皇帝准奏。

　　小摘筠篮野露新，遥从比景贡奇珍。
　　五官只道葡萄美，咽唾流涎笑杀人。③

　　"比景"，县名，东汉时属交州日南郡，晋、南朝宋、齐俱沿其旧。此句说荔枝乃是从南方进贡的珍品。"五官"指五官中郎将曹丕。魏文帝曹丕曾诏问群臣："南方有龙眼、荔枝，宁比西国葡萄、石蜜乎？"④ 意谓曹丕不识荔枝佳美，认为其滋味不如葡萄、冰糖。

　　学士开元僽值时，承恩犹是侧生宜。

---

　　① （清）李黼平著，李永新点校，李国器辑补：《李黼平集》，广东人民出版社2020年版，第366页。
　　② （宋）苏轼著，李之亮笺注：《苏轼文集编年笺注》，巴蜀书社2011年版，第425页。
　　③ （清）李黼平著，李永新点校，李国器辑补：《李黼平集》，广东人民出版社2020年版，第366页。
　　④ 宋效永、向焱点校：《三曹集》，黄山书社2019年版，第127页。

故乡亦有张丞相，说与中朝总不知。①

"学士开元"指张说等开元十八学士，他们还不如荔枝能得到皇帝宠爱。"侧生"是荔枝代称。左思《蜀都赋》："旁挺龙目，侧生荔枝。"② 张九龄《荔枝赋》："彼前志之或妄，何侧生之见疵。"③ 皆谓荔枝生于旁枝。《荔枝赋》本是张九龄感叹贤才被埋没的托喻之作。"何斯美之独远？嗟尔命之不工。每被销于凡口，罕获知于贵躬。"④ 李黼平认为唐玄宗对贤才渴慕之心还不如对荔枝的口腹之欲。

玉环相见镇多情，蜀栈郎当竟坐卿。
不分洋川求好米，戚夫人事艳西京。⑤

此处李黼平颇不以"女子祸水论"为然，认为玄宗奔蜀是其本身昏庸导致的，不应归罪杨贵妃。其事与戚夫人相类。《水经注》载戚夫人为汉中洋川人，思慕洋川米，汉武帝驿致长安。⑥ 其事与杨贵妃好食荔枝相类，实为最高统治者的责任。

寂寞从人说短长，但教玉局细评量。

---

① （清）李黼平著，李永新点校，李国器辑补：《李黼平集》，广东人民出版社2020年版，第366页。
② 张国星：《六朝赋》，文化艺术出版社1998年版，第80页。
③ （清）屈大均辑，陈广恩点校：《广东文选》，广东人民出版社2008年版，第182页。
④ （清）屈大均辑，陈广恩点校：《广东文选》，广东人民出版社2008年版，第182页。
⑤ （清）李黼平著，李永新点校，李国器辑补：《李黼平集》，广东人民出版社2020年版，第366页。
⑥ （北魏）郦道元著，陈桥驿校释：《水经注校释》，杭州大学出版社1999年版，第492页。

海山仙子来蓬左，尘世犹言十八娘。①

　　当时认为全国产荔枝的地方有三处：四川、福建、广东。《群芳谱》云：荔枝蜀为上，闽次之，岭南为下。② 李黼平幽默地认为当由嗜食荔枝的苏东坡来评价。闽地有著名的十八娘荔枝。蔡襄《荔枝谱》称闽王有女第十八娘好食此种，因而得名。③ 苏东坡《减字木兰花·荔枝》咏叹："骨细肌香。恰是当年十八娘。"④

　　《荔枝词》使用了大量典故，史事、诗笔、议论同冶一炉，体现其文学才华。另一方面，则是对《竹枝词》《柳枝词》传统的背离。唐穆宗长庆二年至长庆四年，刘禹锡任夔州刺史，与屈原类似，受当地活泼明丽的民歌启发，汲取素材，创作了一系列竹枝词。黄庭坚说"刘梦得《竹枝》九章，词意高妙，元和间诚可以独步。道风俗而不俚，追古昔而不愧。"⑤ 以士大夫的审美趣味称赞其不俚俗又合于上古采诗之风。而毛先舒在《诗辨坻》中所言更合于实情："刘梦得《竹枝》，所写皆儿女子口中语。"⑥《竹枝词》率性而发，有很浓重的民歌风味，双关、比喻等手法都是民歌惯用的。但刘禹锡传下的十一首《竹枝词》，所用典故绝少。而李黼平的《荔枝词》却出现大量典故，甚至有炫学之嫌，直到《荔枝词》最后一首都是如此："柳枝词与橘枝词，风土由来异竹枝。特变新声传蜑户，荔枝湾外倚参差。"⑦ 王士

---

① （清）李黼平著，李永新点校，李国器辑补：《李黼平集》，广东人民出版社2020年版，第366页。
② （清）李黼平著，李永新点校，李国器辑补：《李黼平集》，广东人民出版社2020年版，第366页。
③ 董运来：《荔枝谱》，南海出版公司2010年版，第156页。
④ （宋）苏轼著，谭新红编：《苏轼词全集》，湖北辞书出版社2011年版，第302页。
⑤ （宋）黄庭坚著，屠友祥校注：《山谷题跋》，上海远东出版社1999年版，第37页。
⑥ 转引自孙杰《竹枝词发展史》，上海人民出版社2014年版，第58页。
⑦ （清）李黼平著，李永新点校，李国器辑补：《李黼平集》，广东人民出版社2020年版，第366页。

禛在《渔洋山人诗问》中说:"《竹枝》泛咏风土,《柳枝》专咏杨柳,此其异也。南宋叶水心又创为《橘枝词》,而和者尚少。"[1] 南宋叶适在《竹枝词》《柳枝词》之后,自出心裁创作《橘枝词》,李黼平认为自己当继之而起,以岭南特异之风土,创作《荔枝词》。但这种书写方式本身制造了一种阅读障碍。试问典故如此丰富的作品,又怎么可能传唱于普通蜑户人家之口?只是体式上接近民歌,其精神内核仍是学人之诗。据陈灿彬等人研究,岭南《荔枝词》的创作始于屈大均,写荔枝品种及岭南荔事,并有自注。其后陈恭尹、王瑛等纷纷参与《荔枝词》创作。[2] 从这个角度看,李黼平的荔枝词虽然典故繁多,不类民歌,但它的创作本身接续《荔枝词》这一岭南地域文学传统,饱含着对家乡风物的热爱。

南海谭莹称许李黼平"绣子胸有积书,故能自出机杼"[3]。其人本以经术驰名,作诗乃其余事,部分作品更有僻涩之病,故不为主流文学史过多关注。然言为心声,其诗中有情,诗中有事,诗中有史,创作实践贯彻了他的理论主张。他振兴广东诗坛的努力更是对当时及后世都产生了影响。李黼平身为粤人,笔下广东名胜古迹,名人名物,亲切可感。岁月迁流,海桑变换,昔年人事,泰半只能得于纸上。独有诗心在,时时一自哦。在变动的大时代中,所幸还有诗。

(方隽:岭南师范学院文学与传媒学院讲师)

---

[1] 转引自(唐)刘禹锡著,陶敏、陶红雨校注《刘禹锡全集编年校注》卷五,岳麓书社2003年版,第323页。
[2] 陈灿彬、赵军伟:《岭南植物文学与文化研究》,北京燕山出版社2018年版,第85—86页。
[3] (清)李黼平著,李永新点校,李国器辑补:《李黼平集》,广东人民出版社2020年版,第543页。

蔡有守与清末岭南翻译活动

杨雄东　梁冬丽

报刊是近代翻译史料的重要载体,黎难秋《中国科学翻译史》和《中国科学翻译史料》两书曾言,至少有《六合丛谈》《经世报》《实学报》等30种报刊登载过科学译文,在岭南地区发行的就有《知新报》《岭学报》等,《中华新报》设有"瀛海译丛"专栏,其他报刊专栏发表的翻译小说不计其数。"近代翻译的历程大体先是自然科学翻译,继而出现社会科学翻译,最后才是文学翻译"[1],这个概括是比较恰当的,蔡有守就以翻译家的身份出现在文学翻译兴盛的时代。以蔡有守为中心的朋友圈层,既有很高的中国传统文学艺术的素质,又精通外语或有比较深厚的西方文化修养,活跃在近代岭南翻译界的舞台上。据癸未仲秋"谈月色书"题名的《寒琼遗稿》所附之《碑记》《蔡寒琼诗词序》《蔡寒翁遗稿跋》,蔡有守之行藏大略如下:

　　蔡君,粤之顺德人,讳守,初名有守,字哲夫,一字寒琼,六十后自号寒翁。诗、书、画称三绝,兼长金石学。……生于清

---

[1] 郭延礼:《中国近代翻译文学概论》,湖北教育出版社1998年版,第9页。

光绪五年己卯六月廿四日亥时,卒于民国三十年夏历庚辰十二月十四日子时①。

蔡君初名有守,后改名守,字哲夫、寒琼,号寒翁,生于光绪五年,即公元1879年,卒于民国三十年(1941)。在诗、书、画、金石学方面均有造诣。上述这些资料及《寒琼遗稿》所载之诗词,已成为研究蔡有守生平及其文学贡献的基础。随着对近现代报刊进行持续深入的发掘,作为诗人、画家、金石学家和篆刻家的蔡有守在诗、书、画、金石学等方面的成就逐渐呈现在世人面前。除此之外,《时事画报》记录了作为翻译家的蔡有守与岭南各界人士的密切交往,极大地促进了清末时期岭南翻译的发展。

一 蔡有守开发表中英文对照译作的先河

《时事画报》创刊于1905年,1907年第2期的"来书照登"一栏登载了署名"哲父"的读者来信,信后有词《丑奴儿令》:

蓦闻志趣私倾慕。魂也追寻,梦也追寻。似此痴情旷古今。不曾省识春风面。爱也何深,思也何深。崇拜英雄一样心。

词作之后,附英文原作如下:

Raptured in sudden contact with such intellect—
Oh, my soul sought him—
Yes, in dreams sought him—

---

① 谌斐(字子才):《碑记》,《寒琼遗稿》,线装印本1943年版,第1页。

Oh, of such love as mine none can bethought him!

His glorious features never yet saw I—

Oh why this love so deep?

Oh what this thought so deep!

Worship of kingly men couseth my heart to leap.

在英文原作中，第一句、第四句、第五句及最后一句，用了直写、直抒的手法，中文译作以小令简洁之语完成转译，保存这种意态；第二、三句句尾均用"sought him"，结合"oh""yes"的语气，也有重复、递进的意味，中文译作用"魂也追寻，梦也追寻"巧妙地转写成功，也有重复、递进的形态；第六句、第七句使用疑问、感叹的语气，加上"so deep"的重叠，"爱也何深，思也何深"的中文译句与原意相符，也与原作疑问、感叹的语气相符。中文词以小令写深情，完全可以进行单独赏析，"蓦闻志趣私倾慕""似此痴情旷古今""不曾省识春风面""崇拜英雄一样心"直抒胸臆，而"魂也追寻，梦也追寻""爱也何深，思也何深"以重复的语气、递进的语调，表达爱之程度，盛赞旷古今的痴情，可看作词韵俱佳的一篇独立作品，几乎没有人想到这是一篇译作。结合英文原作，看到翻译后仍未使原作之意、形、态丧失，那就更加叹为佳品。因为这组中英文对译词作，均出自同一人，自写、自译，确实如信中所言达到了"无一意不相合，无一字不相当"的艺术效果。

这篇作品的签署信息中仅有"哲父"二字。译者精准地将一篇情感真挚、格调深沉的英文诗歌原汁原味地呈现在中国读者面前，不但展现出扎实的英文文字功底，还透露出深厚的中国传统文学修养。这位"哲父"究竟是何方神圣，一时不得而知，但根据他在《时事画报》后续发表中英文对照作品的署名可知，是顺德蔡有守。《时事画报》1907年第3期在"诗界"一栏发表《苦婢吟》①,歌行体,以第一人称口吻书写婢女悲苦的一生,诗后附有相对应的英文原作,与前之《丑奴儿令》的编排方式一致。署"英国佛来蔗原唱 顺德蔡有守译辞",署名下有阳文印"哲夫译"三字,该文插图中还有"哲夫铁笔"的签署。由此可以确定,这两篇中英文对照作品的译者是广东顺德人蔡有守,"哲夫"正是他的字号。

《时事画报》1907年第7期之"译丛"专栏开始发表《珠江井》,一直至1907年第30期止,分10续共11次登载完毕,这是近代岭南报刊最早连载的长篇中英文对照作品。此后,《时事画报》还登载其他译著,但仅有翻译成的中文,未见有中文与英文并列出现的情形,排版方式跟前面的《丑奴儿令》《苦婢吟》相比也有细微变化:不是先载完整的中文作品再附上英文书写样式,而是按一段中文、一段英文的方式顺次排列。这对于长篇连载作品来说,更方便阅读与对照,也有助于用来进行中英文教学。署"英国佛来蔗原唱 顺德蔡有守译",署名处下方用阳文印章"哲夫译",序言后有"有守""励厂遗子""蛰虎大啸"阴文印章三枚。综观以上签署,蔡有守字哲夫,或哲父,籍贯为广东顺德人,这点与《寒琼遗稿》所言完全相符,号"励厂遗子""蛰虎大啸"是《寒琼遗稿》未及者。综合考察,《时事画报》1907年第9期之"诗界"专栏发表诗作《与法国公爵……》,署"顺德蔡有守 悊父",署名处后有阴文印章"有守 喆夫""顺德蔡氏"二枚;《时事画报》1907年第18期"译丛"所载《珠江井》署名处为"佛来蔗原唱 喆父蔡有守译"。可见,蔡有守之字,其自署的写法有"哲父""哲夫""喆夫""悊父""喆父"数种异文。

---

① 英国佛来蔗原唱,顺德蔡有守译辞:《苦婢吟》,《时事画报》1907年第3期。

《丑奴儿令》《苦婢吟》《珠江井》是顺德蔡有守最早发表在报刊上的中英文对照作品，译文与原文并排，这是一种有意思的文学景观或文学现象。教授者、合作者为英国佛来蔗，是蔡有守的妹夫，曾在英国驻沪领事馆任职①。"草堂主人"曾闻邻家挞婢声惨酷，有感作诗，代诉奴婢之苦，载于报章。蔡有守读后，"悯奴婢祸烈"，希望隐去姓名的作者能够不弃，写信给他，收信地址是"寄北海英领事，署蔡哲夫"，以便订交②。由此可以推测，蔡有守曾经在英国领事馆居住，甚至有可能协助妹夫佛来蔗处理一些和领事相关的工作，在这个过程中习得外语，而后开展翻译活动就顺理成章了。而读虐婢新闻、写《苦婢吟》，又作《珠江井》，也成为蔡有守在译事之余关怀民生疾苦的见证。

　　蔡有守精通英文，又有传统文学素养，因此能够译、作配合，文笔俱佳。蔡有守曾自述习得外语的途径，并自我肯定从事翻译的效果。

　　　　仆自与佛来蔗胥宇，学作英国诗词，或先成中国诗而译以英文，或先成英国诗而译以中文。此阕尤无一意不相合、无一字不相当者，录呈贵报，愿刊报末为望。③

　　蔡有守自述在和佛来蔗相处期间，随其学习英语。他的翻译技能是在实践中掌握的，或是先写成中国诗歌再翻译成英文，或者是先写成英文诗歌再翻译成中文，这样一来，既能锻炼英文写作能力，又能训练中文写作能力，还能锻炼翻译能力，一石三鸟。经过长时间的锻

---

① 马以君、刘颖白：《蔡守》，见柳无忌、殷安如《南社人物传》，社会科学文献出版社2002年版，第638页。
② 《海裔有孤城》，《时事画报》1907年第9期。
③ 《来书照登》，《时事画报》1907年第2期。

炼，蔡有守认为自己译成之《丑奴儿令》词与相对应的英文原作达到完美契合的效果。可见早期岭南从事翻译者，不但要有很高的传统文学修养，还要通过各种途径努力训练个人的外语能力，更难得的是，懂得利用当时的新媒体报刊作为文学载体，有效地将优秀作品传播给读者。

蔡有守在《时事画报》"诗界"一栏还发表过一首七绝，诗之序言谈及写作起因：

> 与法国公爵坡他苾士 Courtalis 同舟，坡语余曰："吾足迹遍寰宇，见酗酒绝鲜者唯中国耳。"戏答之。顺德蔡有守哲夫。①

因受到法国公爵坡他苾士"酗酒绝鲜者唯中国耳"之语的刺激，因此写诗述志。可见蔡有守在乘船旅行之中，曾与法国公爵坡他苾士有过交流、交往，还在交谈中产生思想碰撞，借此抒发了"君言吾国无酗酒，我见吾国人尽醉"的悲愤之情，"戏答之"三字可以想见蔡有守之无奈。妹夫为英国领事职员，与法国公爵有交往等细节，反映出蔡有守与外国人往来密切，有助于他开展翻译工作。

《时事画报》1907 年第 9 期还发表《何必题三阕（调寄醉花阴）》《读刘南宁予时事画报书画》《寒食》《香港客次清明节……》《与广州湾法国节度使……》《海裔有孤城》等数首诗词，使用的是中国诗词调式，但引入了很多外国典故，如法国节度使、拿破仑、天主教芦兰（罗兰）等，还有小字作注释，引用英文原字。注释中往往有"悊附及"或"有守附志"字样。《英国风俗》②一文则介绍英国的圣诞

---

① 蔡有守：《何必题三阕（调寄醉花阴）》，《时事画报》1907 年第 9 期。
② 蔡有守述：《英国风俗》，《时事画报》1907 年第 10 期。

节、五月花后节、礼拜五等习俗之宜忌，文中附上该节日或习俗的英文书写样貌。普及这些文化知识，可使留学生或中国人掌握外国礼仪习俗，以免在交往中产生误解或冲突。蔡有守能够如此，得益于深厚的外国文化语言基础，其友叶翰华曾言："哲夫汉学固深，兼通数国文字语言。"又谓："笑译回文锦字斜。"①"兼通数国文字语言"虽为褒扬之语，但"笑译"二字当不虚。不过，目前尚存疑的是，蔡有守所通的"数国文字语言"中，除英语、法语外，还有哪些语种。蔡有守自己在《时事画报》发表过《答邓季雨》诗，谈到当时的主要事业有："行年廿六百无就，只算粗谙九译端，十方方言言各异，肇允人间识字难。"②论及自身年已26岁，事业仅限于粗粗的译述、语言文字工作，其他成就不多。当然，这是谦辞。

实际上，蔡有守翻译作品的说明或序言等文字，透露出其从事翻译工作时的思想与状态，既劳苦，亦不敢轻言放弃。《珠江井》序言：

> 原唱，纪事诗也。识吾粤一纨绔子，不解守业，酷嗜烟赌，家事悉委一会计。会计狡黠，复欺之，遂荡其产，尽入己橐[囊]，居然反仆为主也。复艳其女，乘其饥窘，以计得之为婢。会计之妇，暴悍成性，恒加苦掠，备极辛楚。洎年及笄，会计欲以作篷室，妇不许，益虐之。唯会计有一子，颇怜之，遂相爱，而妇未知也。嗣鬻予人为妾，因非处子，反之。子惧母悍，亦不敢认。妇痛加鞫掠，处之极刑。婢不能堪，遂投井溺死。描影绘

---

① 茗孙叶翰华：《蔡哲夫先生与张倾城女士成婚诗以贺之》，《时事画报》1907年第26期。

② 蔡有守：《答邓季雨》，《时事画报》1907年第10期。

声,字字毕肖。洵以美人碧血,沁为词华者也,佛子将以饷世。余虑娴隅莫克普及,思译之。顾是诗丽赡,足具辞况。余虽素以能讪自诩,第案牍繁冗,橛橛甚焉,售瞑从事,又何暇觅句选韵邪?尝读泰西各国互译诗什,多不以韵。如□顺Tennyson(英国诗家)译蒿麻Homer(希腊诗家)之诗,郎飞鹭Longfellow(美国诗家)译金传奇(译意非音)Legenda aurea(辣丁剧本),尤名于世,因以文体译之,但又不学林琴南之译瑟士便Shakespeare(林译作莎士比,□□译作瑟士丕亚)诗(名曰《吟边燕语》),徒述事迹,舍词华而弗顾。虽然,如余者,事蓄书以来,久芜笔研,纵欲力尚辞况,安能逮乎?顾时彦通人,解咏娴隅者不勘,谅不咎余译笔之芜秽也。丁未断霜节后五日,倚烛揩渴睡之眸而附记。①

该史料的价值主要有:一是概括了《珠江井》的文体、故事主要情节内容;二是申明"饷世""普及"是翻译的起因与目的;三是描述了翻译时案牍烦冗、无暇觅句选韵的辛苦情状,且悉其书写序言时"揩渴睡之眸"的辛苦之状;四是介绍西方不以韵译而以文体译之的成功案例,获知蔡有守对英国、美国著名诗人及其作品的翻译水平很熟悉;五是批评了林纾译莎士比亚《吟边燕语》"徒述事迹,舍词华而弗顾"之不足,表明了蔡有守的翻译方向与翻译思路:散文译出,但注意词藻。《珠江井》其中一段插语也充分证明蔡有守从事翻译之劳累,并非虚言:

---

① 佛来蔗原唱,蔡有守译:《珠江井》,《时事画报》1907年第7期。

> 译者曰：行役十日，甫返衙斋，未卸行滕，拥灯拾笔、帅尔就译，尤多浅率。阅者幸谅我风尘紫面，神茧指痈也。且是诗甚长，想十余续肇能竟，非不欲一气呵成，万忙未能也。①

"行役十日""风尘紫面"等描摹，再次印证其从事文学翻译的勤劳、艰辛。尽管辛苦，但从"未卸行滕""拥灯拾笔"的精神，可见其职业操守与社会责任感。"尤多浅率""阅者幸谅"等见其谦虚之态度，亦见译述之谨慎。这段插语透露出，译者往往边译边寄、边译边登载，因此常常出现因译者有事或小恙而导致连载拖延或停载的现象。透过《珠江井》序言及其中的插语，可见近代早期翻译者的自画像，鲜明、生动地刻画了其翻译活动、翻译思想、翻译精神或翻译状态。

近代笔译兴盛，但是还没有原作与译文并列对照排版、出版的现象，甚至连所译底本、语种、原著作者的信息都不能提供，蔡有守率先在《时事画报》中采用这种形式发表作品，内容不算新见，但形式却新奇有创见。蔡有守在《时事画报》前后活跃了三年，几乎占据了该报的诗界、文界、词苑、译丛等栏目或其他文章的插画，还能作杂文，如依据省港各报所载粤商陈某购得苗人古铜镘一事所作之《说宝镘》即是，还自配插画，画中有语"有守既论说宝镘，曼为图珤镘旨"作回应②，文、画兼擅，诗、词、印、译同时可作。由此可以得出这样的结论：报载翻译作品、报载友人诗词及自作诗、词、文、印、画，成为证明蔡有守是活跃于岭南的清末翻译家的三重证据。进而考察清末岭南其他译者的翻译活动，也能得出

---

① 佛来蕉原唱，蔡有守译：《珠江井》，《时事画报》1907年第10期。
② 蔡有守：《说宝镘》，《时事画报》1908年第16期。

这样的规律。

二　蔡有守以游学、社团、岭南画派为纽带结纳的翻译圈层

1902—1910年，蔡有守往来于当时的通商口岸或沿海城市广州、香港、上海、杭州诸地。《女儿嫁国吟》诗前序云"壬寅客沪渎有所愤而作也"①，可见早在1902年他曾客居上海；《悼冯夏威》序称"是诗乃乙巳秋七月下浣②，卧病西湖中孤山之巢居阁，闻海上同胞开追悼先生会而作也"，可见1905年时他曾到杭州，并知悉上海朋友悼念冯夏威的行动。《一剪梅（雨中与室人游锦帆泾）》③言"春寒犯雨""竟似杭州却是苏州"，结合"只今海上朋俦少"④语推敲，可知1909年以后，蔡有守离开岭南，又到江南。从署"溥"的《寄怀蔡哲夫（香港）》⑤可见，蔡有守在1908年曾到香港。蔡有守就在广州、香港、上海、杭州多地与各地文士广泛交游，结识中外士人，形成了互助互利的翻译圈。

蔡有守朋友圈中时有游学之举，因此作诗赠别，或以示惜别，或以寄家国之感。何宝章即将到英国游学，蔡有守作《送何宝章之英伦游学（调寄归朝歌）》⑥词二首赠别，面对"漫云震旦将沦替，须晓是英雄造世"的形势，勉励何宝章到英国游学后"应竭吾聪慧"，学习新知，回国后要"淑身淑世，偿子今朝戾"。《时事画报》另有其他赠别友人到外国游历的诗词文，如铁苏十郎《送周桐士游美利坚》⑦

---

① 蔡有守：《女儿嫁国吟》，《时事画报》1907年第19期。
② 下浣：指为官逢下旬的休息日。亦指农历每月的下旬。
③ 蔡哲夫：《一剪梅（雨中与室人游锦帆泾）》，《时事画报》1910年第3期。
④ 喆夫：《八月十五夜待月写寄抱香》，《时事画报》1909年第15期。
⑤ 溥：《寄怀蔡哲夫（香港）》，《时事画报》1908年第9期。
⑥ 哲夫倚声：《送何宝章之英伦游学（调寄归朝歌）》，《时事画报》1907年第14期。
⑦ 铁苏十郎：《送周桐士游美利坚》，《时事画报》1908年第3期。

《送李景纯之秘鲁》①，毅伯《送同事陈君澍人往东洋序》②，大我《送陈礽生之东洋游学》③，铁苏十郎、周桐士、李景纯、毅伯、陈澍人（礽生）、大我等，或为《时事画报》成员，或为撰稿人，或为朋友，说明以蔡有守及《时事画报》为中心的清末岭南人，普遍能够出洋或接触出洋之人，或游学，或经营，或作随行翻译。《寒琼遗稿》收有《送抱香之南洋》④等诗作，内容多为与出国游历或留学的朋友赠别，长期交往，耳濡目染。这些游历或留学、经商行为，无形中就使清末岭南人有更多机会深度接触外国人事，从而了解外国文学文化事业，目睹西方政体的运行，这种"国际交流"活动必定涉及跨国语言的口语交流、笔译，这种活动就有可能进一步促进岭南译事的繁荣。

以"人镜学社"联络的翻译团体。《悼冯夏威》有注"鄙人与先生均人镜社员"，又云冯夏威"弱植十七辞故国，孑身航海孤零飞，十年寄迹墨西哥"⑤，"梁济桴，名渡，香山人，人镜社员，乙巳春之美国游学，被诬眼疾不许登岸而回，丙午留学比国，丁未春徙于巴黎"，"叶先生名高，字矩贻，南海人也，游幕海上，亦人镜社员……"，"何剑吴，名锷，时人镜社主席"。数人同为"人镜社"成员，"人镜学社"是清末上海新派广东人的组织，由广东番禺人、驻沪海关英语教师何剑吴与闽人国民党元老林森在光绪二十八年（1902）所创，蔡有守在上海与这些广东同乡贤士冯夏威、梁渡、何锷关系密切，且这三人均有留学、游学经历或习熟外语。特别是冯夏威，早年就随父到

---

① 铁苏十郎：《送李景纯之秘鲁》，《时事画报》1908 年第 8 期。
② 毅伯：《送同事陈君澍人往东洋序》，《时事画报》1906 年第 34 期。
③ 大我：《送陈礽生之东洋游学》，《时事画报》1906 年第 35 期。
④ 蔡有守：《送抱香之南洋》，《寒琼诗稿》，1943 年版，第 1 页。
⑤ 蔡有守：《悼冯夏威》，《时事画报》1907 年第 15 期。

美国当铁路苦工，1905年《限禁来美华工条约》届满而拒绝废约，中国人强烈反对，引发轰轰烈烈的美禁华工拒约运动，冯夏威即回到上海加入拒约行动，激于义愤，在上海美领事馆门前服毒自杀，以死殉国，时年24岁。蔡有守作为冯夏威的朋友，因病没能亲自参加悼念活动，特意写诗悼念，表达哀感；两年后捡出诗作时，又生悲感，可见二人情深。梁渡1905年春到美国游学未果，1906年留学比国，1907年春转徙于巴黎，可见蔡有守熟知朋友行程。

以《时事画报》联络的翻译群体。与蔡有守有直接交往的岭南画派创始人陈树人、邓溥和同乡黄节、岭南报人谢英伯，也有比较密切的往来。《时事画报》1908年第9期共载蔡有守与邓溥、陈树人往来赠答，共有《留别邓八戟侯》《寄怀同学诸友（二首）》《和哲夫见赠（原韵）》《哲夫原作》《寄怀蔡哲夫香港》6首之多，第11期还有《答邓季雨》《答陈讱生》二首[1]，第16期有《五月廿七日潘铁苍过访拉同山行（二首）》《次日与潘铁苍作竟日之游得诗十六首》，可见亦曾与潘达微友好[2]，共赋诗词。署"成城子"的《与陈讱生谢英伯游大潭园》《夜访汉纯晦闻归宝云路步月》《雨夜陈讱生过访》《平居偶得四什》，均发表在《时事画报》1908年第23期。频繁的文学往来赠答创作活动，能够与具有传统诗、画、书等艺术修养的名人交往，证明蔡有守自身有相当的修养，才能与这些友人往来。蔡有守结交的这些岭南名士，在"广东得风气之先"的地理优势之下，早与外国人交往，且获得相当深厚的外国文化、文学修养。蔡有守诗《黄晦闻欲事蕃书口占答之并质几道》[3]言同乡黄节曾"读破蕃书三万卷"，

---

[1] 蔡有守：《答邓季雨》《答陈讱生》，《时事画报》1908年第11期。
[2] 喆：《五月廿七日潘铁苍过访拉同山行（二首）》《次日与潘铁苍作竟日之游得诗十六首》，《时事画报》1908年第16期。
[3] 蔡有守：《黄晦闻欲事蕃书口占答之并质几道》，《时事画报》1908年第20期。

意即黄节熟读外国书籍，如此，当然了解外国文化，否则也不可能"欲事蕃书"。蔡有守与曾在《时事画报》发表过作品的苏曼殊交往也相当密切，以其通谙英文，"尝将佛莱蔗得自英国女郎莲华的《雪莱诗选》转赠，望其能译成汉文，流传中土"①。1909年，苏曼殊确实翻译过雪莱的《冬日》诗歌，1911年收入苏曼殊编的、在日本出版的《潮音》诗集。蔡有守与这些名士的交流互动，无疑对其翻译活动有直接影响。

《时事画报》专门设立"译丛""译林""译论"，成为蔡有守朋友圈发表译作的固定阵营，进而活跃在岭南报刊翻译专栏中。在"来书照登""诗界"发表蔡有守两篇中英文对照译作之后，《时事画报》专门设立"译丛"发表《珠江井》，从此"译丛"成为固定专栏，时或改作"译林""译论"，但登载的必是翻译作品。"抱香"即是岭南报人、教育家谢英伯，曾是《时事画报》主笔，翻译过《澳大利亚洲之初寻获者：舰长谷德航海记》②，署"英国查路士著""抱香室主人译"。前有"译者弁言"，寄以"谈瀛资料"之望，以激发中国"航海辟地之伟人"的思想。谢英伯熟悉外国文学文化，曾著《小说家言》（又名《小说学之研究》）③一书，署"抱香"，应该是中国第一部小说理论研究专著，未完，但已见专书之规模。其中谈到"泰西文学家言，一国之改革，其原动力在于文学之鼓吹，而文学之最精粹者，则小说是也"，熟练地举大文豪索士比亚（Shakespeare）与儿时同学格兰拿（Kard Granner）争竞之事，格兰拿言"他日当为宰辅，

---

① 马以君、刘颖白：《蔡守》，见柳无忌、殷安如《南社人物传》，社会科学文献出版社2002年版，第639页。
② ［英］查路士：《澳大利亚洲之初寻获者：舰长谷德航海记》，抱香室主人译，《时事画报》1909年第15期至17期。
③ 抱香：《小说家言》，《时事画报》1909年第34期。

藉政权而改革一切",索士比亚则言"他日当为文学家,藉小说之力,以鼓吹社会,将不藉政权而改革之"。又陈说"泰西治学"原则与中国之异同,这一部《小说家言》就要用西学理论逻辑研究中国小说学,可见谢英伯对外国人事极为熟悉,并有转化为研究中国小说学的勇气、能力。

切生,是《时事画报》创始人陈树人的笔名。陈树人(1884—1948),广东番禺人,名韶,字澍人,笔名多用树仁、树人。《时事画报》"美术同人表"如此介绍:"陈韶,字澍人,花卉翎毛。"[1] 译作《黄白人之冲突》[2] 署"切生译",追溯黄种人和白种人竞争之兴衰过程,发表在《时事画报》之"译丛"。其美术学理论专著译作有《美术概论》[3],以书页式排版,每期印一两页,发表在《时事画报》。后来,切生又先后在《国民报》"小说丛"发表多篇翻译小说,长篇连载翻译小说《侦探小说:二滴血痕案》《社会主义果实行》,均署"树人"。《侦探实谈:佳人运命》署"树",《侦探实谈:大盗来》署"若文女史"。陈树人译作涉及小说、美术专著、时事专著多种,既有专业美术学的理论翻译,又有普及民间的小说译作,还有涉及时事的重大历史译著,可见蔡有守的朋友并非等闲之辈。

无论是个人诗词集《寒琼遗稿》,还是专门的《南社人物传》,还是曾任职的《国粹学报》,集中反映了蔡有守到江南后与南社诸成员的交游,但以《时事画报》为中心的岭南报刊记录的是蔡有守早期的交游网络,是以翻译家、诗人身份结交的朋友圈,这个朋友圈既有传统诗、文、画、书、印的艺术气质,又融入西洋画派元素或西洋文

---

[1]《本报美术同人表》,《时事画报》1905年第7期。
[2] 切生译:《黄白人之冲突》,《时事画报》1908年第13期至1909年第4期。
[3] [英]波露然布罗运:《美术概论》,切生译,《时事画报》1908年第9期至1909第3期。

化修养，游学经历、外语基础、西洋文化素质使之具有翻译能力，有从事翻译活动的潜在能力。这个朋友圈有翻译成果的至少有黄节、陈树人、谢英伯、苏曼殊，在清末岭南都是响当当的名士。

三　清末岭南译事的社会政治意义

清末岭南翻译活动紧贴"时""事"二字，译者有时代理想，有国际视野，因此能结合国内外重大思想倾向，选择能够为中国所用之著述，无论是宣扬民主独立自由平等的社会科学著述，还是有助于提高科学意识或科学能力的自然科学著述，抑或是能够使俗人通晓或通于俗人的文学作品特别是小说，都被岭南译者译写成中文，首载于报端，通过多种途径传播。彼时世界上先进的思想、激进政治思潮、日新月异的新科技、以血浇灌的政治体制等纷纷被翻译家引进中国，促成思想大激荡，引发一系列政治体制改革浪潮或政治运动。

第一，蔡有守的翻译活动为当时官方与民间兴起的废除奴婢制度、兴女权和提倡自由、男女平权的社会风气擂鼓助威。1904 年，由广东中年妇女引发的"黎黄氏贩卖人口案"演化为涉及中英司法裁判权危机的"大闹公堂案"。时任两广总督兼南洋大臣的周馥在调解、交涉过程中，发现该案表面上是中英司法体制的程序冲突，实质上是清政府买卖人口合法性的问题，于是在清光绪三十二年（1906）上奏《禁革买卖人口折》，当时清政府虽未能立即废除，却引发社会各界的广泛关注，废除奴婢制度舆论高涨。1906 年，沈家本上《禁革买卖人口变通旧律议》，1908 年借助清廷《钦定宪法大纲》拟就《删除奴婢律例议》，明确主张取消奴婢制。直到 1909 年，清皇帝终于诏谕"旗下农奴，概听赎身，放出为民"，奴婢制终结。废奴成为清末新政举措之一。在这期间，《时事画报》登载了大量揭露虐待奴婢的残酷的文章，以图、文、画结合的方式寻求废除奴婢制的合理性，在舆论上支持了周馥等官绅的开明行为，无形中给清廷造成压力。蔡有守曾自述"忝降右族，广有奴婢，尝目击家人苛虐奴婢之惨"① 的惨痛经验；其友何宝章"将著一书，述奴婢之惨"，但"原作为英文，今未成，脱稿，有守当译以饷世"；并考"放奴之议倡，自威律伯科（英国1780年间下议院议员）、敲拍（英国诗家）撰词侙之，疾声一呼，四方影应，举英国领土金以为然"的国际放奴运动历史，为此上书南海名士何子陶，何子陶有答②，共同商讨何宝章与英领事佛来蔗拟发起"不买奴婢会"的办法。蔡有守专门写就《奴婢考》③，引经据典，以述"敬告吾同胞，知奴婢原起，及历代仁人君子放奴心迹"。就是在这样的社会历史思想潮流中，蔡有守与提倡建立"不买奴婢会"的佛来蔗合作，发表《奴婢苦》《珠江井》两篇中英文对照译作，正在官民共同推进废奴制度到革除奴婢谕旨颁布之间，为触动国内、国外开明人士关注、参与、促进废奴做出了贡献。当然，废除奴婢，又与女权、女学、女界和家庭教育、自由平等思潮同向、同调，既与《时事画报》宗旨契合，又顺应时代潮流，同时还能传达蔡有守个人的先进思想与家国情怀。蔡有守在当时的社会形势下，用心选择译作，深挖社会毒瘤，痛激社会民心，有责任感与担当精神。

  男子被贩出洋，最属伤心惨目之事。谓外国苛待其奴，惨非人寰也。曾知女子卖于内地，受主妇之虐待，其阴柔悍毒，更有甚于此者乎？世倍习不之察，置若罔闻，遂使闺闱中，遍筑妇女

---

① 蔡有守：《上何子陶书》，《时事画报》1907年第3期。
② 何子陶：《答蔡哲父书》，《时事画报》1907年第4期。
③ 顺德蔡有守哲夫：《奴婢考》，《时事画报》1907年第4期。

之生地狱，而恬不为怪。哲甫公子深痛于此，久倡不卖奴婢之举，兹书所译，固为阿玉悲，实非仅为阿玉悲也。阅者抚此，当亦心印译者之心，而喟然兴感也哉！①

这篇由同姓好友琴缘蔡树桐写的"书后"，一方面揭露男子有被"卖猪仔"、遭虐待的"伤心惨目"之事，另一方面揭露了女子为奴婢受主妇"阴柔悍毒"之害的"惨非人寰"之事，同时批判国人"倍习不之察""置若罔闻"的麻木心理行为。作为近代岭南有良知的知识分子，蔡有守积极联络何子陶、何宝章、赖亦陶、毅伯等时贤与佛来蔗这样的国际人士，热心参与，奔走呼号，融入废除奴婢的大潮，擂鼓助威之功不可没。

第二，清末岭南的翻译活动，与世界时事接轨，介绍国际冲突或国际竞争引发的重大事件，具有世界视野。清末岭南早期翻译家有深厚的家国情怀与强烈的民族意识，留美学生罗听余给《时事画报》主人写信，提供了"于国民知识程度颇有关系"的留学信息，目的是"以副国民义务之本意"②。可见留学生作为潜在的翻译者，饱含家国、民族情感；能够为提高国民智慧提供方法与途径，如果没有"美国工商艺术之发达"的国际视野，是不可能做到的。巧的是，三年以后，罗听余在《广东化学会实业报》"应用"栏目发表《论用靛》《染色要法》《漂白法》③系列化学、生物专业文章，并在"调查"栏目有《美国农务之调查》一篇。由此可以推断，罗听余是一位学习自然科学的留学生，因为在"广东化学会"会刊的"编撰员"中"罗

---

① 琴缘蔡树桐：《读珠江井书后》，《时事画报》1907年第30期。
② 《留美学生来书照登》，《时事画报》1906年第36期。
③ 罗听余：《论用靛》，《广东化学会实业报》1910年第2期。

听余"在列。同时,清末岭南翻译也具有世界视野与国际眼光。陈树人翻译《黄白人之冲突》时谈道:

> 此论为日本《太阳报》最近之临时增刊,鸿篇巨制,凡十数万言,读之足使人生种族之观念,起竞争之锐心,译而录之,以饷我国民。呜呼!其亦有闻鸡而起舞者乎?译得志。①

陈树人能够独立翻译"十数万言"的"鸿篇巨制",可见其外语水平已经很高;从"种族观念""竞争锐心"之语看到,处于列强入侵、家国存亡之际,近代仁人志士"以饷我国民"的英雄壮举。同时,他们也嗅到了当时的国际形势,唯有"竞争"才能崛起,才能不受欺侮,才能够公平谈判。因此,该译作追溯了黄白种人冲突的起因、特点、历史过程,以揭示"世界竞争之根本"性质,从而认清中国在当时世界中的地位以及应持的立场。

对黄白种人冲突的追溯,不得不考察"瀛海大通"的世界形势,是海洋航海时代改变了世界经济、政治关系,因而有了抱香室主人译英国查路士著的《澳大利亚洲之初寻获者:舰长谷德航海记》②,企图激发"中国海航海辟地之伟人"的思想。在航海大发现时代,最早、最强的开拓者无疑是法国的殖民史,因此苍梧冼秉权译《法国殖民史》,就是深知"法国殖民事业,最有关系于世局",才"述其历史"③,建议在"国家多难"时,特别要"深谋远虑",勿"乏经营实力"。在世界大历史发展进程的追溯中,又看到具体的英法两国冲突

---

① 讱生译:《黄白人之冲突》,《时事画报》1908 年第 13 期。
② 抱香室主人译,[英]查路士著:《澳大利亚洲之初寻获者:舰长谷德航海记》,《时事画报》1909 年第 15 期至 17 期。
③ 苍梧冼秉权译:《法国殖民史》,《时事画报》1908 年第 8 期。

所带来的世界影响，因而演红生从法国《军事杂志》译出《拿破仑与英王书》①，看到在外侮刺激之下举国"奋然投袂，公建共和之政府"的世界潮流；如若不然，将有可能引发"蹂躏全球之大战争后，始可得"的最坏后果。

余 论

岭南清末非官方译者的翻译活动存在某些缺陷，《世界公益报》就意识到当时译者的翻译能力参差不齐，"译员多有精外国文而未精中国文者，遂不得不口谈于己、而手写于人，时有意词杂背之病"，因此特别注意聘请"兼通中文者当之"②。《广东日报》强调要选择"眼光学力兼备者"从事翻译工作③，"拟添聘东西文译员"的目的是为"附章译泰东西名人轶事，以为德育、智育之一助"④，要求德才兼备，但往往未能如愿。从报刊广告招聘大量翻译人员的现象看，可见很难招聘到稳定的、高质量的、符合报刊翻译要求的人才，有时候还因为缺乏翻译人才不得不中止翻译版块的栏目。岭南报人郑贯公编辑报刊作品集《时谐新集》，收录了一则有关精外国文而未精中国文引发的笑话，"某公使者，颇通泰西文义，惟本国文字，反一窍不通"，竟然将"驰骋文场"的"'文场'二字，译作'书堆'，而'驰骋'二字，则译作'骑马跑来跑去'，合成文法，则曰'某君能骑马向书堆里跑来跑去'云"，引得西人大惊，也引得同人捧腹大笑，闹了大笑话，可见近代翻译人才的翻译质量堪忧。

---

① 演红生译：《拿破仑与英王书》，《时事画报》1909年第1期。
② 《香港新办世界公益报社广告》，《香港华字日报》1903年9月21日第3版。
③ 《香港新发明之报纸广东日报出世普告》，《香港华字日报》1904年1月12日第3版。
④ 《本社特别广告》，《广东日报》1905年4月8日第2版。

正因为如此，蔡有守等岭南人士才会无情地描摹"假洋鬼子"虚伪的嘴脸，痛恨"借问此何人，闻道一亡士。主人礼何隆？因他外国仕"，这些流氓无赖仗着帮外国人做事，"佯作解文明"①，却做着逛青楼、饮酒馆的堕落行径，更可恨的是，"主人"们还追捧这样的人，如何不令人痛心疾首。反观像蔡有守、陈树人、谢英伯这样的岭南文人，却怀着深沉的家国、民族情感，从事西洋文化的翻译与研究，希望知己知彼，并振发民众精神，开通民智，以科学、实业救国、强国。

（杨雄东：广西师范大学教务处讲师；
梁冬丽：广西师范大学文学院教授，博士生导师）

---

① 哲夫：《既非显上官》，《时事画报》1907年第17期。

粤曲与粤语流行曲关系初探[*]

邓海涛

关于粤语歌的定义不一，或泛指使用粤语演唱之戏曲歌曲，或专指20世纪五六十年代兴起的粤港流行粤语歌（不含戏曲部分）。粤歌概念一直在变化，其界定的前提，除了以粤语方言为核心外，就视乎文化消费的程度。但不管如何界定，不可否认，现代的粤语流行曲在题材、旋律等方面均从粤曲粤乐中有所沾溉，既在一定程度上继承了粤曲粤乐的音乐与题材传统，也因其商业需求而不断挖掘粤剧粤曲市井谐趣的艺术资源并彰显其特色，从而不断适应现代城市生活的文学审美和娱乐消费趋势。讨论这个话题，既能从历史脉络中梳理几者关系，更能对现代粤语流行歌有新的认识，对如今的粤语歌曲创作亦不无裨益。

同是使用粤语方言开展创作，粤剧粤曲粤乐与粤语歌曲从一开始即具有不可分离的复杂关系。戏曲中的"粤曲"，在当时也是流行且被消费的"粤语歌曲"。粤剧粤曲与粤语歌曲均成为文化消费品，只

---

[*] 本文为广东省哲学社会科学规划项目学科共建项目《近代粤调说唱文学研究》（课题编号：GD20XZW08）、广州市哲学社会科学发展"十四五"规划2021年度共建课题《近代粤调说唱与粤港澳俗文学的建构转型》（课题编号：2021GZGJ245）的阶段性成果。

是在不同时期彰显出不同形态而已。20世纪50年代开始勃兴的粤语歌，与粤剧粤曲有着极深的渊源，正如黄志华所指出的："（20世纪）二、三十年代的香港大众娱乐文化主流，绝对是由粤剧、粤曲、粤乐所主宰，换句话说，也是受'粤曲人'的主宰。"① 只有明确了这个历史事实和理论前提，才能深入分析几者关系。

在论述几者关系之时，可以枚举大量事例，援引多方观点②。例如关于粤语歌选取粤曲、粤乐填词的：

情况三：写的是纯音乐，但后来给填上歌词，当成流行歌曲来灌唱。如《禅院钟声》《流水行云》，原先都是纯音乐，后来《禅院钟声》给填上歌词，歌名仍叫《禅院钟声》，是七十年代非常流行的粤语流行曲；《流水行云》填上歌词的版本更多，七十年代流行的是丽莎主唱的《卖花女》。③

又如探讨粤语流行曲中粤曲化的现象：

因此，仔细看回许冠杰早年写的歌曲，不管歌词还是旋律，其实都有受粤曲影响的痕迹，只是大家都太喜欢他了，有粤曲影响的痕迹都会欣然接受，又或视而不见……

就说《财神到》吧，旋律创作很明显是西洋作曲法的那种"动机"先行。而许氏却是以"问字取腔"的方法，从"财神到"三个字问出"工六生"这个只有三个音的小"动机"，由此

---

① 黄志华：《原创先锋：粤曲人的流行曲调创作》，香港三联书店2014年版，第16页。
② 黄志华、容世诚等学者均涉及此领域，且有相关专著宏文探讨。
③ 黄志华：《原创先锋：粤曲人的流行曲调创作》，香港三联书店2014年版，第7页。

发展出整首歌的曲调。这儿"动机"法是舶来的,"问字取腔"法却是传统粤曲粤乐的法宝！①

又例如介绍撰作词曲群体的：

> 三十至四十年代,较著名的粤语短歌,常常都是来自为电影而创作的歌曲。而这时期,为粤语电影创作歌曲的,几乎都是来自粤剧粤曲界的音乐人或写词人,也因此,歌曲的风格便变成跟粤曲无异。②

事实上,诸如王粤生、吴一啸、胡文森等粤曲撰曲人均有创作粤语流行曲的经历,且其作品流传甚广,为人熟知。

粤剧粤曲粤乐并非直接发展为现代粤语流行歌,但其在音乐形式、审美风格、文化消费等方面无疑影响了后者。了解脉络关系,总结创作规律,探析文化意义,均有着重要的学术价值。为行文方便,以下的"粤剧粤曲粤乐"均用"粤曲"一词统括之。

一 相似的阵地：从"新月唱片公司"到"和声唱片公司"

粤曲与粤语流行曲产生关系,原因有多方面,音乐机制与生产阵地是其中重要一环。③ 可以说,假如没有近现代唱片业的勃兴,我们很难想象粤曲与粤语流行歌的传播路径及其盛况,而这些因素反过来

---

① 黄志华：《情迷粤语歌》,(香港)非凡出版社 2018 年版,第 137 页。
② 黄志华：《香港歌词八十谈》,汇智出版有限公司 2011 年版,第 3 页。
③ 有关粤曲粤乐音乐建制等问题参见容世诚所著《粤韵留声——唱片工业与广东曲艺（1903—1953）》,天地图书有限公司 2006 年版。

影响着歌曲创作的风格和旨趣。

新月公司全称为"新月留声机唱片公司",由粤乐名家钱广仁独资创办,生产粤乐、粤曲作品,并在市场流通,标以"华商创办""国货之光"等名号,以示区别于其他外资唱片公司。在《新月集》中有"沿革及宣言"一栏,专门说明公司创办历史和宗旨。

新月公司有着明显的近代企业组织建制模式,也是其所生产的粤乐文化产品得以持续发展的重要保障。如《新月集》曾列出公司机构,除总经理钱广仁为总负责人外,下设营业部、灌音部、宣传部、文书部,部下还分设会计、出版、调查、交际、监制、中乐、西乐各股,均由相应部长人员负责,显示其成熟完备的音乐唱片公司体制规模。关于规模发展,在《新月集》的《第五期唱片扩大宣言》中有相关介绍文字:

> 本公司创办之初,种种未得设备,故规模较小,致第一二期所出唱片,略有逊色。三期以后,一切设备与时俱进,大有日新月异之观。然同人等犹以为未足也。当筹备第五期灌片之初,即收音师以若何使出品每事优良,取得有出类拔萃之地位。①

新月公司网罗了当时大批的"音乐家"与"音乐制作者"们,并且不遗余力地大肆宣传以引起社会关注。在《新月集》内,刊登了不少名家照片并附上文字介绍。如公司负责人钱广仁(又名"钱大叔"),粤乐名家吕文成,撰曲家冼幹持,名伶及唱家罗慕兰、英仔、廖了了、丽芳等。另有专栏介绍西乐团成员,如尹自重、赵恩荣、李

---

① 《第五期唱片扩大宣言》,见《新月集》,第15页。

觉民、宋郁文等。以上所列诸人大多为复合型音乐人才，如钱广仁既是公司创办者，商界奇才，本身亦精通粤乐粤曲，演奏掌板歌唱兼善，还参与乐谱审定工作；宋郁文除擅长二弦且有"二弦王"美誉外，其与妻子李素兰同为唱家……总之，这些艺术家大多为多面手，多才多艺。

新月公司堪称近现代粤曲文化宣传发源地这一事实亦已为人所接受，但有一个细节或许被"粤剧粤曲粤乐"大概念所掩盖，那就是新月公司一直在推广新潮歌曲——粤语流行曲的"雏形"（姑且以此命名）。例如《柳摇词》便是调寄广东音乐《柳摇金》的作品，所谓调寄，即按照《柳摇金》的曲谱重新填词，虽然仍然有粤乐痕迹，但从歌词风格而言，已呈现新式粤语歌探索自身艺术特色的趋向。还有诸如《寿仔拍拖》，堪称富有市井风味纯用粤语俚俗方言的代表作，无不证明在新月公司制作的成品中并不尽是传统粤曲粤乐，还出现了贴近民众生活尤其是反映世俗观念的粤语流行歌。新月唱片还灌录了"新曲""新体歌"，虽然当时未曾明名为"粤语流行曲"，实际上即为当时有别于戏曲的"新歌"。

被视为粤语时代曲正式登场的 20 世纪 50 年代，正是以和声唱片的登台为标志。彼时的和声唱片仍然以粤曲为主，而粤语歌是"附于其后"的。[①] 可以说，新月与和声，颇有前后相继的意味，且较之同时代的其他唱片公司，和声敢于标榜产品为"粤语时代曲"，彰显其重构"粤语歌曲"内涵的意图。从早期唱片目录即可窥见如下信息：创作者以粤曲粤乐人为主（例如吕文成等），唱片在相当程度上仍然有浓厚的粤曲底蕴，但已经呈现新趋势。例如白英在 1952 年到 1955

[①] 黄志华：《原创先锋：粤曲人的流行曲调创作》，香港三联书店 2014 年版，第 62 页。

年所灌录的十三首粤语歌曲，有九首为原创作品，包括粤乐名家吕文成所编的新曲，堪称从以粤曲粤乐为主的新月唱片到侧重粤语时代曲的和声唱片之重要转折标志。

以粤语流行曲作为粤曲粤乐的延续，和声及其他唱片公司在当时有着跟新月唱片公司艺术旨趣和商业定位近似的重要意味。因其时西方流行文化兴盛，原有代表地域传统文化的粤曲粤乐不可避免地受到冲击，例如邵氏的青春歌舞片及其歌曲。如何维系薪火，使生产出来的唱片歌曲仍保留"粤地粤味"是当时面临的难题。以和声为代表的唱片公司，坚持"中国风"的创作路线，制作了《寒夜歌声》《青青河边草》《劳燕分飞》《何日郎会我》等尚带有明显传统风格痕迹的作品。另外，当时和声的重臣之一粤乐名家吕文成，其创作思路与风格仍然带着粤曲粤乐的明显痕迹。

二 雅俗的融合：粤地审美趣味传承

雅俗的对峙一直存在，所提及的"融合"并不多见。这当然与概念的界定有关，但更关键的是"糅合"的历史及传承。早在粤剧粤曲近代"转型"的时期，歌坛"雅俗共赏"的审美趣味开始逐渐凸显。这种艺术旨趣一直影响到后来的粤语流行曲创作。

粤曲歌坛在20世纪二三十年代出现茶座消费现象，女伶多演唱由文人撰写的粤曲，总体风格尚雅，例如"平喉之首"的小明星便多唱撰曲名家王心帆、吴一啸等的作品，尤其是王心帆所撰粤曲大多檃栝古人诗词，通篇曲文用词典雅，典故亦多，颇得有文学修养的顾曲周郎垂青，其余如邓芬等所撰曲词风格亦大同小异，形成文人撰曲的"趋雅"风潮。但一个颇为有趣的现象却值得关注，即便颇富文人趣味的王心帆，在撰作雅调的同时也创作了贴近现实生活的粤语谐诗和粤讴。在他担任主编的《广州礼拜六》报纸中，谐言趣谈并不鲜见；另有其主编的《擸掭籃》（第三期）也收录不少谐曲；在《星韵心曲》一书中，亦夹杂了十二首粤语白话谐诗。王心帆绝非个例，诸如招子庸、邓芬以及新月公司的一众艺术家都身兼多重身份，这往往使得他们在雅俗互通的艺术探索上达到高度的相似性。换言之，这并非个别现象而是整体性的趋向。

雅俗共融的特点，在近现代曲艺撰作群体中尤其彰显。而从现有刊刻的书籍或唱片目录来看，以市井生活为题材的通俗文艺作品不在少数，形成了极其鲜明的粤地趣味，即关心普罗大众生活需求，崇尚谐趣自然的生活方式。这在当代的粤语歌曲作品中亦广泛存在，形成了一种传统，这种传统表现在以下几个方面。

首先，保留古典诗词意象的痕迹。如前所述，无论粤剧粤曲还是早期粤语流行曲，都有明显的古典文学烙印。王心帆的"星腔曲目"均为古典题材，以龚自珍、唐明皇杨贵妃等人物及相关诗词组合成"诗词拼盘"，襲栝手法运用娴熟。兹略举两例：

【西皮】绮罗心，魂梦杳，【二黄】谁暖，征袍。【西皮】马萧萧，人去去，【二黄】万里阳关，道路。【西皮】金甲冷，戍楼寒，【二黄】怕听，松涛。香貂旧制戎衣窄，试问谁来，替补。

王心帆《冲冠一怒为红颜》[1]

【白】绝域从军计惘然，东南幽恨满词笺，一箫一剑平生意，负尽狂名十五年呀。【二黄慢板】叹今日，老矣东阳沈，十分疏俊，算平生征歌，说剑。淋漓诗百首，有多少唐愁汉恨，总是凄

---

[1] 王心帆：《星韵心曲》，明报杂志有限公司2006年版，第78页。

然。太阑珊，雨花云叶，何日了却量珠，心愿。苏小魂香，钱王气短，万里江山流梦去，重到，何年。

王心帆《垂暮英雄》[①]

很明显，王心帆运用了檃栝诗词的手法，融会到曲词创作中。这种创作方式在现代粤语流行曲中也不乏见，但开始转化为典故的运用即檃栝传统诗词的迹象变得更为隐蔽，往往是融化到词句的意象中去而非直接拼接诗词。试看叶绍德的《啼笑因缘》中有"藕丝已断，玉镜有裂痕""赤丝千里早已系足里"等句，保留古诗词味道；凌龙的《大江东去》有"月落浸江上，天际晓峰拂过绿杨""憔悴若春老，不禁惋惜春去自惆怅"等句，亦与古诗词风格相仿。即使后期较为现代的流行歌曲，都不时在都市情境中嵌进诸如"秋风秋雨""晨曦细雨""岁月长，衣衫薄"等富有古典情怀的词语。

其次，关注城市生活与世俗需求。粤剧粤曲较多才子佳人的生旦戏和曲目，尤其文人编剧撰曲多喜此类题材。一方面写情最能吸引顾曲周郎，引起共鸣；另一方面用作文化和娱乐消费，最为适宜。关于雅调类型，上面已有介述，兹不重复；而世俗风情和现实生活的描画，也构成了粤曲和流行曲的重要类型。例如《寿仔拍拖》的曲文：

有个女子，瓜子口面。佢喺东方，我喺西便。大家分离，真是可怜。叫佢番嚟，见吓我面。

SOME LIKES SWEETIE, SOME LIKES MONEY，你要蜜糖，我要仙士。BLOW THE WHISTLE，吹吓啤啤。两家 TALKEE，拣

[①] 王心帆：《星韵心曲》，明报杂志有限公司2006年版，第68页。

个日子。

SHE WILL LOVE ME，佢好爱我。喝介东西，叫造 WHAT FOR。四月廿四，APRIL 24TH。去渡蜜月，真是冇错。

GO TO PAREE，去到巴黎。COM, PAN LI VU，你好喇喂。BEAUFITUL DOLL，好靓公仔。买个番嚜，比你一睇。

WHO'S YOUR FATHER，问我老子。我个老豆，叫造 BILLIE。你叫老爷，我叫爹爹。满面 WHISKER，好似羊咩。①

如果对照 20 世纪七八十年代许冠杰《十个女仔》的曲词，便会发现两者在格式上有惊人的相似：

十个女仔，九个认细。明明系老，佢话唔系。三张几野，扎起辫仔。青春美丽，就无失礼。十个女仔，九个浪费。时时换季，已系成例。身光颈靓，衬起好睇。钱乱甘 FING，为顾身世……②

同样是四字句式排叠的词组，且间杂粤语英文，调侃男女之间的恋爱状况。因为均采用了世俗视角予以创作，使得作品接地气且富有娱乐戏谑意味，容易为普罗大众接受，并在此过程中累积成粤语通俗歌曲的一大特色。

20 世纪七八十年代，许冠杰曾创作并演唱类似的作品如《半斤八两》《卖身契》《打雀英雄传》《学生哥》《加价热潮》等，无不以浓郁的市井气博得青睐，流播甚广。可以说，自粤曲发展并成熟后，这种对生活予以关注并以轻松调侃的方式参与评述解说的艺术特征，

---

① 《新月集》第五期，第 29 页。
② 《十个女仔》，许冠杰《专辑 79 夏日之歌集》，宝丽金唱片公司 1979 年发行。

就一直延续至今。不过需要指出并强调的是，题材的通俗化与生活化，并不代表技巧的庸俗化，除了部分只注重商业销路而不顾品质的作品（姑且称之为"作品"）外，余者可谓"下等文字，上等功夫"。这一类作品既要通俗易懂，模拟市民口吻，使之有烟火气，同时又须讲究艺术技巧，有立意，有修辞，才能引起听者兴趣。许冠杰是20世纪七八十年代香港流行音乐代表人物，创作演唱过不少作品，在粤语流行歌历史上不可或缺。值得关注的是，他的作品题材涵盖甚广，从政治民生到男女情爱皆有涉及，且风格多样。在粤语歌曲从古典到现代风格的转变过程中，许冠杰可谓功不可没，其原因就在于雅俗互通。一方面，受到家庭氛围影响（其母唱粤曲），诸如《双星情歌》等作品仍未抹掉文言词语痕迹，适合尚雅群体的欣赏；另一方面，七十年代以来，香港经济发展进入新的阶段，市民尤其是工薪阶层对于精神生活和娱乐消费也相应地提出新的要求，而反映草根阶层心声的歌曲无疑是受欢迎的。

总括而言，雅俗共赏是诸多艺术种类都追求的旨趣和境界，问题在于两者关系的调和：到底雅到什么程度，俗到什么层面？粤曲和流行曲在这方面树立了一个典范，是成功的尝试，也再次证明粤语方言的强大适应性、兼容性。作家群体（包含词曲等艺术家）大可以根据题材需要确定艺术风格，既可使作品雅到极致，也可以俗出趣味。即便同一个作家或歌唱家，他们也有不同风格的作品，无法用一种色调或单个形容词来概括其艺术特色。他们往往能构成一种"看似对立的张力"，却又能和谐统一。在这背后，粤地崇尚生活化、谐趣化的观念也在起着重要作用，折射的正是粤人多元兼容的文化品格和变通创新的精神追求，彰显其极强的"文化主体性"。

三 悬起的疑问：传统与创新在角力？

屈大均在《广东新语》中曾言及"粤俗好歌"现象，除了粤地民俗传统渊源外，正是粤地方言所天生具备的"旋律"与"音调"在起作用。而在这音调旋律的背后，折射的正是粤地独有的生活方式以及文化观念。讨论粤语歌是个复杂的过程，涉及诸多元素和领域，也引来相关的疑问：即何谓粤语歌的传统？这种传统如何变化？应该怎么看待传统与创新问题？

如果粤剧粤曲粤乐是粤语流行曲的"传统资源之一"，那么随之而来的"去粤曲化"情况有所凸显，就意味着传统与创新的变化。黄志华在《情迷粤语歌》中不止一处提及这个问题，他在分析调寄广东音乐《杨翠喜》的粤语歌《分飞燕》时指出："如此文言的歌词加上戏曲味音调，现在当会视为'中国风'，是好东西，奈何当时却不这样看，反而是'新派'音乐人要铲除的落后东西，从而形成了一场悄悄进行的'去粤曲化'运动……"[①] 又称："写粤语流行曲歌词，自八十年代开始，就有个不成文的规矩，最好一个音填上一个字，一个字最多拖唱一个音。这种不成文规矩的历史渊源，是因为七十年代中后期的时候，香港的粤语流行曲悄悄地要'去粤曲化'，于是体现在填词的规矩上，便是'最好一个音填上一个字'。"[②] 如是说，所谓"去粤曲化"是指脱离戏曲一字拖腔的传统，去"腔"留"音"，那么以这样的"准绳"统一要求填词，是否过于机械？"去粤曲化"能否真正而彻底地付诸实践？

---

① 黄志华：《情迷粤语歌》，（香港）非凡出版社2018年版，第146页。
② 黄志华：《情迷粤语歌》，（香港）非凡出版社2018年版，第201页。

时代在发展，审美在改变，这是很正常的现象。但无论怎么改变，一旦涉及"粤语"概念，粤语音调固有属性及文化观念是不可回避的。因此，在讨论粤曲与流行曲互动关系时，我们或许需要关注几个维度。

一是艺术追求和听觉消费的隔阂。不可否认，流行曲大多在普罗大众中流行以及被普遍消费确系实情。作为商品属性的歌曲，市场需求是排第一位的，但不能遮盖其艺术追求，不能过于强调"消费性"而忽略"艺术性"。回顾 19 世纪末 20 世纪初粤曲发展史可以发现，尽管由于歌伶、茶座乃至唱片的兴起，曲艺随之携带更浓厚的商品属性，但由于撰作者、欣赏者中大多属于文人群体，注重艺术旨趣，使作品主流不至于趋向"荒诞低俗"。事实上，回溯粤曲史也可发现，艺术追求与娱乐消费并非一直对峙，它们并非总构成"一对矛盾"，很多时候它们甚至互通共融。粤语流行歌在很长一段时间（甚至将来或许还会出现这种情况），取法仿效粤曲的做法和风格，试图保留其原有艺术特色而不是消褪所有。此外，我们还可从粤曲粤乐史中发现，粤曲在其发展成熟过程中一直在探索各类题材的可能性，从原有的八大曲本到各种文人曲风和世俗叙事，不乏佳作。从另一个角度考察，在尽量满足听众听赏的同时，粤曲或许也在导引听众尝试接受不同类型的"文化模型"，尝试不同的"审美体验"。只不过这种"审美体验"不应该是没有门槛、流于怪俗的。例如曾经调寄《流水行云》《禅院钟声》《杨翠喜》等广东音乐和小调重新填词的粤语流行曲就盛行一时并影响至今，富有创作启示的意义。

二是粤曲"成声即可成文"的启思。容世诚先生尝引用邓芬序言说明音乐中的天籁之音的"文"比"视觉之文"的重要性。据邓芬言，所谓"成文"者，"乃声音佩叶，以成之文。非文字之文，有雅俗之别。工尺合士上，系乐器定音。以数字之定音、组织、分散，或联合、编排、平仄、长短、节奏成为一调"。① 邓芬与容世诚都指出"声音动听"较之"文字阅读"的重要性，唯如何"动听"、有何规则则语焉不详。笔者不通乐理，不敢妄言，但邓芬所述"工尺合士上"却正是粤曲音韵的精髓。尤其"合尺"两字，其应用之广，随处可见。粤曲梆黄体系中的"二黄"，亦称"合尺"（以52为主干音）；粤调说唱更强调阴平阳平声的互相交替，以此规律组织文辞。试看《沧海一声笑》就运用了这些原理，52两个音的频繁轮换，使得此曲独特别致。时移世易，今天的流行曲当然无须照搬，不过既然使用粤语来创作、演唱，肯定得先了解粤语音调的丰富性与协调性。文字决定语音，继而构成旋律，对于"歌词"而言，字词的选择和手法的运用至关重要。而且，既称粤语歌曲，当重在"粤调"。粤曲向有根据主干音决定曲式曲风的传统，例如"乙反调"多用在表达凄苦情绪的作品中，对于粤语流行曲的创作亦不无启示意义。

粤语歌曲创作主要有两种方式（或把两者兼有的划为第三种亦无不可），一是根据原有曲调重新填词（即"调寄法"）；二是根据文词谱曲。虽然有学者提出应多尝试先词后曲的创作模式，但其实这是同一事物的两个方面，无须严格区分，一首好的旋律是填写美妙文辞的基础前提，反之，从"成声成文"的角度看，好的文辞本身就构成优美的旋律。乐曲本身属于旋律优美者，如《杨翠喜》《平湖秋月》《春风得意》《步步高》等均可根据作者所表达的情感重新填词，从目前流行的《分飞燕》《热带情歌》等来看，成熟的曲调可以为填词者充分提供广阔的创作空间。此外，在借鉴乐曲的某段旋律基础上重新改

---

① 《从心居士序》，见《新月集》（第二期）。

编创作亦系一途。所谓的"去粤曲化",究其实是尽量避开松散的旋律结构,以适应现代人快速的生活节奏和短暂的情感体验。但"去粤曲化"并非与"先曲后词"构成对立关系,"先词后曲"也不是"去粤曲化"的唯一途径。正如前面提到的"阴阳平声相间""合尺主干音"的侧重运用都不是单一、固定的规律,如何编排,归根到底要看创作主旨和遣用文辞,但创作时兼及这些规律,对于拓展粤语歌曲的艺术功能不无裨益。黄志华曾把粤语字音按照音高编排为四至五个阶级,并以"零二四三"作为写作的关键,提出"平行""级进"为主的旋律编排方式。[1] 当然,黄氏所言也仅是大略方向,如果固定套用,也无法囊括所有曲式。归根结底,粤语歌曲的"字"和"音"是一体两面的,"先词后曲"与"先曲后词"并不截然分开。

三是传统诗词意象的借鉴。一首成功的歌曲,除了优美动听的旋律,文辞亦必须讲究。早期粤曲因有文人介入创作,诗词传统较为明显,所撰作文辞多侧重文采、典故和意象。20世纪30至60年代的粤语流行曲亦多有此趋向,例如《大江东去》《满江红》《旧燕重临》《劲草娇花》等。即便到了转型的20世纪70年代,诸如《天才白痴梦》《每当变幻时》《陌上归人》《故乡的雨》亦沿袭古典诗词借意象写景抒情的写法。即便到了21世纪之初乃至如今,虽已经开始出现"口语化"、新潮词语进入流行歌的迹象,但仍有部分作品诸如《花落谁家》《弱水三千》等勉强保留古诗词意象的作品。尤其像《弱水三千》,涉及人生哲理,却同时糅合古典和现代的意识,为时下的粤语流行歌开拓新境界。

综上,所谓传统与现代的角力,并非绝对,也并非持久。事物的

---

[1] 黄志华:《原创先锋:粤曲人的流行曲调创作》,香港三联书店2014年版,第262—263页。

发展总是变化多端。粤曲与粤语流行曲也并非总处于对立的位置。如何借鉴已有，保持精髓，以期进一步拓宽艺术创作之路，将是研究此领域的重大课题。

四 结语

作为先行者，粤剧粤曲粤乐无疑对于后起的粤语流行歌影响至巨。虽然随着时代的发展，当下的粤语流行曲已然迥异于早期的粤曲形态，但并不能否定几者的历史渊源和脉络关系。粤曲的题材主旨、雅俗互融、曲式旋律均为粤语流行歌提供丰厚的资源，为其发展变化奠定基础，也为其拓展变革开启思路。粤曲独有的粤调音韵与旋律，构成粤语歌的音乐基础；粤曲的文人化与生活化，为粤语歌题材的拓宽实验作了示范；粤曲唱片的音乐建制和文化流通，为粤语歌的流行普及树立典范。如何汲取已有的历史经验，突破旧有范式，呈现新时代的精神风貌，或要重拾粤曲的传统精髓，既注重其音韵特点与音乐体制，又学习其兼容互通的精神，尤其是同时注重诗意传统和生活气息的审美旨趣，既使作品雅俗共赏、流行传唱，又使作品隽永经典，彰显出岭南广府的地域特色和文化价值。

（邓海涛：广州大学人文学院）

从演出场合的变化看中新粤剧之关系

杨崇艺

粤剧,又称"广府大戏",是在粤方言区形成并发展起来的,以粤语为语音标准的地方戏曲剧种。俗语云哪里有华人哪里就有粤剧,新加坡也不例外。

19世纪中叶,清政府软弱无能,中国国内战争频发,民不聊生。鸦片战争以后,清政府被迫实行五口通商,解除海禁,使移民合法化。连年征战,加之天灾频频,人民生活困苦,只能远渡重洋,寻找谋生途径。当中国南方的广东、福建籍移民来到新加坡工作时,也带来了其家乡的地方戏剧,如粤剧、潮剧与闽剧,这为粤剧的发展埋下了种子。

1854年,戏子王李文茂响应太平天国号召,率戏班艺人于广州北郊起义。兵败后,清政府在广东禁演粤剧,大肆搜捕粤剧艺人,大批艺人为求自保,同时也为保全粤剧火种逃难至南洋,把标准的唱腔、规整的行头、规范的样式带到了港口城市——新加坡。1857年,由于艺人众多及演出业务的需要,新加坡成立了戏班行会组织"梨园堂"[①]。1890年,英属新加坡政府限令所有团体一律登记注册,因中

---

① 赖伯疆:《东南亚华文戏剧的历史和现状》,《戏剧艺术》1995年第3期。

国广州粤剧行业早已成立了八和会馆,梨园堂便更名为"南洋八和会馆"①,成为继广州后的第二间八和会馆,新加坡也因此获得了"粤剧第二故乡"的美名。

一 从中国来的粤剧

中国传统戏曲表演与祭祀活动紧密结合,粤剧也不例外。中国是农耕大国,对农人而言,祈求来年风调雨顺是每个农人最渴求的愿望,因此每到重要的节日或祭祀庆典活动,农人会结合成社,请戏班演出,以示敬神。佛山是粤剧的发祥地,据乾隆版《佛山忠义乡志》中有关佛山演戏习俗的记载:

> 三月三日,北帝神诞,乡人赴灵应祠肃拜,各坊结彩演剧,曰"重三会",鼓吹数十部,喧腾十余里,神昼夜游历,无暇刻停。
>
> 三月廿三日,天妃神诞……其演剧以报,肃筵以迓者,次于事北帝。
>
> 四月十七日,金花夫人神诞,祈子者率为金花会,报赛亦繁盛,然以拟珠江南岸之金花庙,则远不逮矣。
>
> 六月初六,普君神诞,凡列肆于普君墟者,以次率钱演剧,凡一月乃毕。
>
> 九月廿八日,华光神诞,……购古器,罗珍果,荤备水陆之精,素擅雕镂之巧,集伶人百余,分作十余队,与拈香捧物者相

---

① 《新加坡八和会馆》,戏剧网,http://www.xijucn.com/html/yue/20100907/19591.html。

间而行,璀璨夺目。

十月,晚谷毕收……。自是月至腊尽,乡人各演剧以酬北帝,万福台中鲜不歌舞之日矣。①

乡民希望依托神功戏向神祈福或酬谢神恩,三月三北帝诞、天妃诞、金花夫人诞、普君诞、华光诞、十月庆稻谷收成之际,佛山镇乡民都会轮番上演各色剧目以娱神求庇佑。

初到新加坡的粤剧依然沿袭了中国的固有传统——演酬神戏,但由于祭祀者的身份从农人转变为远渡重洋的劳工,故祭祀的对象也从保丰收的神转变为保致富的神(如大伯公、齐天大圣等),演酬神戏的日子也从北帝诞改为二月初二土地诞、八月十六大圣爷诞等。

演出酬神戏的场所最典型的是在庙宇外设戏台,以戏台直对祭祀主神,以求娱神。早年的广府移民也保持了酬神戏的传统,在自己的帮群寺庙外建造戏台,如海唇福德祠戏台。

(一)带有中国传统的酬神戏台:海唇福德祠(Fuk Tak Chi Temple)戏台

约在1820年,一位姓陈长者的尸体在堤岸被发现,居民捞起葬于岸边。因前来拜祀者众,广客七属人便集资于1824年建祠,名曰"福德祠",作为七属人士共同的组织。由于该祠建于"海唇"地带,所以称为"海唇福德祠"。②

1870年,广州、惠州、肇庆帮群集资砌筑福德祠前台地并围墙,福建帮群章芳琳昆仲捐地两段,共同为福德祠的迎神赛会、演戏酬神提

---

① 文字来源于广东粤剧博物馆展览。
② 柯木林编著:《新加坡华人通史》,新加坡宗乡会馆联合总会2015年版,第774页。

图1 海唇福德祠（笔者摄）

供了一处整洁可靠的庙前埕地，其立《砌筑福德祠前地台围墙序》云：

> 兹我惠州、广州、肇庆府士民黎庶，云集于斯土，商贾工匠，营业于嘉坡。神灵庇祐，共沐鸿庥。是以春祀秋尝，峻崇典礼，梨园歌舞，庆颂神恩。惟是祠前之地，乃为演戏酬颂之场，而地附海隅，窃波涛汹涌，日久倾颓，必须砌筑土石，以坚垣墉，斯为久远之计。但祠尝无多，难以作事。故爰集众议，开劝捐之规，载册签题……今既蒙神灵式凭，砌筑告竣，磐石巩固，以千秋勿替之业，颂祷酬恩，以万年钟鼎之基。[1]

海唇福德祠戏台由此建立。

图2为海唇福德祠早年景象的模型。图2中，福德祠正殿对着一

---

[1] 丁荷生、许源泰编著：《新加坡华文铭刻汇编（1819—1911）》，广西师范大学出版社2017年版，第68页。

图 2　海唇福德祠早年景象模型（笔者摄）

图 3　海唇福德祠戏台模型（笔者摄）

座戏台，戏台由粗木搭建，戏台高度远高于围观人群。戏台中部站有一小生一花旦两位粤剧伶人，左右两侧坐有乐工。戏台顶部悬挂"答谢神恩"横幅，左右缀有两个灯笼，右侧灯笼清晰可见"合境平安"字样，表达了南下劳工对福德祠主神大伯公保佑其平安过番的感激，以及永葆其康健、致富的希冀。

（二）海唇福德祠戏台与广东传统粤剧戏台

由于笔者并未找到关于福德祠戏台的相关记载，且演出情景与笔者早年调研的广东传统粤剧戏台——广东佛山万福台相类似，因此笔者大胆将两者作对比分析。

图4　广东佛山万福台（笔者摄）

佛山万福台位于佛山祖庙（北帝庙）内，建造时间为清顺治十五年（1658），是华南地区历史最为悠久的戏台。万福台台高2.07米，远高于观众席，与祖庙正殿（真武殿）相望。万福台的正前方，是敕封灵应祠，内供北帝真武神。"真武属水，水能胜火"，佛山冶铁业发达，最易引发火灾，因此要供奉水神，祈求生意兴隆顺利。《广东新语》曾记载，"越人尚鬼，而佛山为甚"，每逢神诞演出时，万福台上丝竹奏乐，伶人戏声，经久不息，万福台下摩肩接踵，人山人海，络绎不绝。乡民希望依托神功戏向神祈福或酬谢神恩，因此万福台一年中"鲜有不歌舞之日"，佛山镇乡民感念诸神保佑风调雨顺的恩德，在万福台表演各种酬神戏以示感谢。①

福德祠戏台远高于围观人群，说明台高至少超过 2 米，这与万福台台高相似，可见在酬神戏由中国传入新加坡的初期，戏是以娱神为主、娱人为辅的。从福德祠戏台上悬挂"答谢神恩"的红绸横幅，到留着金钱鼠尾的清代新客劳工在路旁驻足凝望，都可以看出广府人对在外致富补贴家中的渴望。

与中国传统戏台不同的是，由于戏台与寺庙之间距离较窄，福德祠戏台并没有任何扩音装置。而万福台台基以下为中空，内置多个大水缸，使相距较远的神明以及路边经过的游人都能听见唱戏之声。②

二 走向分离的中新粤剧

19 世纪末 20 世纪初，中国惨遭外侵，爱国志士见粤剧为民众所喜闻乐见，故联合粤剧艺人组织"志士班"，编演宣传民主革命的粤剧，号召人民革命，此时中国国内粤剧由传统的酬神戏码转而呈现宣扬民主、鼓励革命的新粤剧形态。③

---

① 黄韵诗、杨耀桐、汤东涛、周云峰、何凯峰：《佛山祖庙"春秋谕祭"尊荣六百年》，《神州民俗》（通俗版）2017 年第 5 期。
② 笔者于 2021 年 4 月 24 日采访佛山祖庙工作人员所得。
③ 陈华新：《粤剧与辛亥革命》，广东省戏剧研究室《〈广东戏剧资料汇编〉之一：粤剧研究资料选》，广东省戏剧研究室 1983 年版，第 292 页。

而远离国内战乱、在新加坡发展的粤剧则表现出其艺术性的一面。此时的新加坡粤剧除了酬神的宗教功能，更多的是为华人群众提供一种思乡的工具、联络同乡感情、提供艺术欣赏的娱乐活动，因此发展出了街戏粤剧、戏院粤剧与游艺场粤剧等新形式粤剧。

（一）街戏粤剧：牛车水街头

19世纪末，新加坡的华人移民人口稳步增长，对于从事苦力工作、收入微薄的劳工来说，在异国他乡的生活是艰难的，而观看地方戏剧便是一种"维持身份认同、保持故土传统文化与宗教联系、消遣苦闷"的形式。[1]

粤剧街戏，马来语称 wayang，是由传统酬神戏演化而来的。由于酬神戏在神诞才会上演，且对于辛苦工作了一天的劳工来说为了看戏奔波前往寺庙也是不现实的，因而频繁、便捷、价格低廉的娱乐方式才是他们需求的。

广府劳工大多集中在牛车水一带，因此广府宗乡会馆会在牛车水附近临时搭建茅草顶的戏棚，邀请水平较低的粤剧团以粤方言唱戏，供劳工们消遣并缓解他们的思乡之情。现如今牛车水街区的主干道余东旋街（Eu Tong Sen Street）就曾被命名为 Wayang Street，足以想象当年街戏的盛况。

由于街戏的观众都是文化程度较低的劳工，且粤剧表演的娱乐性远超艺术性，因此并没有留下详细的文字记载，我们仅能从老照片中一窥当时的情景。

---

[1] Tan Ooh Chye and Chew Chon Yan, *The Development of Cantonese Opera in Singapore*, Singapore: The Chinese Opera Institute, 2013, p. 20.

图 5　19 世纪末粤剧街戏景象①

（二）戏院粤剧：梨春园与天演大舞台

与街戏临时搭棚唱戏不同，戏院粤剧因演出场所固定、演员水平较高、观众多为身份显赫的富有华商而得到更多的记录。清朝官员蔡钧1884年3月到访新加坡，他在《出洋琐记》中这样描述道："清谈既久，司马邀往观剧。优人皆粤产……鸦片本归华人承商，其地甚形热闹，有粤人戏园，日夕开演。"② 清朝末年，清朝派驻新加坡的官员李钟钰也在其所著《新加坡风土记》中提及粤剧在新加坡的发展，

---

① Chan Kwok-bun and Yung Sai-shing, "Chinese Entertainment, Ethnicity, and Pleasure", *Visual Anthropology*, Vol. 18, Issue 2 – 3, Sep. 2005, p. 108.

② 福建师范大学历史系华侨史资料选辑编组编：《晚清海外笔记选》，海洋出版社1983年版，第13页。

图 6　近代牛车水街戏景象［笔者摄于牛车水邓波街（Temple Street）］

"戏园有男班、女班。大坡共四、五处，小坡有一、二处，皆演粤剧，间有演闽剧潮剧者，唯彼乡人往观之"。①

1887 年，牛车水史密斯街（Smith Street）36 号出现了专演粤剧的戏园，名为梨春园（Lai Chun Yuen），可容纳 834 人，每天上演两场粤剧。初期，梨春园场内模仿中国茶座形式布置，观众一边品茶，一边观赏表演。1918 年，梨春 7 园改建，把座位改为一排排的统一面向舞台的现代戏院设计，开创分级收费制，座位分设为三等：普通座、贵妃床、光绪座。②

另外一个著名戏院是天演大舞台，1927 年由本地大亨余东旋（Eu Tong Sen）所建，专门从事粤剧演出。

从"优人皆粤产"的记载来看，戏院粤剧的演员应是 19 世纪 50

---

①　许振义：《布衣南渡——中国民间文艺在新加坡的传播与变迁》，南京大学出版社 2018 年版，第 41—42 页。
②　许振义：《布衣南渡——中国民间文艺在新加坡的传播与变迁》，南京大学出版社 2018 年版，第 45—46 页。

图7　梨春园外拉客的人力车夫①

年代逃难至东南亚的正统广府粤剧的传人，或是后期追随戏班下南洋的艺人，他们的身段唱腔应是当时最好的。同时为了卖座，演员们不能只演几部经典的酬神戏，而是创造更具有艺术价值的新戏吸引目标群体前来观看，因而此时的戏院粤剧将粤剧艺术性发挥到了顶峰，与同时代的中国粤剧相比应是有过之而无不及的。

然而，戏院粤剧的辉煌不过转瞬，到了20世纪30年代末，接连出现了许多不同类型的娱乐活动，如无声电影与游艺场内的歌台表演等，粤剧受到极其强烈的冲击。在面对观众减少与成本增加的情况下，戏班大举转移到游艺场，戏园的生意大减，被迫转型。1938年，天演大舞台租了给邵氏公司，改建为电影院。战后，戏院又改名为"大华戏院"。1941年，梨春园也被邵氏兄弟租下并改为电影院，取名"新声戏院"。1942年被日军炸毁，战后重建。②

---

①　新加坡华文会馆沿革史编辑委员会编著：《新加坡华人会馆沿革史》，新加坡宗乡会馆联合总会与国家档案馆1986年版，第30页。
②　柯木林编著：《新加坡华人通史》，新加坡宗乡会馆联合总会2015年版，第766页。

图 8　梨春园现状［笔者摄于牛车水史密斯街（Smith Street）］

现如今，重建后的梨春园已被改建为饭店，矗立在牛车水美食街的入口处；而天演大舞台已经变成博彩俱乐部，除了外墙瓷砖上的粤剧角色形象，内部再无粤剧痕迹。

（三）游艺场粤剧：三大世界

正当戏院粤剧发展至兴盛时期，游艺场横空出世。1923 年，新世界游艺场建成，随后大世界游艺场和快乐世界游艺场分别于 1931 年、1936 年建成，合称"三大世界"。"三大世界"是 1917 年上海"大世界游乐中心"概念的复制，集戏曲、歌舞、魔术、杂技、电影、餐馆、游戏、小吃等娱乐活动于一体。①

为了吸引戏班进而吸引人潮，三大世界不但不向戏班收取舞台租

---

① 许振义：《布衣南渡——中国民间文艺在新加坡的传播与变迁》，南京大学出版社 2018 年版，第 46 页。

图 9 天演大舞台现状 [笔者摄于牛车水余东旋街（Eu Tong Sen Street）]

图 10 快乐世界游艺场（笔者摄于新加坡国家博物馆）

金，甚至把戏票收入让利给戏班，从而对戏园形成了严重威胁。游艺场粤剧是粤剧在新加坡发展的新形式，它不像戏院粤剧有固定的座位、需要承担昂贵的费用，也不像街戏临时搭棚、免费可看。进入游艺场内，观众可以在划定区域之外免费观看，但是如果想要近距离地欣赏就需要支付低廉的费用入内场观看。① 同时，由于游艺场的综合娱乐的经营形式，观众通常不是专程为了看粤剧而来，观众对于戏剧内容的创新不会特别苛刻，对演员的要求也不像戏院粤剧那样高，因此就艺术性来说，游艺场粤剧略低于戏院粤剧。

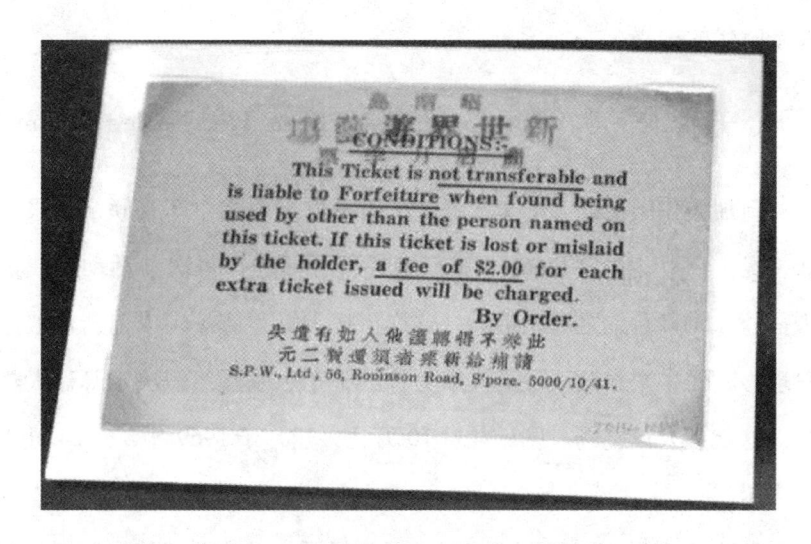

图11　新世界入场券（笔者摄于新加坡国家博物馆）

三　一面寻根，一面创新

1942 年，新加坡被日本占领后，中国地方戏剧与西式电影几乎全面停摆，取而代之的是日语的广播与电影。因此在第二次世界大战结束后，粤剧出现观众群日渐缩小、戏班纷纷解散的情况。

20 世纪 60—80 年代，新加坡快速进入都市化和现代化的进程，粤剧在各种传播媒介及娱乐活动（如电视、电影、广播）的激烈竞争

---

① 张燕萍（CHEONG YAN PENG）：《粤剧在新加坡：口述历史个案调查》，荣誉学士学位论文，新加坡国立大学，1996 年，第 26 页。

下失去更多观众，仅剩广府帮群还在以观看粤剧表演的形式联络同乡情谊，粤剧火种得以保存。直至1979年，新加坡政府意识到了华文的边缘化与华族文化的日渐凋零，主导了一场"讲华语运动"，以此保护境内各民族的传统文化。在政府主导、民间社团自发参与的情况下，粤剧一面向粤剧发源地寻根，一面创造新粤剧形式，以实现粤剧在新时代的振兴。

（一）政府主导：牛车水人民剧场（Kreta Ayer People's Theatre）

新加坡建国初期，牛车水地区广府帮群组建的牛车水联络所很活跃，经常在万达山（Banda Hill）举办各种活动，每次办活动时便请人搭建临时舞台，之后又拆除，这样搭搭拆拆很麻烦，以前新加坡副总理、时任牛车水区议员吴庆瑞为首的牛车水基层组织决定筹建大舞台，这就是人民剧场。剧场耗资10万元兴建，于1969年3月24日正式启用。①

1972年2月19日至24日，人民剧场开先河主办"地方戏剧观摩大会"，由本地团体呈献粤剧、潮剧、闽剧、汉剧、琼剧和京剧演出。演出期间适逢英国伊丽莎白女王到访，建国总理李光耀曾陪伴英女王到人民剧场观赏粤剧《新白蛇传》②。从1974年开始，人民剧场联合新加坡国家剧场信托局，先后多次邀请海外主要是香港地区粤剧名伶前来演出，其中最轰动的是1975年4月由任剑辉和白雪仙率领香港雏凤鸣粤剧团应邀来人民剧场举行义演③。1978年，中国大陆改革开

---

① 新加坡新闻头条：《牛车水人民剧场 半世纪历史待续》，2017年7月，（https：//toutiaosg.com/333814）。

② 许振义：《布衣南渡——中国民间文艺在新加坡的传播与变迁》，南京大学出版社2018年版，第49页。

③ 新加坡新闻头条：《牛车水人民剧场 半世纪历史待续》，2017年7月，（https：//toutiaosg.com/333814）。

放后，中国大陆粤剧团也纷纷受邀来新加坡演出。20 世纪 90 年代以来，人民剧场已然成为新加坡本地粤剧团与中国大陆、香港粤剧团交流切磋的场所。中国大陆与香港粤剧沿袭粤剧本地班的发展路径，更具粤剧的原汁原味，新加坡本地剧团在交流中寻找粤剧的根，向传统粤剧复归。因此，在粤剧观众的心中，这间剧院便是具有高水准的粤剧表演的标志。

图 12　牛车水人民剧场现状（笔者摄于牛车水人民剧场）

近三年来，由于疫情原因，牛车水人民剧场被政府征用作核酸检测站。据剧场服务中心工作人员介绍，疫情以来剧场便停止了所有的演出活动。笔者翻阅牛车水人民剧场的官网 Facebook，发现剧场最近一场的粤剧演出已经是 2020 年 1 月 5 日的"狮城粤剧曲艺迎春展缤纷"活动了。

笔者调研发现，人民剧场外还设有新加坡国家文物局与牛车水民众俱乐部合办的"牛车水文物馆"，馆内展有中英双语新加坡粤剧历史介绍、少量粤剧街戏旧照以及两套戏服，供民众简单了解新加坡粤剧情况。

图13 "狮城粤剧曲艺迎春展缤纷"宣传海报①

(二) 民间社团自发：敦煌剧坊

就在牛车水人民剧场与新加坡国家剧场信托局积极促进粤剧发展，邀请中国大陆及香港剧团来新演出的同时期，敦煌剧坊成立了。1981年，敦煌剧坊成立于牛车水戏院街，是一个以推广粤剧为己任的

---

① 牛车水人民剧场：2017年11月，Facebook（https://www.facebook.com/KretaAyer.PeoplesTheatre/）。

图 14　牛车水文物馆内展粤剧戏服（笔者摄于牛车水文物馆）

民间社团。

敦煌剧坊素以勇于创新著称。1984 年，敦煌剧坊计划性地在新加坡各组屋区作巡回演出，以唤回当年在甘榜围聚唱戏的粤剧爱好者。由于新加坡年轻人群体大多不擅长华文，为了使粤剧能在新一代中传播，2000 年 3 月，敦煌剧坊推出首部以英语为对白及演唱的粤剧长剧《白蛇新传》，开以英语演出华族地方戏曲之先河。

创新之余，敦煌剧坊也以"新加坡第一粤剧社团"的角色，主办与协办本地戏剧文化节，参与中国大陆的戏剧节，与大陆粤剧社团紧密合作，不断从粤剧的发源地汲取养分，在粤剧艺术领域留下名号。

图 15　敦煌剧坊现状

笔者摄于牛车水史密斯街（Smith Street），又称戏院街

1990年，首届"羊城国际粤剧节"在广州举办，敦煌剧坊派出了二十余名演员演出经典粤剧《帝女花》。此后每四年一届的"羊城国际粤剧节"，敦煌剧坊均有出席。

1991年，敦煌剧坊为新加坡华族文化节举办了"新、穗、港粤剧名剧大汇演"，邀请广州、香港等地的著名艺人前往演出粤剧。1992年，敦煌剧坊主办了首届"狮城国际粤剧节"，邀请新加坡、中国及其他地区七十多位著名演员、学者参加。由著名粤剧艺术家红线女创立的广州红豆粤剧团连续多年受敦煌剧坊邀请参加"狮城国际粤剧节"的演出。至疫情前合办的"狮城粤剧节2019"，两家剧团已合作超过20年。① 从20世纪末至21世纪初，以牛车水人民剧场与敦煌剧坊为代表的新加坡政府与民间组织格外重视与中国大陆以及香港的交

---

① 敦煌剧坊，Organization Profile，http：//www.ctcopera.com/about-us/organization-profile-zh/。

流互动。

粤剧自清末传入新加坡以来,就在不断适应新加坡特殊的移民环境中做出改变,一方面,这是粤剧在新加坡的在地性改变;另一方面,粤剧的传统也在口耳相传中一点一点地流失。因此,在适应时代变化创新之余向粤剧发源地寻根,是使新加坡粤剧展现出更高的艺术价值的正确途径。

四 粤剧在新加坡衰落的原因

粤剧作为一种传统的民间艺术,在娱乐媒介丰富多样的今天走下坡路是一个不可避免的过程。笔者认为,与中国改革开放后西方娱乐文化强势入侵不同,新加坡粤剧的衰落有其特殊的原因。

其一是方言的衰落。方言是海外华人的文化基础,在新加坡,除了华语(普通话)外,还有闽、粤等方言存在。但语言是一场零和游戏,在新加坡政府选择了旧殖民地语言——英语为第一语言时,就注定了华语要走向衰落。即使在1979年新加坡政府推行"讲华语运动",将华语列为小学考试科目,年轻人也只会在课上讲华语,出了校门依然是把英语作为沟通的语言,更遑论学习、使用方言了。粤语是众多方言中最贴近古汉语的方言之一,语序的倒装让粤语听起来有文白夹杂的韵味,加之粤语的九声六调,光是念白便有歌一般的美感。虽然现在以敦煌剧坊为首的粤剧民间社团创新出了能让年轻人听得懂的英语粤剧,却失掉了以粤方言演粤剧的魂,这样新式的英语粤剧能否让年轻人真正爱上粤剧还尚待观察。

其二是居住环境的变化。过去的广府移民大多聚居于牛车水一带,同乡之间相约看戏,联络感情。但在政府的种族和谐居住政策下,每个租屋区华族、马来族、印度族各种族户口需按比例分配。这导致同一籍贯的居民集中同住一区的"方言族群村"消失,导致地方戏曲演出也失去从前的地缘情谊,往日的以观戏聚乡情的社会活动也相对减弱。①

其三是城市规划的因素。新加坡作为东南亚一个高度发达的小国,土地利用极其高效,但这也导致许多寺庙搬迁到同一屋檐下,成为"联合宫"。"联合宫"的寺庙大多不再个别举办庙会活动,而是联合办庙会,庙会节庆活动总量减少了,"酬神戏"自然也随之减少。② 此外,土地的高度利用也使得圈空地、搭戏棚变得十分困难,"酬神戏"的规模也是越来越小。

其四是疫情的影响。笔者在田野调查的过程中了解到,自新加坡发生疫情以来,所有室内戏剧演出全部关停,笔者走访牛车水人民剧场、敦煌剧坊,无一例外吃了闭门羹。疫情还要持续多久,尚未可知,但粤剧的忠实受众们正在一天一天老去。遗忘是文化消亡的最大危机,如何把受众的接力棒交到年青一代的手中是新加坡粤剧、新加坡华族文化亟待解决的问题。

(杨崇艺:新加坡国立大学中文系研究生)

---

① 柯木林编著:《新加坡华人通史》,新加坡宗乡会馆联合总会2015年版,第469页。
② 柯木林编著:《新加坡华人通史》,新加坡宗乡会馆联合总会2015年版,第469页。

略述现代广府诗人陈寂诗词的本土感怀

陈　方

陈寂（1900—1976），字午堂，一字寂园，因旧居枕秋阁自号枕秋生。祖籍广东怀集，生于广州。中山大学中文系教授。陈寂一生从事教育事业，20世纪20—40年代，历任广西省立第四中学、广东省立女子中学、广州知用中学、台山师范学校、新会县立中学、澳门知用中学教员，1941年受聘任中山大学师范学院副教授，1945年任广东法商学院教授，1952年任中山大学中文系教授，直至1966年2月退休。

陈寂长期从事文史教育和研究，在中山大学讲授过史传文、宋词选、古诗选、李杜诗等科目，尤致力于中古文学，编撰有《魏晋南北朝文学史讲义》，对山水诗、陶渊明、谢灵运、鲍照等皆有专门论述，校注出版《二晏词选》（广东高教出版社1988年版）。他还十分关注俗文学，早在20世纪20年代就参与北京大学、中山大学发起的搜集民谣运动，深入广西农村，搜集编成广西农歌集《耕者之歌》；60年代又整理评注了清末招子庸的《粤讴》（广东人民出版社1986年版，中山大学出版社2017年版）。

陈寂是现当代诗坛重要诗人，一生致力诗词创作，尤攻古典诗词，所作近两千首。20世纪20年代即在吴宓、刘永济主编的《学衡》发表古体诗词，1935年刊行自选诗文集《鱼尾集》（上、下卷），1942年刊行诗词文三卷本，亦名之《鱼尾集》。1948—1949年，他主编《广东日报》文艺副刊"岭雅"，发表各体诗文近百篇。晚年他又将一千余首作品录为《枕秋阁诗词集》（未刊稿），可惜一生坎坷，诗稿随手散佚，所存仅为部分而已。其诗词曾深得陈石遗、陈述叔、叶恭绰、陈寅恪、方孝岳诸名家之赏誉。

陈寂之于广府，生于斯，长于斯，感于斯，咏于斯，地域生活既久，本土感怀遂深。兹就其诗歌"本土感怀"这个主题特征略作叙述。

一　感物之作

在陈寂诗词世界里，岭南风物满眼皆是，广府场景扑面而来，景语情语，互相触发，正所谓"物色之动，心亦摇焉"（《文心雕龙》）。先看描写广府"地标"的诗。

《白鹅潭》[①] 诗：
白鹅潭水白鹅游，霮䨴空蒙水气浮。行过新桥怀旧梦，十分风雨一痕秋。

《海珠桥》诗：
海珠桥下水潺湲，桥上车雷昼夕喧。蝴蝶海棠都老了，恨无卮酒醉南园。

《浴日亭》诗：
浴日亭空海气鲜，珠江水色涨南天。寻诗却少沧浪兴，黄木

---

① 陈寂：《枕秋阁诗文集》，黄山书社2010年版，第279页。以下所引诗词均出自此书。

湾头欠一船。

《六榕寺》诗：

珠江水涨木棉开，人世兴亡百往回。今日六榕僧院闭，只留花塔独崔嵬。

《东湖》诗：

东湖湖水荡朝阳，九曲桥边地不凉。湖水便多湖树少，好留湖水洗鸳鸯。

《南园》诗：

此地勾留廿载强，南园水石足清凉。竹林自可随人看，何事偏教隔粉墙。

《白云山》诗：

南天高处赏秋妍，无奈千峰冷木棉。太息流花桥畔过，英雄魂梦又千年。

《鼎湖山》诗：

乡园人老石榴黄，鸡狗桑麻话短长。云外西江流不尽，鼎湖浓黛作秋妆。

《七星湖》诗：

蒙蒙湖水绿匀衣，芡实初圆莲子肥。好向五龙亭上望，夕阳红处鲤鱼飞。

这些广府"地标"，包含着深邃的历史文化内涵，触发了诗人的内在意象，产生出特征性的地理印痕：白鹅潭的空蒙水气，浴日亭的鲜浑海气，海珠桥的潺湲流水，六榕寺的崔嵬花塔，白云山的木棉英魂，鼎湖山的浓黛秋妆。诗人在此省却了许多地理描绘，却突出了诗人的意念。

其实，诗人对广府风物的感发，更多地注入了自身日常生活感受。20世纪五六十年代，他任教于中山大学，生活于广州"河南"（今海珠区），于周边的生活环境有更多的关注。诸如：

《下渡村》诗：

网落日斜收魴鲤，人来春半种篔筜。廿年下渡乡边住，始信珠江是画廊。

《琶洲》诗：

秋色苍然送归客，不知桑苎已成围。溪中塔影朦胧见，已近琶洲路转西。

《客村》诗：

郊路频过梦有痕，疏畦菘韭味常温。水蕻花发秋塘艳，夕照无言到客村。

《赤冈》诗：

闹春鹅鸭乱纷纷，买菜求多只蒜芹。行到赤冈好风景，一溪杨柳半溪云。

下渡村是东汉名人杨孚故里，与住在中山大学东北区的诗人居所只有一墙之隔，而客村和赤冈更是诗人日常买菜之地，当时还有着大片菜地，自然也是畦塘好景之地了。

还有许多描画岭南物产的咏物诗，同样寄寓着作者乡情。

《咏荔枝》诗：

荔枝嘉果甲南交，已摘犹酸绿满梢。三月乍过新上市，晚窗初擘玉荷包。

五月家园万颗红，尝新应记岭南风。东坡啖后忘荣辱，时触乡心到蜀中。

《枇杷》诗：

清和时节暖寒兼，荡眼湖波绿满奁。乍熟枇杷君试摘，肯输崖蜜几分甜。

《咏黄菊》诗：

重阳风雨懒登临，南岭岧峣海水深。雁背着霜黄菊盛，四时风物总关心。

《禾雀花》诗：

鹦鹉兰垂彩雀花，冰泉一掬注琼芽。天葩忽坠斑斓甚，疑是银河泻晓霞。

《红棉》诗：

十年长傍水边来，莲藕茭芦满地栽。我种红棉在山腹，白头何日见花开。

《老榕》诗：

榕树长遮十亩阴，交柯接叶郁成林。岭南旧物君须记，社后村前试一寻。

总之，作者此类感物之作，直是一章章充满地域色彩韵味的竹枝词，自然也展现出本土风情。又如《疍家》诗二首：

浈水南流是我乡，五羊城郭郁苍茫。月明昨夜珠娘睡，懒唱莲仙客恨长。

十五梳头学阿娘，春衫月白碧罗裳。晴窗染笔凭挥洒，不画鸳鸯画凤凰。

《东莞客舍》诗二首更是直用口语俗语：

打鱼种稻一家偕，住近江头第六排。最好夕阳回首望，蛇头湾上亚娘鞋。

孤屿遥连二虎间，江天破晓露双鬟。举头忽见浮岚影，如读清湘画里山。

自注：亚娘鞋，大小虎，皆山名。清湘，清代画家。

而《田头杂唱》诗二首，则直采新民歌章法：

有日凤凰飞下地，有日鲤鱼游上天。有日铁牛翻地急，翻平千岭作良田。

珠江男女爱唱歌，歌声更比江水多。今日唱歌过淮水，明日唱歌过黄河。

二 感时之作

既然岭南风物包含着深邃的历史文化内涵，那么，陈寂诗词充满岭南风物特征的感物之作，实际上也是他感今怀昔的感时之作，由此构成本土感怀的时空交集语境。例如他早年所作的《相见欢》词二阕"越王台下作"：

悲歌独上高台，尽徘徊。惆怅西风时节最堪哀。千古事，空俯仰，兴悠哉。无奈西江江水不西开。

凭高更与谁同，故王宫。开落红棉孤梦太匆匆。君莫问，昔人事，霸图空。遗恨夕阳荒草野烟中。

《南越王》诗三首和《南汉》诗三首同是感时伤物之作：

万树红棉百丈雄，花光能与赤龙同。武王椎髻金棺里，倏驾青霓入玉宫。

寥落山川几霸才，珠江水急浪花催。赵佗不作任嚣死，唯见秋磷上越台。

鲤鱼冈上有高丘，漠漠玄云簌九州岛。多少英雄魂魄老，倚阑看剑负兜鍪。

昌华无地觅刘王，难把兴亡问海棠。试听流花桥下水，声声流尽旧斜阳。

明珠埋在水之涯，待得潮生月未斜。可惜刘王无霸业，误人休说素馨花。

素馨斜外夕阳斜，花地无人吊落花。陌上花开曾见否，花田原是美人家。

通过富有意味的时空物象，用以突现特定的时空存在，建构起富有诗意的时空意境。越王台、英雄树（红棉）构筑出南越国，流花桥、素馨花构筑出南汉国，实际上用诗歌意象构筑历史故事，生成美学意境。换言之，诗人善于捕捉岭南风物，张罗历史场景，营造时空意境，积淀成追今抚昔的感怀。

《荔湾挽歌》诗二首：

荔子湾头草树新，也怜风物也怜人。而今再到曾来处，片片飞花掩路尘。

曲汊长桥问旧游,小怜双桨鬓边秋。回头四十年中事,醉卧乌篷始欲愁。

《越城哀词》诗二首：

越王城下有沈哀,水绿珠江客未回。为语下臬须记取,再来休向故乡来。

旅食江湖路暂分,乡心犹绕越山云。故园梦去逢寒食,乱踏桃花拜断坟。

诗人于诗体,一直致力于七言绝句,少日即有声诗坛,中山大学詹安泰教授40年代即有"陈子凤以七绝著"之誉,故友人戏呼之"陈七绝"。而七绝"图式"正吻合其本土意象抒怀之形态,从上述所引略可窥见。

至于"换了人间"的景象,诗人又有了焕然一新的今非昔比之感了。且从作于20世纪60年代的两阕歌咏越秀公园北秀湖的"旧瓶装新酒"词章里,见到诗人新泛的殷和之绪。

《临江仙·北秀湖》词：

首夏清和犹未至,晴春淑景堪夸。风喧日暖好年涯。旱涝皆已过,耕稼自然嘉。眼底岭南多盛事,江山人物繁华。满湖新绿满城花。清时跨老杜,休说四娘家。

自注：谢灵运诗："首夏犹清和。"杜甫诗："黄四娘家花满蹊。"

《江城子·北秀湖探菊》词：

菊花开了过重阳，插盆霜，绕篱黄。翠萼珠英，还似玉雕装。百丈锦屏园满路，青嶂下，领寒香。小桥西去碧波长，镜纹光，水风凉。秋晚游人，打桨过横塘。拨动湖心千点渌，鹅鸭乱，不成行。

三 感事之作

常言有道，诗之中有事，诗之中有人。所谓感物之作，感时之作，无非皆是感事之作也。所感之事，略可分为时事与人事二端。时事者，诗人之时世遭遇也；人事者，诗人之人际交往也。陈寂诗词自是反映其时世遭遇和人世交往，涵寓于这些"忧生揽景"之言中（《鱼尾集自序》），在时空交集的坐标点里寄托着自己身世。例如，写于20世纪中叶的《柳州》诗，记录了20年代自身前往广西柳州任教任职之劳顿及其思乡之情，弥漫着本土气息：

往年携妇客边州，三姐歌声压远陬。
曾在立鱼峰上听，任教残月落城头。
早年于役象州乡，似有苹花染袖香。
梦在六徭山下过，攀花撩月入歌堂。

全面抗战时期广州沦陷，中山大学迁到粤北坪石，诗人应聘中山大学师范学院，其间饱受战乱之苦，迁徙之累，有《武溪》组诗十章记其辛酸者：

《武溪　由粤垣至坪石途中作》组诗（录四）：
南来水宿尝稽客，北渡仍迷江浦秋。
绝叹兵尘销未尽，市楼赊酒耐淹留。
峡口秋风吹短篷，英州山色镜奁中。
故人浪说江天好，不见青林酒斾红。
茧足空山客梦荒，北游风雪压残装。
翻思海澨吟春地，可有阑边旧夕阳。
绕花宁梦故春回，玉萼珠柎有可哀。
绝忆海隅过寒食，乱红曾傍客簪来。

作者曾自称"我诗学宋不学杜"，这些篇章也被当时诗家评曰："气格命笔均肖东坡（苏轼）"，"极意排宕乃似颖滨（苏辙）"。同题《武溪》之七律则云：

> 武溪板阁俯溪流，此地曾埋一段愁。九厌兵尘倦行路，暂持乡梦上归舟。因怀昔遇常悲咤，何意今生有怨尤。儿女二三亡者一，老妻白发已盈头。

可谓以宋人骨格涵唐人沉郁者，乃是诗人着力之处。

1966年秋，"文革"爆发，陈寂备受冲击，被戴上"学术权威""牛鬼蛇神"高帽，贴大字报、抄家、游街、批斗，关进"牛棚"，白天割草，晚上写交代；被停发工资，只发56元用作全家五口的生活费。又勒令他三个月内搬离学校，全家被赶至校园墙角一间简陋宿舍，十年后，他逝世于此间。其《运动纪事》组诗堪称当时身世实录。

《运动纪事》组诗：

抄家

披发空山哪有家，休嗟世事乱如麻。

不消更作滋兰梦，栽就还成野草花。

游街

划蕙焚芝意未平，挝金伐鼓梦常惊。

古今势异君知否，不畏前贤畏后生。

归队

迹近佯狂亦未真，野鸥情性苦难驯。

如何忽预灵山会，却被天花打着身。

批斗

为云为雨尚冥蒙，戈戟森然逼眼中。

自抱危弦防太直，悲欢未必与谁同。

牛棚

余年只合称牛鬼，盛世宁须诵典坟。

收拾锄耰甘苦役，古来绛灌本无文。

审查

坐系乌台迹已陈，雪堂初憩酒边身。

如何隔岸沙鸥侣，还信东坡是罪人。

交代

但羞富贵不嫌贫，旅食江湖一病身。

许我看花还买醉，旧时人是此时人。

疏散

邻里频来促整装，眼前容易即他乡。

岂惟太白伤憔悴，我亦惊疑放夜郎。

历史兴亡，风云惊逝，令人感恻，令人慨叹；而故旧知交，亲朋戚友，身边眼前，死生契阔，尤足"怆然兴怀"（《鱼尾集》自序）。兹举一二：一是廖平子。廖平子，字苹庵，顺德人。早年赴日留学，加入同盟会，为香港《中国日报》《中国时报》主笔。民国初聘为政府议员，后弃职回乡，又任党史编纂委员。全面抗战时组织民团抗日，失败后避地澳门，自编自撰自抄《淹留》半月刊。1942 年迁居曲江，又创《予心》。陈寂与苹庵于澳门和曲江皆有过从，唱和诗艺。苹庵有《寂园以万字果酒见赠饴后得句》（四首）、《寂爱读余入春以来新诗谓青洲风物被余占尽大有瞠乎其后之意以彼居青洲又着写青州志诗以答之》（五首）等刊于《淹留》。1943 年，苹庵弃世，陈寂以词吊之。

《鹧鸪天·癸未仲秋，苹庵捐馆曲江，倚此哭之》：

百战河山草木腥，白头为客盼承平。谁知短晷山阳笛，却向蛮溪掩泪听。书断续，梦伶仃，故人江海数晨星。明朝不敢登高去，愁满西风野史亭。

二是高剑父。陈寂有《高剑父并叙记》记其行谊：

一九三五年余与剑父相遇于濠镜，旦夕风雨，时相往还，赋诗饮酒，数举大白以写家国之忧。余尝有句云："画中不是西湖水，莫当临安二月春。"又云："莫将萧瑟较兰成，新亭往事谁能道。"盖犹惓惓于家国，固非以江潭踯躅为严陵晦迹也。至一九四五年，剑父重创春睡画院于粤秀山麓，邀余为诸生课诗，与关山月、黄独峰、苏卧农诸君善。其后剑父束装归马交，竟捐馆舍矣。去留之际，有系于时，黄垆虽在，踪迹已陈。此帧为剑父赠予遗作，可居室主得之，属余题记，因为略述往事，并系以诗。

感旧还怜往迹空，侵寻人事百难同。谁将画里江南岸，补与斜阳一抹红。

又有《怀谷雏（张虹，广东国画家）》诗云：

谷翁山水剑翁剑父兰，生死交情在画间。若是客窗还念我，丹青应写故园山。

综而言之，陈寂诗词具备深厚的本土情结，叙粤地，言粤物，感粤时，纪粤事，怀粤人，发粤声。其中诗人自身乡愁扎根本土地域，诗人自身体味寄诸本土风物，诗人自身感受贯注本土时代，诗人自身遭遇汇入本土叙事，诗人自身情愫融入故人交谊，从而构成陈寂诗词浓郁的本土感怀特色。

（陈方：中山大学资讯管理学院副教授）

广府民俗
文化研究

"非遗"视域下咸水歌的保护与传承研究

谢棣英　郑少霞

遥闻咸水歌,便知有水上人。如今听闻咸水歌,声声是非遗。咸水歌伴随水上人从呱呱坠地到两鬓斑白,从衣食住行到生老病死,已然成为水上人不可或缺的一种生活方式。然而随着城市进程的加速,水上人上岸定居,结束了浮家泛宅的生活。而脱离了水生环境的咸水歌的功能与内涵,也在时间变迁中发生着变化。自我国加入联合国教科文组织《保护非物质文化遗产公约》以来,国家掀起一股非物质文化遗产的申报浪潮,各地的咸水歌逐步被人们从遗忘的角落里拾起,放入非物质文化遗产的篮子里,保护、传承、发展等工作也在如火如荼开展中,昔日彰显水上人群体特征的口头文化,逐渐转化成为校园文化、社区文化乃至传统村落旅游文化经济的重要内容,人们正重新认识咸水歌。本文从"非遗"视角出发,以咸水歌为研究对象,重新审视目前咸水歌被列为非物质文化遗产后的变迁,试图为咸水歌的保护传承、可持续发展提出解决思路,为推动非物质文化遗产走向文化自信提供具有建设性的参考意见。

一 非遗视域下咸水歌的保护与传承现状

新时代背景下大多数非物质文化遗产依然面临被挖掘、保护、传承与发展等方面的问题,我们且从现状及存在的问题来剖析咸水歌目前的保护体系、活态传承和创新发展等问题。

(一)咸水歌保护与传承的现状分析

咸水歌是水上人自娱自乐的一种歌唱形式,经过千余年的传承与发展,已然成为具有浓郁岭南水乡特色的艺术,不少文人学者、文化工作者等投身其中,挖掘其作为非物质文化遗产的文化价值、历史价值和现实价值,推动其保护与传承工作。

1. 文化学者成为非遗保护"记录者"

河涌交错、水网纵横的水乡环境,孕育了水上人家,水上人家孕育出了独特的风土人情和生活方式,其中便有富有水乡情怀的咸水歌。咸水歌内容形式极其丰富,每逢婚嫁丧娶、节庆民俗之时,水上人即兴演唱,用咸水歌表达内心真实的情感,因此咸水歌成为记载水上人沧桑历史的主要载体。如今随着各地水上人上岸,原有的自然生存环境在城市化进程中已支离破碎,现已无法再现原生态水上人的生活及其习俗。时代变化造就咸水歌文化的变迁,也逐步显现咸水歌的历史意义和现实价值。由于水上人大多不识字,多是通过口口相传的方式传承下来,鲜有文字详细记载咸水歌的历史发展历程,间或只能从古人书籍上发现些许足迹。现如今大多数研究者主要是通过整理文献书籍、田野采风等方式采集遗漏散落在各地的"古老"咸水歌以及对比新时代创作咸水歌来研究咸水歌的起源、风格、种类、调式、体系、流派以及开展非物质文化遗产保护、传承等,明显不足的是,较少学者以音乐人类学角度，从系统性、流动性角度考察、分析和研究历史发展中动态流变的咸水歌。

2. 咸水歌申报带有明显的"区域"特性

自全国非物质文化遗产保护策略实施以来，不少民间文化的保护与发展迎来新的机遇。以咸水歌为例，2006年中山咸水歌经国务院批准被列入第一批国家级非物质文化遗产名录；2007年广州咸水歌入选广州市首批、广东省第二批非物质文化遗产名录；2013年阳江咸水歌入选广东省第五批省级非物质文化遗产名录；2014年顺德区咸水歌被列入第四批区级非物质文化遗产名录……可见各地的咸水歌以区域性为特性，争先被列入非物质文化遗产名录，并出现一批批非物质文化遗产代表性项目的代表性传承人，如国家级吴志辉，省级谢棣英、黄锦玉、杨爱，市级张建仔，等等。借助非物质文化遗产申报春风，咸水歌的挖掘、保护与传承工作得到大力支持和发展。2021年中共中央办公厅、国务院办公厅印发《关于进一步加强非物质文化遗产保护工作的意见》，提出要健全非物质文化遗产保护传承体系和提高非物质文化遗产保护传承水平，目前咸水歌已形成国家、省、市、县四级名录体系，各地也在逐步完善咸水歌的保护体系，并建立相对完善的传承人制度与传承人研培研修计划等内容，大力地推动了咸水歌在当代生活中的创造性转化和创新性发展。①

3. 校园逐步成为非遗的主要传承基地

为了促进非遗传承、传播载体建设，拓展社会各界参与非遗保护的渠道，各市（县区）文化广电旅游局每三年开展一次非物质文化遗产传承基地评选认定工作，学校、博物馆、行业协会、企业等各类单

---

① 萧放：《健全非物质文化遗产保护体系是新时代非遗保护传承工作的关键》，《中国非物质文化遗产》2021年第5期。

位均可申报。以广州市为例,自 2010 年活动开展以来,广州市的海珠区长安东街小学、大元帅府小学、后乐园街小学、前进路小学、同福中路第一小学、滨江水上居民民俗博物馆、越秀区建设大马路小学、南沙区东涌镇咸水歌会等先后入选广州市非物质文化遗产传承基地。[①] 学校将咸水歌引进音乐课堂,有的还成立了咸水歌合唱队、咸水歌舞蹈队,逐步提高当代青少年对本土文化的认同感,不断增强青少年民族文化自信。在实施"咸水歌进校园"的过程中,老师与传承人合作分工,采用"收集—筛选—分类—编写"的方式,不断挖掘咸水歌文化资源,筛选曲谱、歌词、录音、视频等素材,精心设计教学方案,编写多部本土音乐的校本教材,拓展学校办学特色。此外,目前不少传承基地正探索与代表性传承人、中小学幼儿园、城市社区、文化创意企业等多元单位协同合作,试图多维度、多层次地推动非物质文化遗产的传承,充分发挥非物质文化遗产传承基地在活态传承、保护传播、培养后继人才等方面的重要作用。由此可见,传承基地已然成为非物质文化遗产传承发展的重要载体,其中中小学成为传播展示非物质文化遗产魅力的主要平台。

表1　　　　咸水歌非遗保护体系(摘选广东省代表性区域)

区域	非遗项目	代表性传承人	传承基地	书籍
广州市	广州咸水歌	省级:谢棣英 市级:彭艳好、刘学东、张健仔、何柳燕	市级:滨江水上居民民俗博物馆、海珠区大元帅府小学、海珠区后乐园街小学、海珠区前进路小学、海珠区同福中路第一小学、越秀区建设大马路小学、海珠区长安东街小学(已并入基立道小学)、南沙区咸水歌会等	《广州咸水歌》(2017) 《渔声——横沥咸水歌》(2012)

---

① 谢棣英编著:《广州咸水歌》,广东教育出版社 2007 年版,第 205—206 页。

续表

区域	非遗项目	代表性传承人	传承基地	书籍
中山市	中山咸水歌	国家级：吴志辉 市级：梁三妹、吴容妹、吴连友	省级：东升镇胜龙小学 市级：坦洲镇裕洲小学、坦洲镇新合小学、坦洲镇林东小学、南朗镇云衢中学、港口镇下南小学、东凤镇东罟小学、横栏镇中心小学、民众镇新平小学等	《水上情歌——中山咸水歌》（2008）
东莞市	沙田咸水歌	省级：黄锦玉 市级：叶敬银	市级：沙田镇中心小学、沙田咸水歌传承基地等	《沙田咸水歌》（2009） 《东莞民间歌曲集成》（2009）
珠海市	沙田民歌	区级：梁群英	省级：南屏曾正中学 市级：香洲区广生小学	《珠海沙田民歌》（2005）
阳江市	阳江咸水歌	省级：杨爱、陈昌庆（已故） 市级：李小英、张长州、杨国珍、冼益改	—	《阳江文化濒危的瑰宝——咸水歌》（2018）
江门市	新会大鳌咸水歌/台山民歌	市级：李凤连、梁珊珊	区级：新会区大鳌中学	—
佛山市	顺德区咸水歌	—	区级：顺德区大良凤翔小学	

（二）咸水歌保护与传承存在的问题

非物质文化遗产的保护和传承是一项具有现实性和长远性的系统工程，既是历史的，也是当代的，并且是动态发展变化的，我们需要以发展的眼光看待咸水歌在保护传承过程中遇到的新问题。

1. 资源丰富却"家底"不清

广东的咸水歌散落在广州、中山、佛山、珠海、阳江、汕尾等沿海一带以及珠江三角洲河网交错地带。咸水歌属于拥有比较完整体系的民间歌曲，正如同产生它的地理位置一样，它综合了中原地区各种常见的民间歌曲元素，并包含了从祭祀到劳作、生活、娱乐等各个方面。随着社会经济发展，水上人相继上岸，对于单靠口传心记的咸水歌文化，人们只能通过寻觅各处古书等文献书籍、地方文本资料，如北宋《太平寰宇记》、宋代《岭外代答》、明朝《香山县志》、清初《广东新语》等，以及《疍歌》（1927）、《河南疍民调查》（1933年）、《三水河口疍民调查报告》（1944年）、《疍民的研究》（1946年）、《疍民问题参考资料》三册（1953年）、《广东民间歌曲》（1958年）、《广州地区民歌选》（1979年）、《广州地区民歌一百四十首》（1980年）、《中国民间歌曲集成·广东卷》（2005）等。进入21世纪，非遗传承人、文化工作者以田野采风等方式记录咸水歌，并编纂成书，如《广州咸水歌》《阳江文化濒危的瑰宝——咸水歌》《水上情歌——中山咸水歌》《渔声——横沥咸水歌》《疍民水乡手记》等。虽然不少学者投入咸水歌的挖掘、记录工作，然而整体依然是碎片化、区域化、模块化，新旧咸水歌究竟有多少？现如今还有哪些地方的咸水歌尚未被发现？依然是一个不解之谜。咸水歌是源自水上人，发展于"水上居民"，弘扬于"当今社会"，如何通过"穿越时空"寻觅、整理和归纳各地的咸水歌，全面解读非物质文化遗产承载的厚重的文化记忆，将是我们接下来的重中之重。

2. "批判继承"非"批判保护"

咸水歌是水上人的歌谣，它最大的特点是不脱离群体特殊的生活、生产方式，是水上人个性、审美习惯的显现，并以身口相传的方式得以延续。水上人吃五谷杂粮，喝河涌水、珠江水长大，其生活习惯、习俗文化不可能完全符合现代化"文明"的标准，但这部分被认为"不文明"的文化却是组成水上人"完人"的一部分。对非物质文化遗产的保护工作我们常持有"批判继承"的观念,"取其精华,去其糟粕",然而这并不是真正的非物质文化遗产保护。比如水上人在咸水歌对唱中常常掺杂着粗言烂语,因为他们认为,没有脏话就没有独具一格的地方方言。他们以脏话证明双方的亲密关系,以脏话表达言语者情感。如,对熟人则会直接来一个"屌";对最较为亲近的兄弟,更是开口就来一句"你个死柒头"。好比这一段咸水歌的对话:

陈伯有:"妗有,咁啱嘢,坐艇去边度啊?"

妗有:"哦,今日个死柒老公,想上岸买只鸡食。"

陈伯有:"依家果滴鸡甘鸠贵,我劝你米鸠买了。"

妗有:"咁又系,就食我哋自己打捞的鱼算啦。"

水上人把伯母(无)叫"伯有",妗母(无)叫"妗有"。看似粗俗鄙陋的咸水歌,却是鲜活的水上人家生活的真实写照,然而在现有的书籍、文本等资料上却难以见到如此真实、生活化的咸水歌。

3. "自主造血"功能发育不全

2005年3月,国务院办公厅颁发的《关于加强我国非物质文化遗产保护工作的意见》,明确了非物质文化遗产保护工作的指导方针,即"保护为主、抢救第一、合理利用、传承发展",这使得非物质文化遗产往往侧重"在保护中传承,在传承中创新,在创新中发展"。然而,不同的非物质文化遗产,其保护的思路应该不同。有些不能产生经济效益的非物质文化遗产,往往要从社会效益层面入手进行保护。对于具有一定生产性的非物质文化遗产,各地正大力探索从政府部门"输血"向自身"造血"发展,多产业跨界融合发展成为趋势,有关非遗旅游、非遗研学、非遗民宿、非遗演艺、非遗文创等产品形态不断涌现。对于咸水歌而言，目前主要是政府部门采取"输血式"的保护措施，即由有关部门在经济上给予适当的补助补贴。但基于区域的非物质文化遗产众多，咸水歌所获得的经济补助也是有限的。广东省各地在逐步探索疍家文化（含咸水歌）的开发利用，如阳江市岭南疍家文化小镇、广州市东涌水乡风情街、江门市新会区睦洲镇石板沙疍家水乡风情岛、茂名市百墟千村振兴计划（疍家墟项目），以及石板沙首届疍家文化旅游节等，让咸水歌文化助力乡镇、城市的旅游发展，但整体而言目前仍处于摸索阶段，需要进一步挖掘"自主造血"能力。

4. 缺乏系统观开展非遗保护工作

自我国颁行《中华人民共和国非物质文化遗产法》等法律法规以来，各级政府部门纷纷在普查的基础上加快构建四级非物质文化遗产名录。民间许多濒临消失的民俗文化被纳入非物质文化遗产保护名录，其数量呈现井喷式增长，然而数量暴涨是否对非物质文化遗产带来真正的保护，是否会陷入"重数量，轻保护"的怪圈里？这些被纳入非物质文化遗产名录的项目是否符合非遗申请标准？是否存在不同区域重复申报同一个项目的情况？以咸水歌为例，各地以区域划分，纷纷申报"咸水歌"非物质文化遗产名录，如中山咸水歌、广州咸水歌、珠海沙田民歌、东莞咸水歌、阳江咸水歌、汕尾咸水歌、惠东渔歌等。而咸水歌并不是单纯的一种民间歌谣，它依托于水上人，而水上人则是一个非常特别的群体，其婚礼、节庆、饮食、服饰等民俗文化均带有浓郁的群体、区域色彩，因此，各地除了挖掘水上人的咸水歌之外，也在挖掘水上人的其他独特之处，积极申报非物质文化遗产，如珠海市斗门区"斗门水上婚嫁习俗"、广州市南沙区榄核小镇"香云纱薯莨染整工艺"被列入国家级非物质文化遗产名录；肇庆市端州疍家糕、深圳市龙岗区南澳街道疍民过年习俗（舞草龙祭拜妈祖）、广州市南沙区东涌镇"疍家传统系列小食"等被列入广东省非物质文化遗产名录，广西北海疍家服饰制作技艺被纳入自治区级非物质文化遗产代表性项目名录、福建省厦门疍民习俗为福建省非物质文化遗产等。这不禁让人反思，同一个事项以地域、人群、类别等方式划分成不同种类的非物质文化遗产进行保护是否合理？现在亟须的是建立科学的、正确的遗产观，非物质文化遗产申报的初心是守护一方文化净土而非经济利益驱使。与此相关的是，非物质文化遗产具有共享性、属于全人类共同的文化财产的属性不能被遗忘，我们需要正确认识非物质文化遗产自身的特点和保护、传承与发展的规律。

二 咸水歌保护、传承与发展的路径思考

非物质文化遗产的保护已经从"申遗热"过渡到"后非遗时代"，其保护、传承工作在步入正轨后，进入巩固抢救保护成果、增强传承活性的新时期。在秉承传统、不忘初心之时，我们亟须调整非遗保护、传承与发展的策略，让非遗真正融入时代，融入人们的生活。

（一）非遗视域下咸水歌未来保护与传承的重新定位

一是既要保护咸水歌文化事象本身，更要保护其生命之源。一方面，基于文化的地域性，可允许单项提取某些文化元素，加强个别单项的分类式保护，如现有的以区域划分、挖掘水上人的咸水歌去进行非遗申报；另一方面，需要调整、转变保护思路，对水上人的生存环境、生存生计、民俗节庆、宗教信仰等多维度内容进行整合，逐步实现立体化的保护传承。二是辩证看待、尊重文化认同和价值认同。现在仍然有不少地区的水上人不愿意谈及自己的疍民身份，但地方文化

工作者却十分肯定并愿意宣传咸水歌的疍民文化属性，如广州南沙东涌镇、中山坦洲镇、东莞沙田镇等区域重提"疍家"称谓，这就是涉及"身份认同"的核心问题。[①] 虽然"疍"字相关称号在中华人民共和国成立后一度废止，现重新提出打造"疍家文化"，但这并不是要展示落后文化，而是为了展示文化的地域性、特殊性，以及新时代疍家文化已然从专属水上人的群体文化成为区域本土人们共同享有的文化财富。三是重视咸水歌文化的价值观及其产生的历史背景，全面保护非遗文化的原真性。应全面地、"不做修饰"地对咸水歌进行挖掘、收集、整理和归档，为后人还原水上人家一个真实、生动的生活面貌。四是守护重视文化的"过去时"形态的同时，关注"现在式"形态和发展"未来式"，应持有开放、包容的心态，允许新时代不断"创作"、"发展"咸水歌。

（二）深化非遗文化走进校园和社区，润心育德化人

目前各大中小学积极开展"非遗进校园"，其中咸水歌文化在校园传承中取得较好的成绩。趁此春风，应持续深化咸水歌走进校园：坚持与非物质文化遗产传承人或相关专家学者合作，邀请进驻学校第二课堂；指导教师们与传承人等编写特色教案唱本，使传统唱本与新编歌谣并重；设立校史展览馆一角立体展示疍家文化；定期举办咸水歌校园比赛并参加节日演出；创设咸水歌、服饰欣赏及制作、疍家美食等体验课，在实操上体验非遗的特色。这些体验式非遗活动不仅有助于青少年近距离接触非遗、熟悉非遗，实现非遗在青少年一代身上的继承与发展，还有利于非遗的发展壮大，有利于促进中华优秀传统

---

① 李萍：《从"他者"到"本土"——民国至今珠江三角洲疍民咸水歌的历史叙事与文化变迁》，《中国音乐》2018年第6期。

文化的可持续发展。此外，应积极推动咸水歌文化走进社区，推动疍家相关元素融入现代社区，通过政府搭台、文艺大咖的加盟，运用疍家文化综合元素与本土资源优势填充回归社区居民的生活，如举办咸水歌交流会、讲述水上人故事、制作疍家美食、进行水上人家特色建筑设计比赛、疍家文旅景点策划等，从而培养社区居民保护传承非物质文化遗产的意识和行动力。

（三）非遗保护工作需转入系统性、整体性的视角

系统性是中华文化的显著特征之一，文化脉络不仅仅是要素展示，而且有它依托的特定的群体、特定的时间、特定的环境、特定的气候等。非物质文化遗产单就一"点"难成系统，一旦放至市级、省级乃至全国层面的大脉络里，其价值意义往往会凸显。应逐步从县域到市域到省域进行谋划，着眼于咸水歌文化传承体系的互融关联。对于不同地域、不同人群共同占有的非遗项目，需要大家合作保护，而不应破坏其完整性。这就要求打破行政区域、派别的划分，对类似的非遗项目进行合作式保护，促进地域文化进行流动交流、共创和共谋发展。此外，应加大人力、物力和财力投入，以整体视域、加快开展历史文化保护传承体系研究等一系列举措，对疍民文化进行抢救性的发掘和整理，诸如利用视频采集、录音、拍照、文字记录等技术手段，在广度和深度上深化非遗资源调查，全面系统地记录不同区域的水上人的遗存资源，凝练其价值特征，对水上人群体的各类文化遗产建立起详尽的数据库，摸清文化传承遗存的"家底"，做到心里有底、心中有数，为后人留下体系化的宝贵资料。①

---

① 邓启耀：《非物质文化遗产保护的多重真实、多维整体与多脉传承》，《文化遗产》2022 年第 3 期。

（四）从整体性保护出发，试点文化生态保护试验区

非物质文化遗产源于具有民族特色的村落文化和原生态生活，尽管有些非遗文化内容和活动对普通人而言存在知识和技能的门槛，但其人文内涵大多源于长期民间生活和智慧的积淀。只有让非遗积极融入当代人的生活中，让其真正"活"在当下，才能让普通大众尤其年轻人更易接受，也才能更好地焕发持久的生命力。在全域旅游背景下，应秉持"见人见物见生活"的保护传承理念，不仅要保护单一的非遗事项，还要保护水上人的传统习俗和生活形态，以及古村风貌、古建筑保护等物质遗产诸多方面。应该说，文化生态保护试验区是较好的尝试。可通过加强非遗与旅游、经济、文化的深度融合，积极探索创新，打造非物质文化遗产特色品牌，让咸水歌元素、疍家元素与乡村旅游、特色小镇融合，积极响应中央号召"保护传统村落和乡村风貌"，盘活集散地文化资源，实施修旧如旧，因地制宜打造非遗生态保护区，并注入现代人缺失的文化记忆，如咸水歌斗歌、疍家婚俗、疍家糕制作、水棚生活等，留住乡土情，保护文化根。[①]

（五）后非遗时代下非遗发展的"文化自信"之道

非物质文化遗产的保护从发掘做起，数量增长则是在情理之中。然而非遗的保护不仅需要重视挖掘非遗资源、逐步增加受保护非遗的数量，更要重视非遗保护的质量。当今我们已经真正进入"后非遗时代"，在完成非物质文化遗产抢救和认定工作之后，未来的非遗应何去何从？《保护非物质文化遗产国际公约》第 2 条"保护"的阐释是

[①] 唐仲山：《非物质文化遗产整体性保护与文化生态保护区建设——以青海省文化生态保护区建设为例》，《青海民族研究》2021 年第 4 期。

"指确保非物质文化遗产生命力的各种措施，包括这种遗产各个方面的确认、立档、研究、保存、保护、宣传、弘扬、传承（特别是通过正规和非正规教育）和振兴"，由此可知，未来我们更要思考如何科学地保护、传承和发展、弘扬乃至振兴，如何让更多人认识咸水歌等非物质文化遗产的存在意义和价值，即通过提高文化自信来增强对区域文化乃至中华文化的认同。首先，地方政府相关部门要有正确的"非遗政绩观"，意识到单纯的非遗数量增加并不意味着非遗保护工作成绩的突出。要明确在"后非遗时代"的角色定位，应积极深入实施非物质文化遗产的传承发展工程，推动非遗保护工作由数量规模型向质量效能型、注重抢救性保护向创新融合型发展的转变。其次，从家庭、学校、社区、社会等层面提高区域的文化自觉能力。最后，提升非物质文化遗产的"发展"动能，主动与市场连接，在保持文化原真性的前提下，逐步实现提升"自主造血"能力，吸引更多的人特别是咸水歌本身的群体（疍民）加入保护、传承、发展、弘扬的工作中，主动适应新环境、新时代文化。

（谢棣英：广东省省级非物质文化遗产咸水歌的代表性传承人、中国民间文艺家；郑少霞：广东省民间文艺家协会会员、广州市民间文艺家协会会员）

粤西木偶白戏传承的历史与现状及存在问题

吴舜华

粤西木偶戏中的白戏是本土经典的民间小戏种，在此"后戏剧时代"① 被时代娱乐潮流挤压乃至碾压，已无多少生存空间。面对它渐行渐远的背影，我们还想作些记录，免除它完全被放进历史博物馆时被遗忘的忧虑，又或者有一线生机，可以让它"活"久一些。与老艺人接触多了，心中就有这么一个念想："用我们的戏剧观念和详尽的文献、文物与田野调查资料"②，尽可能客观地还原它的历史和危机，也尝试讨论其传承过程所存在的问题。

一 传承的历史与现状

粤西木偶白戏分布极广。据孔庆夫先生研究，广东戏曲音乐分布与其"六岭"与"四江"的地理形态密切相关："由于西江水系通道的存在，下游粤西地区对上游桂南地区的许多戏曲类型也有吸收和储存。如'云浮八音'以及在整个粤西地区都有流布的'八音'与桂

---

① 黄天骥、康保成：《中国古代戏剧形态研究》，河南人民出版社2009年版，第1页。
② 黄天骥、康保成：《中国古代戏剧形态研究》，河南人民出版社2009年版，第1页。

南的'玉林八音'之间;'高州木偶戏'与广西玉林的'古装木偶戏'之间;以及广西桂剧、邕剧与广东粤剧之间等等,大抵都是基于'西江'水系通道的小规律作用,下游地区对上游地区流布而来的戏曲类型的'储存'。"[1] 这很有道理。但需要补充的是,木偶白戏之所以在粤西广泛传播,粤西沿海最大的河流鉴江的作用更大。鉴江在信宜境内,汇合东江、西江水源,由北向南流淌,构成全长231千米、流域面积9464平方千米的树枝状水系,于吴川黄坡入南海。

图1 鉴江流域示意图(图片来源:百度地图)

所以,被称为"千年古傀儡"的木偶戏传至粤西后,凭着河海之便利迅速传播到各地去,而不仅限于高州等地。[2] 据笔者所知,粤西各地均有木偶戏表演,依融入不同方言、歌谣及唱腔等又细分小类

---

① 孔庆夫:《广东戏曲音乐地理图谱与"地—人—音"关系》,《广西民族大学学报》(哲学社会科学版)2020年第4期。
② 孔庆夫:《广东戏曲音乐地理图谱与"地—人—音"关系》,《广西民族大学学报》(哲学社会科学版)2020年第4期。

别，其中以木偶白戏分布最广、影响最大。以湛江市遂溪县为例：

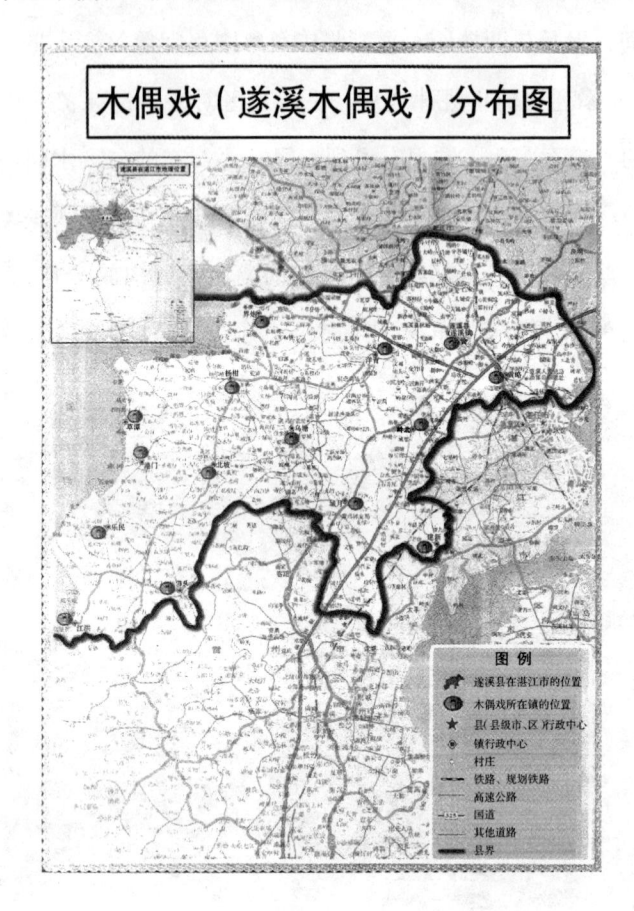

图2 湛江市遂溪县木偶分布

全县各乡镇都有木偶戏表演，且90%以上属古装木偶白戏。另有少数木偶粤剧、黎木偶、厓木偶等。在粤西，有"先有傀戏，后有人戏"之说。古老的粤西木偶戏又以白戏（即用广府白话演唱的木偶戏）为著，曾经极盛于世，经历过的人永远眷恋，永生难忘。当时那热闹、震撼的场面，正如宋刘克庄诗[①]中所写：

---

① （宋）刘克庄：《后村先生大全集》卷十《诗》，《四部丛刊》初编缩印本，上海商务印书馆缩印赐砚堂钞本（一），卷二十一，第180页。

空巷无人尽出嬉，烛光过似放灯时；山中一老眠初觉，棚上诸君闹未知。游女归来寻坠珥，邻翁看罢感牵丝；可怜朴散非渠罪，薄俗如今几偃师。

现今粤西木偶白戏的传承是勉强支撑，有不可挽回之颓势。吴川诗人邓亚明先生诗云：

《故乡之四》

逢年过节，故乡都演木偶戏

这习俗，没人说得清从什么时候开始

只知道戏金一直按人头收取

像我这样的外出人员也照收不误

小时候，没等锣鼓响起

戏台就里三层外三层围得水泄不通

不到夜深落幕人们不肯散去

而今，木偶戏的观众却寥寥无几

有几次回村，见到空荡荡的戏台一个人都没有

而那几个外来演员，仍在

声嘶力竭手舞足蹈卖劲表演

戏台前方是两个烟火缭绕的香炉

人们都说是——神在观看！

我不知该慨叹演员的兢兢业业忠于职守

还是该慨叹一种乡土文化的衰落、式微

（2022年，重阳节）

近几年，笔者就粤西木偶白戏传承的历史与现状在湛江、高州等地展开调查。

（一）湛江

1. 吴川、坡头

吴川木偶白戏是正宗的广府文化艺术。吴川历史文化底子是属于广府文化体系，有别于古雷州文化。有史记载：南朝宋元嘉年间（424—453）在吴川置平定县，隋开皇九年（589）改置吴川县，属高凉郡；明洪武九年（1376）改属高州府，清沿明制；至民国初年废府设道，属高雷道；1961年后才划为湛江地市辖区。现在吴川文化的主体仍表现为鲜明的传统地理概念上高州府吴川县（包括现在的吴川市、坡头、南三和硇洲岛）之地域文化特征。吴川面海背陆，其曾归属的高州通过阳江与广州地区相连，是广府文化辐射带的边缘，带有广府文化特征。譬如吴川三绝的泥塑、飘色、遍及全国对吴川将军刘承忠的蝗神崇拜，在珠江三角洲属地九市（广州、深圳、佛山、东莞、中山、珠海、惠州、江门、肇庆）多有流传。雷州半岛除吴川外，皆无色女色仔的飘色。吴川话被鉴定为粤语的分支。明代吴川吴阳霞街的第一位进士林廷献是岭南文化杰出代表、江门学派鼻祖陈献章的得意弟子，林廷献开创的吴川吴阳文脉，又于清代孕育出千年以来粤西地区唯一状元林召棠。可见吴川的广府文化渊源深远。吴川的广府大戏——粤剧，以粤语为依托，吸收了不少剧种的精华，成为"南派"艺术的代表，这种艺术里也包含木偶粤剧。吴川的木偶戏分两种：一是木偶粤剧，一是木偶白戏（又称"鬼仔戏""鬼儿戏""木鱼戏""竹筒戏"等），它们在文本形态、身段表演与唱腔、音乐、戏班建制、脸谱道具等方面都有很大不同，相同的是都用白话——各种带有浓郁吴川各乡镇各色方言的白话。故亦可统称为木偶白戏。

据骆国和先生的《湛江掌故》所载[①]：郑寿山（1895—1964），吴川龙头大同村人（今属坡头区官渡镇），木偶世家出身，祖、父、兄均是木偶表演高手。他六岁登台表演，八岁随兄到中国香港、新加坡、马来西亚一带演出谋生，历时十八载，演技炉火纯青，被誉为粤西"木偶戏大王"。他表演的木偶戏获奖无数。1960年9月，在罗马尼亚首都布加勒斯特第二届国际木偶（傀儡）戏联欢节上，他演出的《孙悟空三调芭蕉扇》获得银质奖，评委赞誉"中国的木偶戏，不是一般的好，而是卓越的好"。郑寿山家族所演是木偶粤剧。现今，吴川木偶白戏艺人已很少有人认识郑氏，即使有认识的，已不把他们当是自己的同行前辈。"他不是做木偶戏的。"这是吴川木偶白戏艺人李亚炎（1967年生）说的话。他们把木偶粤剧和木偶白戏严格地区分开来。从传承与发展的实际情况来看，木偶粤剧好些，有省级木偶戏传承人李福炎及他的团队，很活跃。2018年底，吴川市木偶艺术协会成立，主要以木偶粤剧团作为主干力量，李福炎任会长。

古装木偶白戏很不好，处于濒危边缘。图3是吴川的二人木偶白戏戏台，戏台搭在祠堂前，已无观众席，寥寥几位老者或者请戏的主人、木偶白戏发烧友，在戏台前两侧依祠堂边上靠前地方看戏。

吴川木偶白戏班演出已极为萧条。据调查，吴川木偶白戏演出的情况是，一年约演两百多场的有5个戏班，演一百多场的有7个戏班，演几十至一百场的有10个戏班。全区木偶戏班约45个，艺人约90人。

坡头木偶白戏与吴川的木偶白戏本是一家，同宗同源，直到2006年才独立设协会。会长李胜轩先生（1951年12月），字凯旋，其名

---

① 骆国和：《湛江掌故》，中国文联出版社2006年版，第33页。

图 3　吴川二人木偶白戏戏台（笔者摄于 2022 年 9 月 24 日）

下有凯旋木偶剧团。李先生中等身材，身子硬朗，精气神十足，说起木偶戏深情款款，眼放光芒。接受访谈时，他即席张口就唱戏，还可临场创设情景和拟戏文，唱做念白，功夫了得。观其平日演出视频，可双手各执木偶，双方对打，动作激烈流畅，时而传出震撼声响，颇有出神入化之魅力，还自然配上唱、念、白，甚精彩，颇具古雅风味。图 4—图 7 为李胜轩先生及其木偶剧团照片（均由李胜轩先生提供）。

现在坡头每年演两百多场的有 3—4 个戏班，演一百多场的有 5—6 个戏班，演百场内的有 10 多个戏班。坡头木偶戏协会约有戏班 35 个，入会艺人 100 人。老艺人叹息说："因演员老弱病残人数占 60%，青年唔学唔做，恐怕不久失传了。"

调查中，吴川、坡头原本兴盛的单人木偶戏班现已少见演出踪迹。大家都说受疫情影响，没得演了。双人木偶戏较多见，中班与大班木偶戏借助官方非遗项目申请，存有一线生机（这种情况，在粤西普遍存在，在木偶戏艺术传承中有"中兴"迹象）。

2. 廉江

廉江木偶白戏历史悠久。面朝浩瀚北部湾、世代居住九洲江口的廉江安铺人，把粤西木偶白戏称为"安铺白戏"，认为白戏源于安铺。

图4　李胜轩在表演

图5　李胜轩和他的李凯旋木偶剧团（剧团中有妇孺，皆可参与表演）

图 6　李胜轩与搭档在演出

图 7　李凯旋剧团团员在演示技艺

现在湛江很多老艺人也说，因该处有港口和江海相连之便，开始是闽浙商人带来杖头木偶，在港口船舶和岸边搭台唱戏，以解漂泊异乡之孤寂和化解乡愁。后来本土百姓喜欢，便传承下来，又加以本土化改造——在当地民歌基础上衍生一种杖头"木偶腔"，采用"板腔""爆肚"及白话唱法。廉江市的安铺、营仔、横山、高桥、青平、车板、雅塘、塘蓬、石岭、新民、石城、良垌等镇，均盛行木偶白戏演出。廉江艺人对木偶白戏的贡献很大。《廉江县志》载：清嘉庆年间（1796—1820），廉江黄世源采用簕古头制作土二胡（俗称簕古头胡）伴奏，音色柔美深厚，很有感染力，随后黄世源的儿子黄明中又加上之弦（或月琴）、笛子（兼吹唢呐）以及高边锣、钹等乐器，至此，音乐伴奏和中班木偶戏的体制形成。黄明中的孙子黄成凤弃考功名，随木偶戏班演出，他编演兼优，被誉为"白戏（木偶）状元"[1]。又据《安铺镇志》记载，1961年，安铺镇成立国营廉江县专业木偶白戏剧团，并开始吸收女演员，开始采用多人分唱形式。1971年，安铺成立白戏业余剧团。1981年，安铺成立木偶白戏职业班，人数为8人。1982年，先后成立木偶一团、二团、三团、木偶粤剧一团等个体性质组织。1984年，粤西白戏实验剧团由黄冠良、龙有略组织成立。1985年，广东省艺术研究所在《广东省戏剧年鉴》中介绍粤西廉江白戏著名艺人张春仔（1926—1984）的从艺生涯及表演风格，高度评价其高超的表演技术及敬业精神，记录他以"白戏状元"之盛名，任廉江职业木偶白戏剧团团长的事迹。1996年，广东省文化厅命名营仔镇为"粤西白戏之乡"。近年来，全国广泛开展非遗文化评选活动，曲龙村木偶白戏被评为省级非物质文化遗产，艺人黄土展被评为粤西

---

[1] 湛江市地方志编纂委员会：《湛江市志》，中华书局2001年版，第1771—1772页。

白戏省级非物质文化遗产传承人,黄广槐被评为粤西白戏市级非物质文化遗产传承人。曲龙村还有著名艺人龙有略,出生于白戏世家,其父龙梅卿、其兄龙有文等人皆从事白戏行业。龙有略授徒甚多,以发展白戏事业为己任,与黄冠良成立粤西白戏实验剧团,录制大量白戏录音带、录像带等,使得白戏声名远播。廉江现有木偶戏班83个,艺人500多,居粤西各县区之最。

再说张春仔的两个高徒。一是陈锡冰(1949年生,廉江车板斋堂角村人,曾是廉江红星木偶白戏剧团主演),他演的木偶白戏唱做念打功夫极佳,满腹经纶,令人难忘。清人徐大椿论元曲时说:"……又必观其所演何事,如演朝廷文墨之辈,则词语仍不妨稍近藻绘,乃不失口气;若演街巷村野之事,则铺叙竟作方言可也。总之,因人而施,口吻极似,正所谓本色之至也。此元人作曲之家门也。知此,则元曲用笔之法晓然也。"[1] 锡冰师傅演戏,人物语言个性化拿捏得准确。比如《海瑞进京》,海瑞会说"待我打开庐窗观星看斗",海家仆人海安、海红会说:"哎呀,老伙计,人家冇有么?""契弟仔,眼角窿窿睇小人,打佢!"唱词也有如此这般区别,亦庄亦谐,雅俗共赏,妙趣无穷,令人着迷。二是黄冠良(1951年生,廉江高桥德耀凤地人),是当今廉江木偶白戏最好的后台伴奏师傅,以学习粤剧锣鼓起步,有深厚扎实的锣鼓基本功,其于白戏锣鼓中大量借鉴运用粤剧锣鼓点和曲牌,使得白戏锣鼓演奏更加丰富,舞台表演效果更生动。

采访时,冠良师傅口授白戏之"江湖十八套"中"三结掌"的内容及艺术,这是粤西木偶白戏的珍贵片段。谨录如下(加粗部分为艺术方面的动作、音乐等提示)[2]:

---

[1] (清)徐大椿:《乐府传声·元曲家门》,《正觉楼丛书》本,第11—12页。
[2] 根据廉江黄冠良师傅口述录音整理。

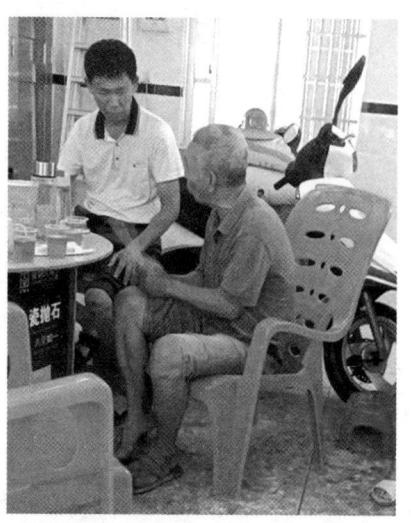

图 8　黄冠良师傅授徒（黄冠良师傅提供）

门官（白）：三小姐西堂见父。

旦（内白）：来了！（慢引子上）

诗白：秀水不流空残地，浮云无雨枉遮天，西堂相见年迈父，口念文章十二篇。参见爹爹有礼。

父白：乖女儿，家无常礼，起来。

旦白：知道！

父白：恭喜三女儿，贺喜三女儿。

旦白：亚爹！生日已过，新年未到，喜从何来！

父白：恭喜三女儿香包有眼，打着一个大富大贵之人。

旦白：莫非王孙公子？

父白：非也！

旦白：莫非举贡生员？

父白：也不是！

旦白：那是谁人呢？

父白：不错，你个秀球有眼，打着薛平贵这个乞儿头！

旦白：唉！咁女儿就命苦啰！

父白：嘿！钱未交，米未量，谁是他人妇娘，刚才薛平贵拿着香球到来相府求亲，我用三百两买者无回，已命人抢回香球，乱棍逐赶出相府，待等亚爹共你另择高门大户！

旦白：亚爹，告示已经讲明白，不论贫穷富贵、乡庶村民等，接住香球就与女儿成亲，怎可出尔反尔，言而无信，无讲平贵是个人，就是山上石头，我也要抱揽几年。

父白：奴才！自古婚姻是竹门对竹门，木门对木门，官家讨吏门，堂堂相府千金怎可以嫁个乞儿为婚。这桩亲事定要退！

旦白：不能退！

父白：定要退！

旦白：不能退！

父白：畜生！

唱：结婚需要门当户对，山鸡怎可配凤凰。嫁个乞儿怎过世，堂堂宰相有乜面颜。

旦唱：告示四处写明白，宰相纸笔这山河。好丑都是天注定，命中无有莫强求。宁说白头翁，莫笑流鼻郎，怎知平贵无发达时。自古瘦地开花晚，贫穷发达迟，莫道蛇无角，成龙未可知。

父：奴才（唱）甘罗十二为宰相，周郎十三统领兵军。平贵今已二齿岁，注定一生贫贱人。

旦唱：虽则甘罗十二为宰相，太公八十正行运。蜈蚣百足行不及蛇，鸡虽有翼飞不及鸦。（收）

父白：奴才，退婚还不是为你好！竟敢以父比古论今，亚爹讲一句你顶十句，我来问你，可晓得三从四德，三生四恩。

旦白：略晓一二。

父白：何为三从四德？

旦白：在家从父，出嫁从夫，老来从子，为三从；妇德，妇工，妇言，妇容为四德。

父白：何为三生，何为四恩？

旦白：天生云雨，地生万物，人生男女，为三生。天地盖载为一恩，日月照临为二恩，茫茫水土为三恩，父母养……亚爹我忘记了。

父白：奴才！你无是忘记，而是无敢讲，若无讲来脚骨打断。

旦白：父母养育劬劳为四恩。

父唱：畜生（唱）晓得父母养育劬劳恩，为何西堂逆父亲。乌鸦都有反哺义，羔羊亦有跪乳恩。董永怎样来行孝，问句畜生有无知闻。

旦唱：董永卖身把父葬，仙姬下凡配鸳鸯。

父唱：孟宗怎样来行孝？

旦接唱：孟宗哭竹冬生笋，求得鲜笋敬亲娘。

父唱：王祥怎样来行孝？

旦接唱：王祥卧冰来求鲤，鲤鱼跃岸感天廷。

（二十四孝可多可少）

父唱：古人都晓行孝义，为何逆父不孝人？

旦唱：古叟愚顽还生大孝子，尧舜虽贤反生不肖之儿。君不正臣不忠，父不慈子不孝，君不正臣投外国，父不慈子奔他乡。（收）

父白：畜生，亚爹要退婚岂不是为你好，现在竟敢逆父，死心要嫁这个穷鬼，我来问你，是父亲还是夫亲？

旦白：亚爹！在家穿衣上堂敬父，出嫁回房卸衣伴夫。自古道，嫁出之女犹如泼出之水，世上只有夫妻同葬，并无父女同坟，看来是夫亲过父。

父白：哎呀！你个畜生，竟然说夫亲过父，你既然死心塌地要嫁平贵这个乞儿头，把你头上金钗拔下，拔下！（三批动作）

旦（水波浪）白：小小金钗，合似头上枷锁，金钗在此，拿去，拿去！（三批）

父白：慢！将山河地理裙解下。

旦白：呀！解下山河地理裙么……。亚爹，我来问你，大姐出嫁，有无嫁妆？

父白：十箱九笼。

旦白：二姐出嫁，有无嫁奁？

父白：绸缎成行。

旦白：亚爹，大姐出嫁，嫁妆是十箱九笼；二姐出嫁，嫁奁是绸缎成行；我今出嫁，小小裙子都得不到，难道我不是你所生……不是你所养……（三批）

父白：奴才！你的山河地理裙乃是番邦进贡，皇上所赐，大姐穿来无合身，二姐穿上发头晕，唯有你个畜生穿来最合衬。但是大姐嫁的是文探花，二姐嫁的是武状元，你今嫁的是乞儿，就要把裙子解下……解下……（三批）

旦白：好男不望父田地，好女不望嫁奁衣，解就解。拿去……拿去！（三批）

父白：你今上拔金钗，下解山河地理裙。赤脚寻夫，我睇你无使三日，就要回外家哭米。

旦白：亚爹，无讲三日，就算是三年，三十年，我势断今生无回外家行！

父白：乜话呀！今生无回外家行……（仄槌）你个畜生，断盐断醋都无断外家路。我怕你讲得出做不到！莫非你敢共我结掌！

旦白：我怕你不成！

父白：不怕你就来。

旦白：来来来。（父欲结又退）亚爹你怕了不成！

父白：来来来（父女三结掌）父晕过去，女上前叫……

旦白：爹爹！女儿去了，女儿去了。（叫父无反应）爹爹一时气晕，我到后堂别母也罢。

父白：慢！前堂无父，后堂无母，人来！吩咐下去，三畜生若到后堂，脚骨打断。（晕转身）

旦白：乜话，前堂无父，后堂无母，脚踏后堂，脚骨打断嘛？……（仄声）唉！娘呀！今日女儿出嫁，不能当面辞别，只有当天跪下，拜别母亲养育之恩呀！（可唱戏，也可用帅牌：旦下场）。

手下：相爷呀！三小姐去了。

父白：畜生去了……。唉！劝人种树无栽花，生男不生女娇娃，今日女儿来出嫁，气得老夫眼花花。（参扶退场）（完）

3. 遂溪

遂溪木偶白戏亦负盛名。民国至中华人民共和国成立初期，遂溪著名木偶专业戏班"胜凤仪"与吴川"钧天乐""伯剧团"驰名粤西。1955年春，湛江成立粤西杖头木偶队，以及1958年组建的"国营粤西木偶粤剧团"，均以"胜凤仪""钧天乐""伯剧团"为主体。

据《遂溪人物志》所载①，苏章达（1903—1988），遂溪草潭上箔村人，木偶世家出身，自小受木偶艺术熏陶，十五岁跟随叔父苏树德学艺和登台表演。大革命爆发后避难廉江，得遇廉江木偶艺人黄瑞森收留，并指点他熟习木偶戏技艺。次年返回家乡，潜心研究木偶戏技艺，又热衷于木偶戏剧本的改编与创作。他改编白戏《孙中山起义》并担纲演出，大获成功，得乡贤前辈厚爱，叔父更是将毕生所学的精湛技艺传授给他。此后，他继续苦学舞功和唱功，四处拜师学艺，先后师从粤西木偶戏名宿伍光琼、罗家善等，演技渐入佳境，成为北部湾畔之北海、合浦、安铺及雷州半岛各沿海乡村最受欢迎的艺人。民国时期，他一边演出，一边改编许多民间剧本，与同行把遂溪木偶戏艺术推向新的高度。1954年，苏章达加入中国戏剧家协会，成为广东分会常务理事。1955年，他的木偶剧团成为县的半职业剧团。"文化大革命"后，他的创作、表演达到高峰，先后改编和演出《十五贯》《玉葵宝扇》《断肠姑嫂》《三司会审》《伦文叙》《双驸马》等古典名剧，风靡一时。他一生演过300多本木偶剧，不用照本随口可唱的木偶戏达100多本，得意之作有《蔡仲窦》《黄花生》《双驸马》等20多本。曾在北坡东蓬塘村演出悲剧《林焦德》，令观众两泪涟涟，叹为观止。他演出风格独特，舞花旦、花面能同时挥舞两个木偶对打刀枪。其唱腔尤为独特，在60步内不需扩音，观众亦可听清。他的木偶戏表演艺术在粤西地区可谓一时无双，为遂溪木偶白戏作出卓越贡献。

遂溪木偶白戏的发展，经历了成熟、繁荣、衰落、复兴、禁锢、兴盛、传承等阶段。其在民间信仰所涉及的诞期、年例、酬神、社祭

---

① 《遂溪人物志》编纂委员会：《遂溪人物志》，中州古籍出版社2020年版，第41页。

等民间古制礼仪活动中演出的遗风，一直沿袭至今。遂溪木偶白戏的传承以家族传承为主。著名的如下。（1）李氏家族木偶白戏表演传承：第一代李定华，第二代李尔善、李尔普、李尔益、李尔尾，第三代李春田、李春年、李春章，第四代李成觉、李成进、李烈、李然、李保，第五代李强、李广、李华忠、李岁红，第六代李宽。李华忠师傅早年即入职广东省木偶粤剧院，常年在珠三角各大城市木偶粤剧院或传习所授徒，影响很大；他和徒弟李宽的木偶戏表演，在省内外、国内外都颇有名气，获得很多嘉奖。（2）司徒家族木偶白戏表演传承：第一代司徒发仲、司徒发林，第二代司徒军、龙有荣，第三代司徒卫新。2018 年，司徒卫新成立遂溪县振兴木偶戏艺术研究会，拥有永祥兴等 8 个木偶白戏剧团，每年演出三四百场戏。

遂溪木偶白戏，也分木偶粤剧和古装木偶白戏、黎话木偶戏等多种类型。以前两种类型为主。"李氏"家族主要传承木偶粤剧（用白话语言，属木偶白戏），"司徒氏"家族传承古装木偶白戏。遂溪现有木偶戏班 43 个（木偶白戏班 36 个，木偶粤剧团 3 个，黎木偶戏班 3 个，厓木偶戏班 1 个），艺人 300 多人。

（二）高州、茂名

高州木偶戏早已享誉海内外。1999 年，高州梁东兴师傅演出的单人木偶戏走出国门，到德国演出了一个月。2006 年 5 月 20 日，高州木偶戏经国务院批准被列入第一批国家级非物质文化遗产名录。2010 年，高州木偶粤剧团应邀在上海世博园广东馆演出，引起轰动，广东省媒体如珠江电视台、广东学习平台等都做过专题报道。高州人对本土木偶白戏很是认可：

图 9　李氏传人李华忠在表演

（李先生手持的木偶是木偶粤剧团专用，偶像个头大，
衣饰与粤剧无异，比古装木偶的装扮漂亮很多）

　　几百年来，高州木偶戏广泛流传于高州的村村寨寨，高州市二十八个镇、街道中二十三个有木偶戏班。高州木偶戏的原始戏班为单人木偶戏，清末发展了中班。高州木偶戏没有固定的演出场地，只需一小块空地就可以搭台演出；在时间上，一年四季都可演出，但以春季为最盛。高州木偶戏演出的语言使用高州方言白话，唱词多为四字或七字句式，唱腔称木偶腔，以高州山歌调为基础，以叙事方式进行。……传统剧目不下数百种。……木偶戏是融汇了雕刻、服装、表演、剧本、音乐诸元素的民间戏曲艺术，是优秀的人类精神文化遗产，是中国民间艺术瑰宝。[①]

---

① 引自 2010 年 7 月 28 日，高州木偶戏在上海世博会的演出海报。

图10　司徒卫新在传艺

图11　司徒氏传人司徒卫新（左二）在演出

图12　司徒卫新在乡村演出时的热闹场面

现今，高州木偶粤剧传承较好，有曹章玲主持的高州木偶传习所，扎根本土，组建"好心文化"艺术团，走乡村，进校园，弘扬本土文化精髓，培养木偶戏传人。

高州与茂名茂港地区的单人木偶戏名声卓著，很好地继承了"肩担戏（粤西也称扁担戏）"的传统。一人一台戏，唱、做、念、打皆由一人完成，主要由锣、鼓、木鱼等易于操作的乐器进行伴奏。单人木偶戏艺人的功底都很深厚，集舞偶、配乐、说唱于一身，演文戏可以左右手扮演不同角色，演武戏可以双手舞动木偶对打，做出鼓角齐鸣、杀声震天的效果。据说，这单人木偶白戏是南朝元嘉三年（426）从中州传入化州，元朝时再传至茂名、信宜、电白等地。目前，曾在高州独领风骚的单人木偶白戏，因其舞台表演、唱做念打及音乐等都过于简单，正逐渐淡出人们的视线。梁东兴师傅说，以前他每年要唱四百多场戏的，是满勤，现在很多木偶戏班都解散了，而他每年也只有四个月是开工的。2007 年，茂名茂港单人木偶戏申遗成功，被纳入广东省第二批非物质文化遗产保护名录；以茂名白话或客家话表演，在当地山歌、民歌基础上吸收粤剧唱腔的音乐素材，极具本土个性；鼎盛时所演剧目数百种，还有民间艺术家应时代需求创作的许多有现实意义的新剧本，为传统文化注入新的活力，但现也今非昔比。

茂名市（包括高州、电白、茂南、化州、信宜）现有木偶戏班 419 个，艺人有 1100 人。

关于粤西木偶戏的戏种与戏班、木偶戏的造型艺术，叶彩萍《粤西木偶艺术》[①] 一书有比较详细的介绍，兹不赘述。

二 "木偶戏不会失传！"

调查显示，即使是在大力提倡保护和传承非物质文化遗产的背景下，粤西木偶白戏传承仍然呈衰落之势，但很多老艺人坚信："木偶戏不会失传！"

2022 年 10 月 6 日，笔者访谈著名木偶戏传人李华忠先生（地点：遂溪县北坡镇非遗拍摄现场）：

吴：您认为粤西木偶白戏的价值是什么？

李：粤西木偶白戏的价值在于服务大众，把古代传统文化带到现代来，教人行善积德、尊老爱幼等。

吴：粤西木偶白戏还有前途吗？

李：粤西木偶白戏是有很大前途的，只要培育好接班人，传承中华文化精神是有很大市场的，比如我们粤西地区村庄多，每

---

① 叶彩萍：《粤西木偶艺术》，中国文史出版社 2007 年版，第 15—17 页。

个村都有神公，每个神公都有诞辰，都要演戏，这是粤西人民的习惯，无人敢改变的（有句话讲就是：人唔睇神要睇）。所以每个村都要做戏，有的村庙里有几个大神，一年要做几次戏。只要我们老一辈艺人专心把我们的艺术传下去，后辈们努力接上，是有很大前途的。

吴：您从事的木偶粤剧与司徒卫新的古装木偶主要的区别在哪里？木偶粤剧是不是更有出路？

李：木偶粤剧的发展比白戏好很多，木偶粤剧分布地区广。白戏局限于粤西，没办法走出去（主要是语言、艺术等因素）。粤剧有专业团队，广东省有省木偶剧院，高州市有木偶传习所，都属国营单位，东莞、中山等地都有，广西南宁有木偶粤剧院，人才有专业艺校培育，演出市场全世界都有，哪里都可以去，我都常去香港澳门等地演出。木偶粤剧是面对全世界，粤西白戏局限于粤西。

粤西白戏是指用广府白话演的白戏（即白字戏），木偶粤剧演出全部用粤语、粤剧锣鼓、广东音乐，凡是粤剧能用的音乐木偶粤剧都可以用，一般都是叫××剧团（白戏叫××班），剧目都是根据剧本而定，比如《孙悟空三打白骨精》《哪吒闹东海》《芙蓉仙子》等等。

木偶粤剧除两广外别的省份没有，专业团体有广东省木偶剧院、南宁市木偶剧院、高州市木偶传习所，业余团体有遂溪胜凤仪、遂溪山家李家木偶剧团，化州有一两个团，名字不知，廉江有一个团，吴川有一个团，出去国外演出省木偶剧院每年都有任务的，南宁、高州都有，我在高州时带一个团去香港演出，第二次是塔门岛诞期三月二十三邀请去，第三次是香港市政局请去，去澳门是茂名同乡会要请去，去台湾是做专门的非遗交流。

……

2019年10月17日，笔者在高州木偶传习所采访曹章玲所长（国家级非遗传人，2020年从所长任上退下，仍在传承人岗位上发光发热）。她说：

粤西木偶戏，尤其是白戏，其非物质性中蕴含的人文特质很有价值，体现着本土市井之民千年以来亦追求文化雅集和闲适。处于落后封闭的南蛮百越之地，百姓也有自己的文化自信。这种文化自信，贯穿于本土士人与市井百姓的日常生活和精神追求之中，带有我们现代人企望而难以达到的圆融美好境界。

我们惊叹于前人的成就，希望能继承木偶戏优异的成就，也深感保持、传承之不易，更感到时代交替之急迫，我们不敢有任何懈怠。相信走路的是人，走出来的是路，留下来的是财富，相信对地方文化建设和开拓学术研究，都有意义。

粤西木偶粤剧团保存、发展较好，主要原因在于：

一是国家与地方政府重视、支持。在高州，2012年国家文化体制改革后，木偶剧团由集体单位改为国家事业单位，全额拨款（原集体单位为差额拨款），配30人编制。后又改为20人编制。现在一些老同志退休，只剩17人，没有新增编制招人，人手不足，后台配乐很艰难。但不管如何，剧团有编制，演员有工资，就有了保障和积极性。

二是木偶剧团极大限度地吸收了粤剧剧目、唱腔、音乐素材等，丰富了木偶戏的表演内容和艺术。剧本创新和艺人文化素质的提升,使千年古木偶演绎出时代新经典,木偶戏演出获得新的生命力。高州原生态木偶戏的唱腔是在当地民歌基础上衍生出来的"木偶腔",我所则把它改为"粤曲腔",采用粤语演唱,一般以七字句或十字句为主,配以锣、鼓、钹、木鱼等打击乐器,以及喉管、唢呐、二胡等管弦乐器。在音乐、唱腔设计上,注重明快流畅,富有粤剧韵味,令观众百听不厌,回味无穷。如《柳毅传书》剧中"惜别"这场戏,龙女出场时唱"昭君怨"、"痛分离",还与柳毅一同上场,接着唱"柔肠寸断,泪雨泪雨飞,伤心与君赋别离。你归心似箭,叹三春翠柳,牵丝千百丈,也莫把君心系",然后转"乙反二王"接唱"此际临岐惜别,问君感慨如何",接下来,通过二人对唱,把龙女与柳毅二人的真挚感情表现得淋漓尽致,令人听罢肝肠寸断,泪洒衣襟。

三是木偶粤剧,也有优于粤剧的地方。比如木偶角色轮番上场速度极快(表演前极大多数角色已装扮好,即使临时换装,也比真人换装快得多)。晚清魏杰就有《傀儡(少作)》诗云:"不仙不佛不妖魔,戏弄全凭数线拖。换个头颅形便改,一身能变百身多。"[1]另外,木偶的武打能力更强,飞天遁地、喷火等更生动传神;木偶舞步姿态更丰富和吸引人,要演好木偶的舞蹈、蹦跳、走动,木偶演员要付出比一般单纯学粤剧的大得多。香港《明报》记者看我所的演出后说:"木偶这个行业要求的是全才演员。"

……

在几年的田野调查中,笔者也相信,木偶白戏还可以走一段很长

---

[1] (清)魏杰:《逸园诗钞》卷四,《七言绝·傀儡》,咸丰八年(1858)寿泉精舍刻本,第1页。

的路。因其有漫长时间里深厚的文化积淀，包含着根深蒂固的民间信仰成分；有新时期各级政府的关心、支持和一代代新老艺人的笃敬、热爱与坚守。热爱是第一行动力。例如遂溪李氏家族木偶戏已传六代，绵延百余年，实属罕见。第六代传人李宽，生于 1989 年，师从家族长辈李华忠师傅，2004 年随师傅到高州木偶戏剧团学艺，2007 年转到省木偶剧院，2010 年 1 月获"黄振龙杯"首届广州市青年演艺大赛银奖，2012 年 5 月获第二届广州市青年戏剧演艺大赛金奖，2012 年 12 月获金狮奖第四届全国木偶皮影中青年技艺大赛最佳表演奖。李宽的出类拔萃，预示粤西木偶戏后继有人。

三　其他存在问题

粤西木偶白戏走向衰落的趋势是当前业界所面临的最大问题，能否力挽狂澜，改变颓势，要看未来几年的改革发展。因此，我们还需关注木偶白戏传承过程中的其他问题。

（一）剧本内容疏离现实生活

比如白戏艺人据小说《月唐演义》编写的木偶剧本《李白和番书》《唐明皇游月宫》，李白、李隆基的身世及其故事内容皆是虚构，虚构比重过大，十分陈旧虚妄，给人不适的感觉。这种情况甚是常见，对木偶戏的传承、发展不利。戏应该反映生活。在历史知识已得到普及的新时代，应该充分考虑如何用好历史演义故事或民间故事资源，以木偶戏曲的形式来表现生活。它涉及理论层面很广，包括戏曲的基本特点、戏曲民族性与时代性的关系、戏曲表演与生活的关系、唱念做打与角色多样化问题，以及再现与表现、程式与虚拟、演员与观众、真与假、实与虚等。粤西木偶白戏表演有超越时空的强项，其所演剧目绝大多数为汉、隋唐及宋的故事，中华民族古老的文化传统在它的血脉里流淌。我们应该运用科学发展观的原理，尊重木偶戏传承、传播的客观规律：文本化、影像化、展演化三种出场方式中，文本是基础。这就要求把好内容关，主管者要跟进，提供政策与能力支撑，措施有力，推动木偶白戏传承与改革的事业。

(二) 戏文的旧观念多，有迷信色彩

比如以下戏文：

三世修行经

一世无修二世修，

三世无修变马牛。

世间夫妻和父子，

不是报恩就是报仇。

娶贤妇，产孝儿；

前世有恩今世还。

娶毒妇，产逆儿；

前世有仇今生还。

有人为乜口缺崩，

皆因前世吹过神台灯。

有人为乜口又哑，

皆因前世系打爸骂娘人。

今生为乜眼会盲，

皆因前世带人指错路。

有人脚跛手又拐，

皆因前世拦路打劫人。

有人为乜耳会聋,

皆因前世隔壁偷听人谈论,扯是非。

今生为乜来乞食,

皆因前世系浪费五谷米粮人。

今生有人坐车骑马,

皆因前世修桥补路人。

今生有人为乜穿红又着绿,

皆因前世捐钱去彩神①。

有人住上高楼大厦为乜因,

皆因前世捐钱建神庵。

三世修行经随口讲,

又来讲下夫妻缘分。

半夜夫妻花债事,

世间少有真正夫妻缘份;

只有同年同月同日生来同时死,

这种才是真正夫妻缘份。

有些夫死或妻先丧,

花债还完生离死别两路分。②

---

① 彩神:粤西遂溪的地方白话口语,指用桐油、金粉等去涂抹装饰神像,以示敬奉、礼拜之意。
② 根据遂溪木偶戏传承人司徒卫新口述录音整理。

戏文劝人向善，做个有情有义之人，这是不错的，但强调有仇必报、生死轮回、命运天定之说，近于迷信。应该以信仰文化取代迷信。民间信仰是粤西木偶白戏得以流传的基础，其戏剧冲突与情感表达，先是上达于天，向天地神灵或祖先神祷告，求得庇佑，再向人间、向自身求公正、和顺。这种天人合一的诉求与演绎，合情合理，顺理成章，给人舒适愉悦感。规模与形制不一的祠堂、庙宇、乡村文化宫戏楼，各种节日节庆，阖族都会聚集于此敬宗拜祖、请戏班演戏，以此来达到宗睦族、教化子孙、团结邻里的目的。这是有识之士喜欢木偶白戏的主要原因。在这种氛围里，戏文应该唤醒公众"去私人化"的道德精神，培育他们的能力与责任，而非其他。

（三）轻视木偶戏表演的艺术规范

熟悉木偶白戏表演艺术的人会有一个共识：木偶戏表演的艺术规范，是木偶戏的灵魂[①]。但如今，大家普遍轻视木偶戏表演的艺术规范。例如："江湖十八套"的艺术规范，已无人认真去研习和传承；表演套数趋于简单化，多念白逗趣，少唱词，图轻松快捷。又如木偶粤剧团演出，多数已不设乐队演奏，用优盘配乐，限制了木偶表演艺术的充分展示。木偶白戏的艺术精华——后台伴奏与艺人之间出神入化的配合正在逐渐丢失，令人遗恨。

从根本上说，不同戏种所演绎内容都基本相同，是人类喜、怒、哀、乐的各种情感，不同的是它们的形式，即情感宣泄的方式不同罢了。小小木偶在艺人的舞弄下，可以随意哭笑、打闹，无拘无束，淋漓尽致，最能宣泄感情，若有后台师傅巧妙配合，必然更加精彩。若

[①] 纪德君、曾大兴：《广府文化》（第8辑），中国社会科学出版社2022年版，第317页。

是乐队偷懒，或是撤去乐队，木偶戏表演就少了震撼人心的精气神。

（四）民间艺人无依靠

粤西木偶白戏一直在民间艰难前行。戏班里，人手奇缺，凡事班主一人包办，主唱师傅、后台音乐伴奏师傅常要临时调整或重新邀请，苦不堪言。要保护、传承木偶白戏，应从建制开始。应建立演出机制，给演戏、看戏提供便利，创造观演互动平台。政府应给木偶艺人一个家，提供切实的帮助。应该思考：要不要向20世纪五六十年代学习，由本土各级政府派专员组建专业木偶戏剧团，规范管理和演出，加强唱、做、念、打各项技艺培训，指导创编反映当下生活的好剧本，改编老剧本，培养年轻的木偶戏传人，等等。

李华忠先生说："木偶界不论什么剧种都是青黄不接的时候了。它的发展与传承都局限于场地、培训等多种因素。粤剧有艺校，有地方曲艺都可以培养出人才，唯独木偶人才难培养：一是举木偶辛苦，二是收入低微，三是专业团体少无场地培训，四是文化局限。有文化的怕辛苦，无文化的难理解，即使学到都也感觉无前途。希望政府部门加入投资培养经费，扶助传承传统文化，关心老艺人的晚年生活。"由此可作参考。

四 结语

木偶白戏是粤西地区独特的文学文化载体，是生活于粤西社会底层的平民百姓的叙述活动，以程式化的叙述动作、情境化的叙述话语演示带有心理全真意味的生活事件的过程。它是文、史、哲打通的精神生命，一方面握住天人合一的文化大义，另一方面经、史、文、哲互为表里。它以独特的故事、文采，借着锣鼓丝竹之音，追溯着华夏之多情，意义已溢出梨园，在粤西百姓的日常生活里保留艺林的一湾清泉。对白戏的故事而言，"有趣"和"有意义"是它的价值。它寓教于乐，从不强加于人，以常谈口语、歌诵妥溜的本色语演绎古今奇观、生活奇观，以奇观和愉悦打动人、吸引人。我们期待能守护好这种民间曲艺传统，在深加锻炼和提升中，焕化出老树新花、老圃新芽的气象。

（吴舜华：湛江幼儿师范专科学校副教授）

从化掷彩门民俗的传承和发展研究*

程大立

从化掷彩门是一种群众参与度高、表现方式自由、现场气氛活泼，有着悠久历史传承和文化寄托的广府游戏娱乐类民俗，由于需要现场参与，具有一定的聚集性，在新冠疫情发生之后，这类民俗在传承和发展上受到一定的局限和影响，甚至出现连续性"断档"危机。本文将分析从化掷彩门民俗的发展现状，研讨其传承发展的策略与路径。

一 从化掷彩门民俗及其现状

广州市从化区是一个以农业为主要经济生产方式的地区。每年正月，村民们都会以传统的方式来庆祝。据清代郭遇熙等编纂的《从化县志》记载："元夕张灯剪彩，城市村落，各有灯社。大家或设灯棚，管弦达旦。旧制为之弛门禁，烟花炮火所在地竞沸，而神庙尤称盛焉。小民喜演土戏赛祷，岁以为常。"[①] 这种通宵达旦的庆祝活动中就

---

* 此文为广州市哲学社会科学规划项目"乡村振兴背景下广州传统村落保护与利用研究"（2018GZYB141）阶段性成果。
① （清）郭遇熙等：《从化县志·风俗志（上）》，广州源源印务局（清）康熙四十九年（1710）修，（清）宣统元年（1909）重刊，民国十九年（1930）铅印本，第25页。

有掷彩门,掷彩门活动从明清年间一直流传至今。每年正月元宵节前后,从化各处乡村皆举行掷彩门活动,亲戚朋友和邻村群众也前来观赏。所谓"彩门",以往是用竹编纸糊而成,周围缠上导火线,装上小起火、小车乙、小飞鼠、小柳花等。而今的"彩门"则是装满各式烟花和炮竹的花篮,一般用粗竹子加细篾扎制成对称的门楼形状,也有用铁条焊接成一个大猪笼,整体插满五彩缤纷的烟花爆竹,高一米多。"彩门"体型相对"花炮"小一点,也轻巧很多,罩上红纸彩箪,做成对称的门楼形状,里面也塞满烟花炮竹,挂在铁杆上,高度可以自由调节。所谓掷彩门,就是点燃小包鞭炮抛向高挂的大花篮,谁先引燃大花篮,就被视为好运气并获奖。作为一种民间游戏娱乐类民俗,从化掷彩门流传至今已有四五百年的历史,并分别于2008年、2011年、2013年被列入从化市、广州市、广东省级非物质文化遗产保护名录。

　　游戏娱乐类民俗一般起源于宗教、巫术、劳动、兵事,从化掷彩门民俗的起源则与农业劳动和宗教信仰有直接关系。首先,与农业生产相关。相传,元末明初自大墩村迁到从化江埔镇大江埔村的邝氏祖先邝太公,搭茅棚养鸭。这年春节,邝太公买来鞭炮准备庆祝新年,担心放在鸭棚里不安全,遂将鞭炮装进菜篮挂在鸭棚前的荔枝树上。不想,邝太公贪玩调皮的儿子点燃炮竹投掷,把鞭炮引燃。邝太婆很是生气,心里有一点不安,担心来年运气受到影响;太公却不以为然地说"天上开花,富贵荣华,好兆头!好兆头!"果然,第二年邝公家中添丁,鸭乸也下蛋多。自此,春节时邝家采用掷鞭炮的方式庆贺,风生水起,家庭兴旺。邝太公将此事传授乡邻,相互效仿,村庄连年瘟疫不侵,谷物丰收,水草丰茂,人丁兴旺。掷彩门习俗由此流传下来。其次,与宗教信仰相关。《从化县志》记载:"县内本地人传说元宵是做'神功',意为酬谢神给人类赐福的功劳。搭彩门、筑灯棚、舞狮、演戏、竞放烟花和爆竹等。"① 从化乡民有较为浓厚的"神"崇拜习俗,特别是尊崇土地神。掷彩门既有庆丰收、贺新年之意,也在活动前设置祭拜神灵或祖宗仪式。《广州市文物普查汇编·从化市卷》记载:"古代生男孩称为'添丁',传统添丁上灯习俗今在从化各大乡还流传较广。从化'灯'与'丁'同音,上灯意为添丁。以往生下男孩后第一个元宵节前,就要到祠堂或者社堂挂一个灯笼。每年正月初七开始,天天有人'上花灯,饮灯酒'。"② 从化掷彩门活动中的"彩门"多由当年生了男孩的人家捐资制作,沿袭了传统的"男性"尊崇和"夫权"崇拜。

游戏娱乐类民俗一般具有娱乐与竞技性、阶层与对象性、地域与民族性等特点。从化掷彩门民俗既具有地域性、群体性、传承性和寄托性等共性,也具有本土味、全民性、序列化等个性特征。从共性上来说,掷彩门是从化流溪河两岸居民共同的民俗,属于农民阶层的群众性游戏娱乐活动,是富有特色的民间喜庆活动,是群众共同娱乐和参与的竞赛活动,兼具竞技色彩,是"从化人民祈盼幸福和追求美好生活的反映……谁先引燃彩门,就被视为中了头彩、预兆当年会行好运"。③ 从个性上来说,首先,从化掷彩门是最有"本土味"的地方民俗。彩门是本地传统手工艺人亲手编扎;传统彩门的基本材料也取源于农村习见的竹子,现在增加了钢管、铁丝等金属材料;彩门上的花炮同样是活动传承人亲手调制。其次,从化掷彩门是全民性参与的民俗。从化流溪河两岸所有村庄都会举办掷彩门活动,不仅年轻后生

---

① 从化县地方志编纂委员会:《从化县志》,广东人民出版社1994年版,第970页。
② 陈建华主编:《广州市文物普查汇编·从化市卷》,广州出版社2008年版,第371页。
③ 陈建华主编:《广州市文物普查汇编·从化市卷》,广州出版社2008年版,第362页。

主掷彩门，全村男女老少都会来观赏助威，还会邀请出嫁的姑娘和亲戚过来观赏同贺。最后，从化掷彩门是一种序列性的活动。掷彩门以轮流方式在各村庄中进行：正月初三鳌头水西村，初九棋杆铺锦村，初十大江埔村、凤二村、南方村、新民村，十一棋杆小坑村、塘贝村，十二棋杆新隅村，十三鳌头龙角村，十四神岗村、佛岗村，十五神岗木棉村、太平水南村、龙潭官庄村、锦三大田社，十六温泉龙桥村，十八龙岗村、桃莲村、廿五灌村、石坑村。轮到掷彩门的村庄，古祠张灯结彩，家家户户备好佳肴美酒，午后各方亲朋好友前来聚餐贺彩门。

作为春节期间群众传统文化活动的重头戏，从化掷彩门民俗得到非常完整的传承。中华人民共和国成立以后，除"文革"期间因"破四旧"有过短期停办外，改革开放以来掷彩门得到有效恢复并沿袭至今。随着经济条件改善，彩门的规模和数量、参与掷彩门的人数、持续时间都不断创历史新高。究其原因，资助彩门的人除了过去"添丁族"，还多了富裕起来的乡民；而与祭祀、敬老、放烟花等活动融合一体的掷彩门活动，将老少村民聚拢，一些迁居城镇的村民也赶回村庄，十里八乡（包括广州老城区、增城、花都、清远等地）的居民也过来分享掷彩门盛况和欢乐。最具规模的神岗木棉村掷彩门民俗曾经引发万人空巷的盛况。

然而，近年来，民间游戏娱乐类民俗逐渐式微，村民举办热情、参与人数每况愈下。特别是2020年新冠疫情发生后，为避免人群聚集引发疫情，从化掷彩门民俗已连续三年停办，传承形势堪忧。具体原因有以下三个方面。

一是传承人青黄不接。扎彩门、制花炮等传统技艺程序复杂、过程枯燥、技术要求高，还不能赚钱，因此，这些工作都是由中老年村民来承担，年轻人大多不愿意继承，而且以竹子为主要材料的彩门制作需要经过上山伐竹、运送下山、晾晒竹子、制作竹筒、扎制彩门等多个流程，过程比较辛苦，尤其是砍伐、运送竹子是重体力劳动，现在的年轻人大多不愿意做这样"吃苦"的事。过程不仅苦，还需要长期经验积累。首先，每年十月就开始上山查看哪些竹子够"靓"，适宜选用；其次，要将"靓"而"成节"的刺竹砍下来，按照掷彩门的要求制作成长短各异的竹筒，浸泡在温水里，水温高低要结合气温高低而定，全凭手感，没有固定标准，没有长期积累的经验很难把握。再次，当竹筒的青色变淡，成为"正色"就可以从水里捞出来，连续几天晾晒，所以，砍竹子时就要算好连续晴天的日子，这也全凭"经验"。最后就是扎彩门的工夫了。整个流程前后耗时约三个多月，一个彩门成本100多元，只能卖300多元，加上砍竹子、运输、配火药等费用，根本赚不到钱。年轻人嫌制作时间长、没有耐心学习经验，又有其他比这赚钱的路子，根本学不下去，因此，35周岁以下的村民，基本上没有人能够扎彩门了。

二是参与人员迅速减少。新冠疫情发生之前，从化掷彩门的热情已在降温，表现在少数村庄已偶有停办，即使还在办的村庄，无论是彩门规模、参与人员数量、活动热闹程度都远远低于以往。最突出的是参与人员越来越少，且呈现快速下降趋势。村庄空心化、青年人兴趣转移、传统习俗淡化等是主要原因。以掷彩门为例，"大批农村人口向城市流动，引发乡村空心化现象，从而使农村的传统发展活力衰减，维系民俗文化传承的地方生态逐步解构"。① 现在，从化村民一半以上已移居集镇或城区，还有部分人全家迁居到广州中心城区甚至广

---

① 李永萍：《论乡村建设的主体、路径与方向——基于湖北省官桥村老年人协会的分析》，《中国农村观察》2019年第2期。

州以外的城市，过年也不回老家了，住在原村庄里的只剩下老年人，部分年轻人还将老人接到城里过年，村庄就更加"空"了，参与掷彩门的人员骤然减少。同时，由于网络技术发展，特别是数字影视、手机网络游戏发达，过年闲暇之际，年轻人多沉溺于现代化的娱乐方式，对掷彩门这类传统民俗兴趣大减，对传承久远的传统文化缺乏应有的热忱。另外，传统观念的更新也影响掷彩门活动的参与度。民俗是小农经济运作下产生的一种乡村民众"自产自销"的文化，在工业化、城市化与全球化冲击下，以生男添丁为荣的传统观念在悄然改变，这是时代的进步，但也影响了对彩门捐资者的积极性。活动主体的减少，一定程度上影响了参与者的热情和数量。

三是社会环境发生重大变化。广府民间游戏娱乐类民俗的生存环境发生了重大变化，"民俗文化生存环境受到挑战、渐趋恶化"。[①] 一方面，基于风调雨顺、农业丰收的农耕时代切近愿望的掷彩门民俗，在经济全球化时代，与期望的巨大、遥远和不可捉摸性产生了非常鲜明的反差；当年中"头彩"、人畜兴旺、五谷丰登、无灾无病的纯洁期盼与而今赚大钱、发大财的宏伟愿望明显存在反差，人类在现代化面前愿景的提升与现实的矛盾有所增大。另一方面，维系民俗的乡村传统力量也在削弱。宗族、家族和家长威信在"自主自我"的年轻人面前大打折扣，传统宗族文化地标——祠堂的凝聚力在降低，作为带有宗族联谊性质、具有浓厚仪式感的掷彩门也就难以真正受到青年群体的青睐和参与。

现代化语境和生活方式下，朴素的民俗技艺传承乏力，后继无人；大众文化和时尚文化的冲击，使传统的文化观念逐渐淡化乃至

[①] 史乐乐、张辉、翟艳萍：《公共图书馆参与民俗文化传承保护研究——基于文化传承视角》，《晋图学刊》2016年第6期。

消失,"传统民俗文化保护发展过程不可避免地受到现代生活方式的推动和文化消费主义的冲击,因此传统民俗文化和现代生活节奏相符合是继承发展和有效传播传统民俗文化的关键因素"。[1] 新冠疫情的发生,让本就走向式微的民间游戏娱乐类民俗雪上加霜,从化掷彩门活动已停办三年之久。更令人担心的是,曾经举家参与、十里银花、万人欢娱的传统习俗不再进行,并没有让老一辈农民"痛心疾首",也没有让中青年农民少了寄托。虽然也有民俗学家、文化学者为之呼吁,为之谋划,为之努力,但掷彩门活动的式微已是不争的现实。

二 从化掷彩门民俗的功能和现实意义

民俗是最具地域特征的传统文化,是最有代表性意义的"乡愁"。一种民俗的消失,既是地域传统文化的缺失,也会带来传统文化脉络的断裂,更会影响乡民精神寄托,削弱文化凝聚力。因此,在乡村振兴战略和现代化语境下,要正确认识从化掷彩门这类广府民间游戏娱乐民俗的社会功能和现实意义。

(一)掷彩门民俗的功能

"民俗即民间风俗,指一个国家或民族中民众创造、享用和传承的生活文化,起源于人类社会群体生活的需要,在特定的民族、时代和地域中形成、扩布和演变,为民众日常生活服务。"[2] 从化掷彩门民俗具有表达欢乐、寄寓希望、促进交流、传承文化等四个

---

[1] 李洋、刘苏、张子豪:《基于文化需求的传统节日文化传播设计研究》,《包装工程》2021年第4期。
[2] 钟敬文:《民俗学概论》,上海文艺出版社2003年版,第215页。

功能。

1. 表达欢乐

掷彩门活动安排在每年正月十五前后进行，此时正是农村"冬闲"季节。一方面，前一年五谷已收归仓廪，民间活动有庆丰收的意义；另一方面，正值过年、春节、元宵节等传统节日，有贺新年之意。每逢轮到某村掷彩门之日，祠堂里张灯结彩，家家户户准备好美酒佳肴，凡是哪一家有客到家来，这家就会燃放鞭炮欢迎。村头巷道屋边，到处铺满了厚厚的红爆竹衣，喜庆气氛浓厚，幸福欢乐洋溢。

2. 寄寓希望

寓意于"戏"、寓意于"乐"是民间游戏娱乐类民俗最具内涵的功能。掷彩门是从化地区富有特色的传统民俗，体现了从化人民祈盼和追求美好生活的强烈愿望，寓意着"彩数""好彩"，为好运气、吉祥之兆。民谣云："点彩门，放土炮，村中元宵好热闹，阿爷阿婆都到齐，拾到'炮头'全年巧。"掷中彩门拿个好意头，祈求风调雨顺、国泰民安，人们的生活蒸蒸日上，一年比一年好。在有些村庄，获奖者被视为族中最有勇力和技巧的，并得到额外殊荣，分得祭祀过祖先神灵的烧肉。

3. 促进交流

民间游戏娱乐类民俗最重要的功能是促进民际交往。在网络时代的今天，能将群众聚集到一起，参与游戏、共享快乐，是非常难得也非常宝贵的活动。掷彩门是从化市富有特色的民间喜庆活动，是群众共同娱乐和参与竞赛的传统春节民俗。届时，本村乡亲都来欢聚庆贺，亲戚朋友和城市乡村群众前来观赏同贺，各社村民陆续围观，不知不觉，围观喝彩者竟高达千百人。其中有随父母前来、骑在父亲脖子上鼓掌的三岁小孩，也有由子孙搀扶着坐在宗祠门口的耄耋老人，中青年人、夫妻、情侣小分队更是随处可见。年轻的女孩把荧光棒也带上了，荧光兔耳发夹也戴好了，就等着跟身边的小伙撒娇和卖萌了。这种城乡之间的民际交往，是最具"年"味的文化盛宴。

4. 传承文化

在民间游戏娱乐类民俗活动中，一些优良传统的观念习俗得到传承，一些陈旧腐朽的习俗则会随着时代发展而被淡化或致消失。在掷彩门民俗中，带有世俗偏见的"添丁""上灯"习俗逐渐淡化，而寄寓新年顺心顺意的美好愿望成为主要因素；迷信"中头彩"就一定会发财的观念也逐渐淡化，娱乐开心成为活动的主要目的。同时，孝敬长者的"千叟宴"、非物质文化遗产的舞狮灯等得到较好的传承。

(二) 掷彩门民俗的意义

激发进取精神、增进友谊团结、丰富文化生活是掷彩门这类民间游戏娱乐民俗的意义所在，具体表现在以下三个方面。

1. 弘扬广府文化

流传于民间的民俗是最有本土味的民俗，广府民间游戏娱乐类民俗是最具广府特色和个性、最能体现广府文化本质特征的。从化掷彩门，是从化本地特有的民俗，其与流传在侗族、壮族、仫佬族等少数民族的"抢花炮"存在竞技性、娱乐性等共性，但又排除了对抗性，侧重于公平竞争性，这是广府乃至岭南文化精神的本质体现。因此，传承掷彩门等民俗，也就从一个角度来弘扬开放、包容的广府文化。

2. 丰富城市精神

从化地区曾经是广州市属的一个县级市，以水稻、水果种植为主要经济生产方式。2014年从化撤市建区，进入国际化大都市广州中心。"深层文化符号是精神层面的文化，需要从节日文化的习俗活动中发掘优秀文化、人文精神等文化象征符号，以增强心理体验感受。"[1] 在世界一流的制造业、服务业经济环境中，从化掷彩门民俗的传承可以丰富广州的城市精神，让广州的城市文化更有人间烟火气，更接地气。

3. 促进乡村振兴

《中共中央 国务院关于做好2022年全面推进乡村振兴重点工作的意见》把保护利用乡村传统文化和发展乡村特色文化产业作为振兴乡村的重要抓手。从化流溪河是广州最主要的水源地之一，在广州的城市布局中，被誉为"后花园"的从化以发展特色农业、健康养老和文化旅游为主要方向。实现农业转型升级、推动健康养老业态形成、促进旅游业的现代发展、达到文化产业的兴盛是从化乡村振兴的重要路径。掷彩门等传统民俗在乡村振兴道路上有凝聚人心、形成特色文化、培育康养业态、融合文旅经济的重要价值。保护民俗文化首先要与国家实施乡村振兴战略的宏观背景相结合，真正实现乡村振兴尤其是文化的振兴，这样民俗保护才有根本保障。

三 掷彩门民俗传承和发展的原则和路径

掷彩门等广府民间游戏娱乐类民俗具有重要的文化功能和现实意

---

[1] 罗京艳、马佳淇、李洋：《文化传播视域下传统民俗在文创中的设计研究》，《包装工程》2022年第14期。

义，同时面临传承发展的困境和局面，因此，需要深入研究并建立良好传承机制，实现掷彩门民俗可持续的良性发展。

（一）掷彩门民俗传承和发展的原则

1. 本土性

广府民间游戏娱乐类民俗传承载体长期以来都是以农耕文明为底色，决定了保护这类民俗的重点必然在乡村而非城市。"其风气恒燠，其地壤多瘠，其民勤，其俗厚，其屋宇固，其冠服朴，所重祠墓，旧族昏冠，盖犹有古之风焉。"① 清代《从化县志》记载了从化基本的民风民俗，是从化掷彩门民俗产生和发展的基础。只有扎根于乡村，才能保留其原汁原味的风貌。因此，要关注乡村文化发展的独特语境。从化地区历来以农耕为业，据《从化县志》记载："田野之民所事惟耕凿，无他技艺，鲜事商贾。"② 今天，从化在行政区划上成为广州市的一个区，但经济生产类型并没有发生大的变化，这是掷彩门民俗保留"特有"本质性内容最重要的条件。因此，传承和发展此类民俗还须立足本土，拒绝移植。

2. 群众性

民间游戏娱乐类民俗的生命力在于民间，也就是当地群众的接受度与参与度。因此，要依托乡村公共文化空间，调查分析当地民众的文化接受心态与接受方式，以民众喜闻乐见的方式调动其文化延续的积极性，极大地调动当地民众参与掷彩门民俗的研究和传承工作的积极性。乡村民俗只有融入乡村民众的生活日常，才能发挥其实践活

---

① （清）郭遇熙等：《从化县志·风俗论》，广州源源印务局（清）康熙四十九年（1710）修，（清）宣统元年（1909）重刊，民国十九年（1930）铅印本，第28页。
② （清）郭遇熙等：《从化县志·风俗论》，广州源源印务局（清）康熙四十九年（1710）修，（清）宣统元年（1909）重刊，民国十九年（1930）铅印本，第27页。

力，进而维系民俗文化的本真性及其可持续发展。

3. 当代性

虽然强调本土性，但现实环境的变化让民间游戏娱乐类民俗产生和延续的"本土"发生了巨大的变化，因此，要在当代的"本土"环境下去传承和发展，而不是拘泥于历史的"本土性"。当代性本土需要在民俗的活动设计、人员发动、组织实施等方面实现与当下的实际情况相符合。

4. 创新性

民间游戏娱乐类民俗一直在不断演变和进化，掷彩门民俗在材料选用、制作方法、呈现方式等方面应引入现代化因素，让其与工业化、电子信息技术时代接轨，这样既能提升传统民俗的技术水平和应用效果，也能吸引更多年轻人参与，产生更好的传承效应。

（二）掷彩门民俗传承和发展的路径

民间游戏娱乐类民俗在现代化语境下、在新冠疫情常态化防控条件下确实存在诸多现实问题和发展困境，单纯依靠"民间"力量已难以计其有效延续和良好传承，因此，需要社会各界广泛关注、多方参与、共同发力，促进此类民俗的传承和发展。要针对具体情况制定详细的民俗保护方案，对在新时代焕发光彩的民俗进行更高程度的推广并创作出更多的文艺形式；对边缘化的民俗，要善加利用并有针对性地整改以发掘其优势，借助现代传媒的力量使其为大众所熟知，对逐渐走向没落甚至消亡的民俗进行改造，取其精华、弃其糟粕，使其重新为大众所接纳和认识。

1. 建立民间组织，制订传承规划

民间游戏娱乐类民俗的传承不仅是传承人个人、本村村民的责任,还是全社会"共同的使命与担当"①。民间游戏类民俗活动的开展完全来自民间力量,家族长者、宗族长辈是其倡导者和组织者。当下,传统乡村的长者和长辈等"先贤"治理模式已经解构,其对掷彩门活动的号召力与组织力都非常微弱。另外,民间游戏娱乐类民俗相对独立封闭,缺少交流与互鉴。掷彩门一个较为明显的缺陷就是村与村之间、地与地之间很难实现沟通、切磋、研究,加之展示的时间本就非常短暂,可谓时机稍纵即逝。长年累月,这项技艺的操作水平也就难以得到有效提升。久而久之,依靠内在驱动力推动这一非遗项目传承、改造、创新也就越发难以实现。因此,掷彩门民俗传承与发展要坚持政府作为和民间自发保护这两种方式的相互结合、相互监督、相互促进,保障民俗活动不断线、不停滞。要在村民委员会的引导下,建立本村或跨村的掷彩门民间组织机构,由群众推荐艺高者和德望者担任传承人和组织者,制订民俗传承规划,组织实施每年的民俗活动方案。

2. 推动融合发展,促进乡村振兴

民间游戏娱乐性民俗如果仅停留在游戏娱乐层面,是很难得到政府和社会各界支持实现更好的传承和发展。要深刻认识到"民俗建构对乡村文化振兴的驱动力主要表现在推动乡村全面发展、激活村民文化自信与培育民族文化精神诸层面"。②因此,要以乡村振兴为目标,推动民间游戏娱乐类民俗多元融合发展。

一是与城市精神阐释相融合。民俗保护面临的最大困境是如何让民俗在保护传承中避免价值中空,失魂落魄。作为广府传统文化的重

---

① 唐智:《广州市从化区非遗项目"掷彩门"的保护传承策略》,《黑河学刊》2020年第1期。
② 景婧、韩鹏杰:《乡村文化振兴与地方民俗发展——基于"三边民俗文化园"的考察分析》,《西北农林科技大学学报》(社会科学版)2022年第3期。

要组成部分,民间游戏娱乐类民俗应融入国际化大都市文化之中,要以自己独特的精神特质丰富完善新时代城市精神。保护与传承乡村特色文化,以此提升乡村民众的文化自觉与自信。掷彩门虽然是农耕文化的产物,但它诞生于广府文化沃土,它所承载人民追求美好未来的愿望、力争上游的进取精神、快乐自信的生活品质正是传统广府文化所具备的精神特质,也是当代广州城市精神的重要内涵。因此,要将掷彩门置于广州城市发展大背景下来阐释其精神和价值。

二是与全域文化旅游相融合。乡村文化振兴已成为国家宏观发展战略和乡村内在发展需求的共同关注点。全域旅游是一个系统化工程,将文化融入全域旅游,需要对地域优秀传统文化进行系统设计和规划。掷彩门虽然是特定地域(从化流溪河两岸)、特定时间(正月元宵节期间)、特定群体(农民)的民俗,但它所处的是广州市全域旅游的环境之中,因此,需要从从化在广州的经济类型与作用、在广州文化事业中的功用与意义、在广州全域文化旅游资源中的地位与价值等方面来考量,尤其是在以健康养老和农业生态观光旅游为发展方向的从化,掷彩门如何在品牌性塑造、关注度提升、影响力扩大、综合服务水平提高等方面得到全新发展。

三是与文创产品开发相融合。民间游戏娱乐类民俗的现场性和即时性,限制了其在更长时间、更大范围传播。活化传承是优秀传统文化当代传播的重要路径,"文创产品是传统文化在现代生活中的'新形式'"。[①]彩门、花篮、五彩缤纷绽放的烟花等,都可以通过文创产品的创作呈现给更多的人,留存在更长的时间和更大的空间。让民俗项目从乡野民间走出来,让更多人熟悉了解,在更大范围创设看民

---

① 高慧娟:《新文创时代榆林剪纸艺术的传承与发展》,《艺海》2019年第11期。

俗、爱民俗的浓厚氛围，为更好地传承保护好民俗项目创造条件。

3. 融入现代技术，创新传承方式

非遗类民俗的传播分为横向的宣传维度和纵向的传承维度。横向的宣传维度起到了教育、娱乐、监督、协调等功用；纵向的传承维度则体现在传承人的传播，大致可分为族群内的技艺传习、展演式传播、媒介式传播三种类型。① 民间游戏娱乐类民俗要走纵横传播相结合的道路，即在现场展演的同时，做好广泛宣传和媒介传播。互联网技术的应用使跨时空的民俗文化氛围的营造和追随成为可能，特别是在新媒体环境下，融合网络社区力量可为民俗保护和传承厚植土壤，促使民俗的精神价值得以回归。常态化疫情防控背景下，从化掷彩门民俗活动现场参与人和观赏人数量受到限制，为了达到更好的传播效果，可以采用网络直播、抖音微视频公开传播，还可以通过QQ相册、微信朋友圈等方式与亲朋好友分享。更进一步，可以开发掷彩门动漫游戏，让更多的年轻"网游"者接受，传承的道路更加宽广。

虽然"民俗文化有内外两种价值，根本价值体现在具有生活特征的内价值，而不是作为欣赏对象或商品化包装的外价值"。② 但在商品经济时代，如果能实现内在精神价值和外在经济价值的双赢，将能更好地推动民间游戏娱乐类民俗的传承和发展。

掷彩门等民间游戏娱乐类民俗的传承与发展，不能单纯靠所在地乡民的孤军奋战，社会各界也要协力同心，创新方式，共同推进。这需要文旅部门的积极引导，引导民间民俗文化扬弃发展，与时代同行，引导民俗活动融入全域文化旅游系统；需要村民自治组织的主动

---

① 孙信如、赵亚静：《非遗传承人的传播实践和文化建构——以大理石龙白族村为研究个案》，《当代传播》（汉文版）2017年第3期。

② 姚占雷、盛嘉祺、许鑫：《非遗民俗生活性保护的媒体传播及其策略——以二十四节气为例》，《图书馆论坛》2019年第1期。

作为，组织传承人和村民制订发展规划、开展传承活动；需要科研人员深入民间，走进田野，发掘民间民俗的文化内涵和精神价值，系统研究梳理民俗的文化精髓，形成对民间民俗历史文化意义更加全面的认识；需要文教行业的有效辅助，结合时代风貌进行创新性阐释和创造性转化，开发传承课程，融入文化、艺术、体育等教学和竞赛之中。

（程大立：广州工程技术职业学院图书馆研究馆员）

广府商业文化研究

广州西关清代"银行会馆"考析

梁 东 潘剑芬

广州西关是历史悠久的商埠之地，古代岭南地区经济中心，中外经贸、文化、宗教交融荟萃。南朝梁武帝普通八年（527）印度高僧达摩自海路来到广州，在西关绣衣坊码头登岸，并建立了"西来庵"（今华林禅寺），因此其东渡中国的首个登岸传教点被称为"西来初地"。明永乐元年（1403）在西关设怀远驿，专门接待外国来的使节、传教士和番舶番商。清康熙二十四年（1685）在广州设粤海关主管商舶贸易，次年实行洋行制度，在西关建十三行夷馆。乾隆二十二年（1757）清政府实行"一口通商"政策，十三行在中国对外贸易中独占鳌头达85年之久，使西关商贾云集，成为岭南经济、文化的繁荣之地。西关中外交流源远流长，至今仍留下不少文物遗址及历史建筑。为更好地延续广州历史文脉，留住乡愁，广州市和荔湾区近年加大了对西关历史文化街区的修缮及活化利用，2022年对西关连珠巷的清代广州西关银行会馆进行了全面修缮，使其面貌焕然一新。

该会馆旧址于2004年广州市第四次全国文物普查时被发现，次年被公布为广州市登记文物保护单位，2008年被公布为广州市文物保护单位,文物名称为"银行会馆旧址"。目前有关该会馆的文史信息较少,其中最重要的是1964年广州市文物管理委员会发现的《癸酉重建会馆碑记》《癸酉重建会馆形图碑志》两通碑石。

会馆是明清以来建立于通都大邑的地缘或业缘的社会组织①,始于明代,兴盛于清代中晚期,衰败于清末与民国。具体来说,"会馆"主要包含三层含义:一是同乡或同业的组织;二是同乡或同业组织的机构及所在地;三指会馆的馆舍建筑。② 上述"银行会馆旧址"的系统性研究至今阙如,因此,笔者对该会馆建筑及所在街区进行了实地考察和调研,结合上述两通碑石,对会馆馆舍建筑及其作为银行同业组织的社会功能进行考析,以图让更多人对这座具有三百多年历史的行业会馆有所了解,为进一步做好该馆舍的保护、活化利用提供参考。

一 《癸酉重建会馆碑记》(以下简称《碑记》)

(一)《碑记》内容

《碑记》现收藏在越秀公园内的广州博物馆碑廊,碑石呈长方状,端州石质,高180厘米,宽80厘米。额刻篆书"癸酉重建会馆碑记"八字(见图1),碑文落款署"同治十三年,岁次甲戌仲夏吉旦。西关银行忠信堂立石",可知碑石立于1874年,距今已三百多年历史。内文为楷书,碑石保存较为完好,字迹清晰,文字齐全,全文共1061字。现将《碑记》原文、标点并抄录如下:

---

① 刘正刚:《广东会馆论稿·前言》,上海古籍出版社2006年版,第1页。
② 李乔:《会馆史略》,北京古籍出版社2020年版,第3—4页。

癸酉重建会馆碑记

重建银行会馆碑记。

《语》有之曰"群萃州处",又曰"懋迁化居"。古之商贾靡不列肆而居也。后世里间狭小,市廛内同业不能连衡比户,无以周知货贿之畸重畸轻,无以联合人情之相亲相友。行业会馆之设,其群萃之意欤谊最古也。粤东省垣银行会馆向在西关连珠里,而报本返始,则祀其先师赵公。肇建自康熙十四年,重修于五十年,厥后六十一年,及雍正九年、十二年,乾隆十三年、三十四年,屡次重修,叠增式廓,前记载之详矣。今阅百余年,为日既久,栋宇不无朽槽;为地所限,规模仍觉浅隘。去岁得后进地,遂拟推深一层,前荣后枢,为大厦者三;左右拱巡,为回廊者四;而且东壁煜烜、西厢拓恢,为樣厅者二;夹道登云,高楼耸汉,为青云路、为催官阁者各一。乃眷西顾,为四椽大厅事者一。头门阶墀、照墙、展壁,均重修整。另展壁之西园,增建住屋四间。北向之留余一座,左邻平排铺二间。询谋佥同,鸠工庀材,经始于癸酉年三月,落成于甲戌年蒲月,共费白金万两有奇,焕然赫然,气象聿新矣。夫莫为之前,虽美弗彰;莫为之后,虽盛弗传。又况继长增高,扩充广大,谓非同业日新月盛,乌能如是不啬不吝,趋事赴功成于不日哉?古王者常听胪言于市廛,又常命市纳贾以观民之好恶。我国家深仁厚泽,久道化成,而银行会逢其适,集资以广厥廛居,盖不独妥神灵、昭萃处已也。而神灵之佑庇,会萃之乐胥,亦于是扩而充之耳。同业诸君继美增荣为之兆矣。既以其原委,请予为记,爰申古义,并纪新猷,被之于碑,以告后来。

覃恩诰授通奉大夫、钦加盐运使司运同加四级、乙未恩科经元、军功赏戴蓝翎，江苏补用同知、直隶州知州，前任松江府南汇县知县，调署苏州府元和县事加五级，随带加四级纪录一次，诰封中议大夫，赏戴花翎，广西思恩府加二级，南海冯树勋撰文。

今将各号芳名开列：

全发号、裕成号、縣信号、锡隆号、干昌号、祐隆号、荣吉号、缉隆号、逢安号、逢昌号、集和号、信行号、元亨号、荣信号、旋吉号、隆记安、晋昌号、源源号、昆怡号、正安号、怡福号、全亨号、晋隆号、皆安号、启隆号、泰兴号、德兴号、荣德号、泰亨号、宝信号、生财号、亿隆号、泰生号、兆安号、泰元号、昭泰号、荣亨号、祥泰号、裕安号、利恒仁、永祥号、慎德号、祐亨号、同发号、利昌号、时昌号、鸿安号、泰利号、安行号、谦和号、宜记号、祐吉号、和兴号、信孚号、旋安号、恒泰、全泰号、广裕号、縣安号、成信号、昭隆号、祥和谦、广昌号、祐昌号、公安号、居安号、和隆号、兴隆号、泰安号。

已上每号捐出重建额银壹百大员。

已上每号又捐出买受后座屋价派额银伍拾两正。

已上每号又捐出重建高义题签银伍拾大员。

公推重建总理芳名列左：

旋吉号：苏景星翁；全泰号：蔡梅生翁；祥和谦：何干廷翁；昆怡号：苏杰臣翁；居安号：姚世简翁；泰利号：崔麓南翁；泰亨号：黎如槐翁；时昌号：冯晓堂翁；利昌号：伍桂弥翁；全发号：李景文翁；广裕号：谭席之翁；祐隆号：梁在徽翁。

壬申—癸酉，重建当年值事：生财号、源源号、宝信号、隆记安、裕安号、鸿安号。

癸酉—甲戌，重建当年值事：昭隆号（管理重建箱）、裕成号、泰生号、成信号、同发号、祐吉号。

同治十三年岁次甲戌仲夏吉旦。西关银行忠信堂立石。

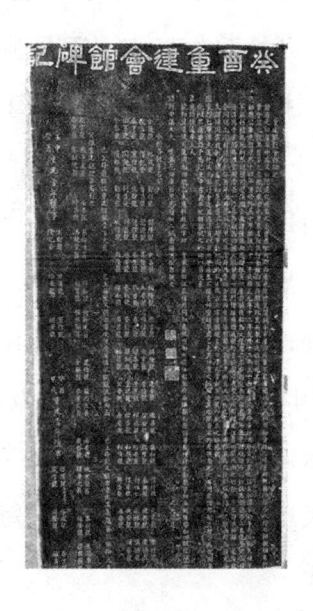

图1 《癸酉重建会馆碑记》①

据《碑记》内容可知，广东省城银行会馆向来设立于西关连珠里，始建于康熙十四年（1675），共进行过7次重修和扩建：第1次重修为康熙五十年（1711），与初建会馆相隔了36年；第2次重修为康熙六十一年（1722），重修间隔时间为11年；第3次重修为雍正九年（1731），重修间隔时间为9年；第4次重修为雍正十二年（1734），重修间隔时间为3年；第5次重修为乾隆十三年（1748），重修间隔时间为14年；第6次重修为乾隆三十四年（1769），重修间隔时间为21年；《碑记》所记同治十二年（1873）为第7次重修，是

---

① 该照片由广州博物馆提供。1964年由广州市文物管理委员会发现该碑石并移至广州博物馆保管。

间隔时间最长的一次重修,达 104 年之久,因此重修的力度尤其大。经过历次重修,银行会馆规模不断扩大。第 7 次重修从同治十一年(1872)购买原会馆屋后的用地(拟增建一进房屋),招集工匠,准备材料,次年农历三月开始正式动工,直到同治十三年(1874)农历五月才重修完成。参加捐资的商号共 69 家,每个商号承担"重建额银""重建高义题签银"共 150 大员(元),总额达 10350 大员(元),另新买地块增建后座由每个商号捐出 50 两银,共计 3450 两银。会馆的头门台阶、照墙(照壁)、展壁都重新修整,面貌焕然一新。新会馆除增加了一进房屋外,另在展壁之西园增建住所 4 间,会馆北面有自留的房屋 1 座,左侧有两间并排的商铺。重修后会馆不单面积扩大,而且面貌一新,营运能力得到加强。正如《碑记》专门提到,如果不是因为银行业发展迅速,就不可能在这么短的时间内筹集到充足的资金并完成拓建会馆。

该银行会馆初创时,正值全国各地会馆的蓬勃兴起时期,共经历了 200 多年历史,直至民国年间开始败落,基本与中国会馆历史的兴衰同步。

(二)关于撰文者冯树勋"加级、纪录"的简考

撰文者为南海县人士冯树勋。据碑文记载,朝廷授予其封号有通奉大夫、钦加盐运使司运同加四级、乙未恩科经元、军功赏戴蓝翎,江苏补用同知、直隶州知州,前任松江府南汇县知县,调署苏州府元和县事加五级,随带加四级纪录一次,诰封中议大夫,赏戴花翎,广西思恩府加二级。

碑文提及冯树勋"钦加盐运使司运同加四级""调署苏州府元和县事加五级,随带加四级纪录""广西思恩府加二级"。这些"加级"

"纪录"怎样得来？又有何用处呢？据考，"加级""纪录"为清代于官吏考核制度中对所任官吏之考核奖励级别，以及官吏于任职期间所获之奖励级别。获得者多于其职衔之后标示之，以为其德能、政绩之宣示。清代官吏之政绩、德能考核，由吏部考功司掌管，每三年一次，分区域进行考察，任职于京城而考绩称为"京察"，于地方而考绩称为"大计"，京官"分以才（才能）、守（操守）、政（政绩）、年（年龄）四方面考之，分别列以称职、勤职、供职三个等第。若已列一等者而又'加级、记名'"。而地方官之"大计"先由各省之承宣布政使司布政使（藩）、按察使（臬）、分巡守道（道）、知府（府）考察其下属之表现，加具意见而申呈上级总督、巡抚，督、抚核实后送吏部复查。优者举卓异……①

京察、大计之列为一等、卓异者，均可加级、记名。所谓"加级"即于自身之品阶②上加级。纪录，则以某官宦绩之卓者而加，一事一次。如遇某事而降级者，可以凭"加级""纪录"相抵消。加一级可抵降一级，加一级相当于四次纪录，一次纪录可抵罚俸半年。如扣除后仍有"加级""纪录"者，仍旧注册记录，以留后用。③原来，清代曾评为"一等、卓异"的官员若不小心犯错，果真可"将功抵过"呢。

可见，《碑记》中提及冯树勋四种"加级""纪录"，除可标示其政绩、操守外，尚有抵消处罚而留任等上述之功效。撰文者有如此之多的加级、纪录，说明其在官场上政绩和功勋卓越，而会馆能邀请到

---

① 赵尔巽等：《清史稿》卷一一一，关外二次本（影印），上海古籍出版社1986年版，第428页。
② 清代文武官散阶分十八级，自正一品至从九品。
③ （清）永瑢、纪昀等编纂：《钦定四库全书》（文渊阁本），上海古籍出版社2009年版，第620册，第288页。

这样有德行、有名望的本籍（注当年西关属于南海县属地）官员为会馆重修撰文，彰显了会馆的巨大社会影响力。

二　《癸酉重建会馆形图碑志》（以下简称《碑志》）

《碑志》与上述《碑记》均收藏于广州博物馆碑廊，材质、大小均一致，是一对形式不同、内容互补的碑石。该《碑志》风蚀严重，图形和文字大部分模糊不清，清晰可辨的有额刻篆书"癸酉重建会馆形图碑志"十个大字，以及上款"本会馆坐癸向丁兼子午照原日旧向增深壹座"、下款"西关银行忠信堂立石永成利店奉刻"等字迹。据《广州市文物志》介绍，此碑"是广州保存下来为数不多的百年石刻建筑平面图之一"[1]，对研究岭南地区明清时期会馆建筑文化具有极高价值。

笔者根据《碑志》上模糊的线条和文字，结合会馆的建筑遗存和国土规划部门的房屋四置图、卫星地图，以及周边地形地貌，通过走访调研问访，深入了解其周边环境变迁，基本还原了《碑志》的内容，并进行重新手绘，如图2所示。

从《碑志》可见，会馆为坐北向南，从南向北的中轴线上依次建有后照壁、照壁、池塘、广场、头门、前天井（两侧连廊）、正殿（中座）、后天井（两侧连廊）、祖师殿、花园，北面为会馆所属位于第十甫大街的商铺。东路依次为窗石、前天井（有一水井）、东厅、后天井（西侧为连廊）、厨房、花园，北面为通向第十甫大街的会馆后道。西路依次为窗石、前天井（有一水井）、西厅、后天井和西苑（两侧连廊）、增建的第三进、花园、围墙。东西两路与中路建筑以青

---

[1] 麦英豪主编：《广州市文物志》，岭南美术出版社1990年版，第242页。

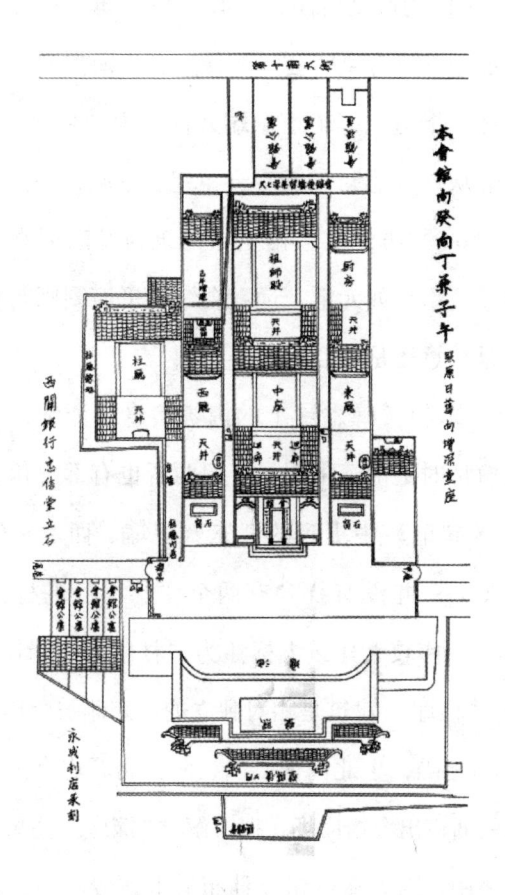

图 2 《癸酉重建会馆形图碑志》（笔者手绘）

云巷相隔。西厅的西侧还有 1 座独立院落式的建筑，形图碑上标注为"柱厅"，《碑记》上称"榡厅"，坐北向南，南面是天井，天井两侧为房间，北面为主体建筑，东侧与会馆西路建筑相连，沿会馆西路建筑墙体向南设有一条标注为"柱厅内巷"的通道到会馆广场，南、北、西三面留有余地并建围墙形成既与会馆主体建筑相连又是相对独立的建筑。广场东西两侧的展壁各建有一个翼门牌坊，东翼门牌坊石匾上用隶书阴文刻有"履中"二字，西翼门牌坊石匾上用隶书阴文刻有"蹈和"二字,东西翼门牌坊被连珠巷贯穿。东翼门处有1座附属建筑,《碑志》上隐约可见后园标注有"口口苑"字样,但仍有待考证。广场西侧展壁外建有4间会馆的住屋,坐南向北,门口设在会馆东翼门外的连珠巷街道上,街道东端处标注为"巷尾",现在连珠巷此处是断头巷。从《碑志》与现存会馆建筑推测,同治年间会馆重修时占地面积约3800平方米。会馆主体建筑为岭南祠堂风格建筑,门前广场上的池塘造型犹如元宝,远看会馆的平面图则与现代的锁匙形状十分相像,是故意还是巧合则不得而知。

尽管《碑记》和《碑志》上的内容信息很详细,一文一图,互相印证,让人解读时更加清晰明了,但两者也有部分信息表述不一致或不全的。如《碑记》中提到的"东壁煜熻、西厢拓恢,为桄厅者二",但在《碑志》并没有找到有两个"桄厅"的标注,只在"西厅"旁边相连的一座较大建筑上标注为"柱厅",估计"柱厅"即是"桄厅"。该座"柱厅"建筑是相对独立的,东侧与会馆主体建筑的西路(西苑)一墙之隔,坐北向南,西、南、北面均有围墙和余地,向南有一条专用的通道出会馆广场。据了解,"桄厅"主要是用于停放棺木和举办白事之用,因此在会馆设计布局上比较巧妙,独立房屋、独立通道,不影响到会馆主殿的使用。而另一座附设独立房屋是与会馆东路相连、规模相对较小的建筑,门口正对广场东侧东翼门牌坊旁,估计该建筑就是另外一座"桄厅",使用起来也是非常独立方便。

上述两通石碑,落款均为"西关银行忠信堂立石"。笔者认为,忠信堂是西关银行会馆的组织名称,带有民间所指"帮会"的意思,是负责会馆议事、决策的机构。其以西关连珠里会馆作为会址,用于银业行商们开会议事的场地,由忠信堂组织成员共同订立行规,维护同行利益和限制不正当竞争。最初,只有做架银号才能加入忠信堂,后来成为征收厘金的机关,无论何家银号在开始营业时,如欲参加银业公市,必须先交给忠信堂若干厘金。如未付厘金,则不得入公市买卖。① 由此可见忠信堂当时权势之大。清末民初,众多社会名流都常光顾忠信堂,包括末代皇帝溥仪的老师陈宝琛等均是常客。民国十二年(1923),在广州正式成立银业同业公会,忠信堂原有的同业公共组织的职能移交该会接管,忠信堂变成主要是承办厘金的组织②。直至民国后期,忠信堂才逐渐消失在公众视野中。

三 较之于另一家广州清代银行会馆

笔者查证银行会馆资料时,发现除上述的西关连珠里的银行会馆外,清代还有另一家银行会馆(现已不存),但该银行会馆史料也是极少,仅有越秀区博物馆(五仙观)藏有此银行会馆道光九年(1829)的《重建银行会馆碑记》1通。据碑文内容可知,该会馆"先是立庙于鳌鱼洲,雍正十三年改建于永清门外麦栏街,迄今百有余年",由此可证实在清代广州至少曾同时存在过两家银行会馆。

对比上述两家银行会馆碑记,发现它们的体制有较大差别。西关的银行会馆碑石落款为"西关银行忠信堂立石",参加同治年间重修会馆的银号有69家之多。越秀区的会馆碑记称"藩、运银行",道光年间重建时一共仅有9家银号捐资重建,其中藩宪银号有"广源店、源昌店、荣茂店、丽珍店、宝隆店"5家,运宪银号有"广升店、宝聚店、慎诚店、茂和店"4家。藩宪银号、运宪银号各捐番银1720

---

① 广东省地方志编纂委员会等:《广东省志 金融志》,广东人民出版社1999年版,第272页。

② 广东省地方志编纂委员会等:《广东省志 金融志》,广东人民出版社1999年版,第272—273页。

两，合计捐番银共3440两。"藩、运银行"，即是指藩宪银号和运宪银号。据《广州市志》记载，清末广东盐运司批办广州6家银号，专门承铸盐库银两，代各埠解缴盐饷。另据《番禺县续志》记载，麦栏街各盐馆为全省盐业交易之枢纽。① 该银行会馆恰恰是在"永清门外麦栏街"（约在现越秀区万福路厂后街附近），所在之处当年盐馆密集，运宪银号正是盐运使司（番禺盐运使司位于惠福巷②）批办的银号，主要为盐运司服务，承担着承铸盐库银两等职能。而藩宪是藩台的尊称，即清代的布政使，因此藩宪银号当是布政使司批办的银号。清代番禺布政使司署是在惠爱大街③，亦是位于今越秀区。由此可见，越秀区的清代银行会馆是布政使司、盐运使司官办银号的行业会馆，而当时位于城外西关的银行会馆则是主要以放款、揭项为主的民间银号的行业会馆。

越秀区的《重建银行会馆碑记》还记载了嘉庆十六年（1811）九月，藩、运两行银号共捐番银120两，"买受庙前廖逢泰屋一间"，将瓦面墙壁拆去，改造为戏场。事隔18年后，即道光九年（1829）由藩、运两行9家银号重修会馆。据《广州市文物志》记载，西关连珠里的银行会馆在乾隆三十四年（1769）参加重修会馆的银号为34家④，即是较之早60年重修的西关银行会馆参与出资的银号是其4倍之多⑤，可见西关银行会馆作为民间会馆，拥有更多的同业数量，其

---

① 番禺市地方志编纂委员会办公室：民国版《番禺县续志》，广东人民出版社2000年版，第287页。
② 番禺市地方志编纂委员会办公室：《清·同治十年番禺县志》，广东人民出版社1998年版，第217页。
③ 番禺市地方志编纂委员会办公室：《清·同治十年番禺县志》，广东人民出版社1998年版，第217页。
④ 麦英豪主编：《广州市文物志》，岭南美术出版社1990年版，第242页。
⑤ 麦英豪主编：《广州市文物志》，岭南美术出版社1990年版，第242页；陈建华主编：《广州市文物普查汇编·荔湾区卷》，广州出版社2006年版，第110页。

会馆规模更大、重修的参与面更广。

两家银行会馆的碑记均提及供奉有武财神赵公明。无论是官方或民间的银行会馆，祈望各银号生意兴隆、财源广进的愿望是一样的，可见是师出同门。

需要指出的是，《广州市文物志》记载："这次重建（指1873年）……参加出资修建的银号达64家。而据乾隆三十四年（1769）该会馆的《己丑重修银行会馆碑记》记载，当时参加重修会馆的银号为34家。即前后相距94年，参加修建的银号就增加近1倍之多"（《广州市文物普查汇编·荔湾区卷》亦沿用其说法"出资修建的银号有64家"）。文中误将同治十二年（1873）参加重修的银号统计为64家，实为69家；另与乾隆三十四年（1769）重修相距时间应为104年，而非94年。

四　银行会馆及其社会功能

会馆分为试馆、工商会馆、移民会馆。从会馆的机构属性看，其属于社团性质的互惠性、自律性社会组织；从会馆的地缘性、业缘性看，会馆有一个特定的活动范围和活动指向，"设立和使用会馆的人，一般为同籍贯者，或是同行业者……同籍贯者设立的会馆被称作同乡会馆，同行业者设立的会馆被称作同业会馆"。[①] 设立行业会馆，一般可说明此行业在该地区具有较多同业者或该行业经营相对鼎盛，因此需要设立一个业界社团组织以发挥协调功能，定立行规，维护同行利益和限制不正当竞争，增强同行业的凝聚力。如，全国各地的历史名城几乎都设有戏曲界的同业会馆"梨园会馆"，在西关还

---

① 李乔：《会馆史略》，北京古籍出版社2020年版，第2页。

有著名的粤剧"八和会馆"、丝织业的"锦伦会馆"等，都因这些行业在西关特别兴旺。本文探讨的"银行会馆"，《碑志》原文称"粤东省垣银行会馆"，即是在广州从事银行业的银号共同设立的会馆。下文除介绍该会馆的社会功能外，还将重点探讨一下《碑记》中提及的晋商银号。

（一）晋商银号

清代广东是我国商品经济最为发达的地区之一，广东商帮以及"广货"几遍海内外。[①] 在此背景下，广州出现众多银号，除了多数由本省的"顺德帮"和"四邑帮"开办银号外，商业上最为活跃的晋商亦有涉足，例如《碑记》中捐款的银号即有广裕号、泰生号[②]、祥泰号[③]等晋商银号。此外，全发号、裕成号、元亨号、晋昌号、晋隆号、源源号、德兴号、泰元号、永祥号、同发号、恒泰号、广昌号、兴隆号等十多家银号均显示与山西有密切关系，为修筑山西的祠堂、庙宇、戏楼、乐楼、魁星楼、石堤、道路而频繁捐款，这些银号极可能亦是晋商创办，有待进一步考证。[④]

其中晋商创立的广裕号，留存有一通珍贵的碑石——《大清光绪二十五年立创业碑记》，现存于山西吕梁市孝义市下栅乡高仁村方家祠堂。该碑记由布政司理问耀庭和得荣撰文，记载了广裕号创业及修

---

① 刘正刚：《广东会馆论稿》，上海古籍出版社2006年版，第1页。

② 刘泽民等总主编：《三晋石刻大全·晋中市灵石县卷》下编，三晋出版社2010年版，第1697页，《南关镇石柜村耿氏创立宗祠碑记》记载有"因商同近族，以光辉堂、祥瑞堂及蟾家光裕堂三门共有之'泰生号'市坊一廛，改建宗祠"。

③ 刘泽民等总主编：《三晋石刻大全·吕梁市孝义市卷》上编，三晋出版社2012年版，第543页，《建筑中阳楼并永安市场记》文中记载捐款商号有"本邑祥泰号"，可知山西吕梁设有祥泰号。

④ 详见刘泽民等总主编《三晋石刻大全》各卷，三晋出版社2010—2016年版。

建祠堂事宜。据碑文记载："曾祖太清公设立广裕号资本壹万贰仟吊，至咸丰三年接受壹万九仟吊，贼匪扰乱不能作生意，收起钱壹万肆仟吊，归家带银三仟四百两，剩铺底房屋四仟吊之谱，屡年积聚，生意丰盛。至同治七年，积聚余利壹万三仟吊。到家与祖父、二叔商议成全广裕号之事。叔父要在家奉养祖父，你父子商议，作立入资本钱壹万贰仟吊作为钱股四俸、身股一俸。至光绪二十一年得余利贰拾万吊上下。除铺中花费，同事人支，原本倍成贰万吊，余利四家公分……"①碑文虽没说明广裕号具体成立时间，但可知其同治年间仍在稳定发展，光绪二十一年（1895）更是得余利二十多万吊之多。文中提及"钱股""身股"之分配，正是晋商所独创的股俸制，是晋商经营管理中最为重要的制度，与现代企业管理制度的激励机制十分相似。晋商是否通过银行会馆把这些优秀的经营之道引进到广州设立的银号业，亦值得后续进行深入研究。

（二）银行会馆的社会功能

银行会馆作为联系广州各银号的纽带和平台，建立在西关中外贸易商业中心地带，见证了广州银行业的发展。其主要社会功能有以下四个方面。

1. 召集会议，维系银号

银行会馆最大的社会功能，就是召集各银号聚会议事，以决定重大银行事务。因此，银行会馆专门设有议事厅（见图3），并且成立会馆的组织管理层。其中值事（馆长）是最重要的管理者，一般由同乡或同业中公推数位德高望重、办事公道的人士或商号担任值事，负

---

① 刘泽民等总主编：《三晋石刻大全·吕梁市孝义市卷》上编，三晋出版社2012年版，第508页。

责制订章程并监督其实施,召集会议以决定重大馆务,对外代表会馆进行馆务工作。值事任期多数为一年,也有两三年的。有的会馆甚至是一次选出若干值事(馆长),按年递次担任,称为"值年制"。① 据《碑记》可知,会馆每年的值事是由6间商号共同担任,其中壬申—癸酉年(1872—1873)值事为:生财号、源源号、宝信号、隆记安、裕安号、鸿安号等6间商号,癸酉—甲戌年(1873—1874)值事为:昭隆号、裕成号、泰生号、成信号、同发号、祐吉号等6间商号担任。值事的商号之多,可从侧面见证当时广州银行业发展之盛。

图3 会馆议事厅

2. 管理会馆,服务会员

从会馆的管理运作模式看,会馆之所以能维持百年不衰,还能不

---

① 段柄仁:《会馆》,北京出版社2006年版,第13页。

断扩建和重修，可见其运营有方，主要来自会员的捐资、厘金收入和会馆自身的运营必不可少。因此，会馆的日常管理除了有值事（馆长）主持外，还会雇有勤杂人员，人们习惯将其俗称为"长班"或"馆役"。这些人负责会馆内的内务、卫生、传达、接待等杂务工作。此外，会馆还会创造其他稳定的收入，如通过房屋出租取得稳定的租金、供外来经商和游客临时住宿的客栈。《碑记》上记载，会馆重修时增建了4间住所，还有两间位于西关商业最繁华地段上下九甫—第十甫大街上的商铺（商铺所在地见图4），东座后进还设有厨房可以为会员提供宴席聚会等服务，可见会馆的造血能力不弱，再者加入会馆的同业数量、实力不菲，筹集捐资也相对容易。因此通过运营养馆，是会馆能够长久持续的主要因素之一。

图4 当年会馆商铺所在地（现上下九—第十甫历史文化街区）

3. 慈善济世、取信于民

从银行会馆的建筑使用功能看，有专门用于聚会、待客、议事的厅堂，通常也用于举行喜庆之事。从会馆的社会组织性质看，除了要维系会员、维护业界权益外，还需要以会馆为平台为业界在社会上建立良好声誉形象，以助其取信于民。本文提及位于麦栏街的银行会馆亦专门设有戏台，以供逢年过节和喜庆时进行演出，西关银行会馆亦有过千平方米的广场，可以举办大型表演。此外，据《碑记》记载，会馆还专门设有"槥厅"两座，一方面可放置新的棺材，"材"谐音"财"，有招财之寓意；另一方面亦可提供给会员或有需求者停放棺木、承办丧事等服务，以表慈善爱心之意。

4. 祭祀祖师、凝聚信众

据上述《碑志》及《碑记》可知，会馆中路第三进为"祖师殿"，专门供奉武财神赵公明。在中国传统习俗中，几乎每个行业都有自己的祖师神，各司其责。如建筑业以鲁班为祖师神，茶业以陆羽为祖师神，酒业以杜康为祖师神，而银行业多以武财神赵元帅，即赵公明为祖师神[1]。赵公明，又名赵玄坛，其形象最早出现于东晋的《搜神记》："有妖书云：上帝将三将军赵公明、钟士季，各督数鬼下取人。"[2] 此时的赵公明是上帝派到人间索命的瘟神，至明代方演变为财神。到了清代，赵公明作为财神的形象已深入人心，每年农历三月"十五日为玄坛神诞辰。谓神司财，能致人富，故居人多塑像供奉"[3]。作为银行业的会馆，各银号都祈望生意兴隆，一本万利，所以在会馆里奉祀行业神兼财神赵公明。尤其是每年正月初五，众多银行会馆信众会置办食物和水果，供于香案，迎接财神。值得注意的是，史书记载，这位财神是回族，不吃猪肉，所以常以烧酒、牛肉祭祀，

---

[1] 越秀区博物馆收藏的潘运银行会馆（己丑）《重修银行会馆碑记》所示，该会馆也同样供奉武财神赵公明，可见赵公明是公认的银行业的祖师神。
[2] （晋）干宝：《搜神记》，胡怀琛标点，商务印书馆1957年版，第39页。
[3] （清）顾禄：《清嘉录》，凤凰文艺出版社2019年版，第118页。

俗称"斋玄坛"①。

五 西关银行会馆的现状及对会馆旧址保护、活化利用的建议

尽管昔日的会馆占地广大、建筑宏伟，但历经百年沧桑后，现仅遗存广场部分空间及头门、前天井及两侧连廊、正殿（中座）、东西翼门牌坊等。会馆核心建筑能在历代政局变化中幸运地躲过被毁灭的灾难，也躲过了被房地产拆迁开发的劫难，有赖于会馆从民国后期被用作学校（原为私立学校，中华人民共和国成立后为珠玑路小学，现为詹天佑小学珠玑校区）。近期重修后，会馆头门基本恢复当年样貌（见图5），面阔三间12米，进深两间约7米，共9架。碌灰筒瓦，硬山顶，前后石檐柱。大门嵌花岗石门夹，石门额上原来被灰泥封堵的刻字也已恢复：正中横书"会馆"两个阳刻大字尽管曾被人试图凿平，遭到小部分破坏，但整体字样还在；竖书上款"同治癸酉仲冬吉日"和下款"西关银行众信重建"等阳刻小字样也已全部清晰可辨②，前廊梁架木雕、斗栱精美典雅，重修后已重新贴金，尽显金碧辉煌。石门夹安放着一对实木门板，门板高约4米、宽1米、厚约0.1米。大门两侧的石刻对联已被人完全凿平，原字样痕迹已无法辨认。

会馆的二进（中座）为正殿，面阔三间12米，进深三间约11米，共15架，前设四架轩廊。硬山顶，碌灰筒瓦，青砖墙。前后4条石檐柱，中间四条硬木金柱。柱子下面是莲瓣纹花篮柱础，轩廊屋架贴金木雕，前天井左右连廊面阔各一间，进深一间，四架卷棚顶，

---

① （清）顾禄：《清嘉录》，凤凰文艺出版社2019年版，第118页。
② 据当年参与文物普查的人士回忆，在2004年文物普查发现会馆建筑遗址时，会馆头门门额上的刻字被灰泥封堵，仅能隐约辨认出"会馆"两个大字及"同治"、"西关银行"的小字，砖雕、木雕等都被灰泥、天花等材料覆盖。

图5 会馆头门

屋架贴金木雕。各屋架木雕雕工细腻。屋顶的博古脊饰有松鹤延年等吉祥图案（见图6）。

会馆东、西翼门以东西走向的连珠巷穿过其中，形成一对形制、结构相同的门楼，互为呼应。门楼宽约2.5米，高约5米，青砖墙，灰塑博古脊，绿琉璃瓦顶，花岗石门夹，石门洞高3米、宽2米，额匾分别题"履中""蹈和"（见图7），均已修旧如旧。

原有的会馆池塘、照壁、后照壁现已片瓦不留，遗址已变为学校的操场、舞台和游泳池，会馆广场现在是学校操场和连珠巷街道路面，广场和连珠巷等周边的地基都比当年整体提高了约40—50厘米，令头门两侧的包台一半被埋进地面里（见图8），以此解决西关经常出现的"水浸街"问题。东路建筑被拆除建成4层的住宅楼，东翼门

图 6 会馆屋顶的博古脊

图 7 会馆的东、西翼门牌坊

旁的相连建筑也改建为民居，西翼门外的 4 间会馆住所均被拆除建成

3层和4层的住宅楼。西路第一进建筑已非当年模样，改建为两层的学校用房。祖师殿及西路的第二、三进和天井、柱厅部分等位置也已被拆除，20世纪60年代重建成学校的4层教学大楼（后增加一层）。西侧"榡厅"位置还局部保留旧建筑，但亦有改建过的痕迹，具体年代未有考究。原会馆"北向之留余一座，左邻平排铺二间""会馆后道"现仍存，为第十甫路旺铺，与百年老字号莲香楼隔路相望。

图8　头门两侧包台一半被埋进地面里

目前，重修后的会馆建筑尽管规模已大不如前，但会馆建筑上仍有不少亮点值得观赏。如头门横梁上的木雕（见图9—10），重新漆金后的木雕雕刻人物栩栩如生，上面还刻有"朝圣恒昌店、鸡栏财盛店仝作"等字样，可知同治年间重修会馆，是由"恒昌店"和"财盛店"承接这些木雕工程，"朝圣"和"鸡栏"是指这两个商号所在的地点。据笔者查阅1675年《广东省城图》，"朝圣"和"鸡栏"均位于会馆附近的现和平中路一带。

图9　头门横梁上的木雕（一）

图10　头门横梁上的木雕（二）

头门两侧的砖雕（见图11—12）运用了镂空雕、高浮雕、浅浮雕等手法，在青砖上雕刻有屋宇、楼台及各式人物，布局严谨，层次分明。尤其是人物神态生动自然，立体感强，或是儒雅淳厚，或是威风昂然，或是憨态可掬，无不栩栩如生。

图 11　头门两侧边的砖雕（一）

图 12　头门两侧边的砖雕（二）

西关自古以来一直是岭南地区经济、文化的中心，七十二行样样齐全，是广东商帮"粤商"的发源地，曾培育出世界首富伍秉鉴等"粤商"代表人物，以及"中国铁路之父"詹天佑等中国科技革命先驱。因此明清时期在西关设立过大量地缘性和业缘性会馆，但在寸土寸金的商业旺地上鲜有会馆能达到西关银行会馆之规模和悠久历史，可见清代西关银行业的兴旺发达和举足轻重程度。该会馆为研究粤商历史文化和广州金融史提供了有力的佐证，其历史价值和文物价值不言而喻。可惜，目前我们只找到会馆第7次重修的《碑记》和《碑志》，之前6次重修的碑记内容无从知晓，仍需继续挖掘和深入研究。

最近，有关部门对会馆进行了全面修缮，可惜只是从文物建筑本体的安全保护角度进行，还没有上升到结合银行会馆历史文化的层面去挖掘研究、开发利用。会馆旧址作为詹天佑小学的其中一个校区，如何实现文物最佳的活化利用效果和呈现方式还值得深入探讨。目前，该文物除了在会馆大门上挂有市级文物保护单位牌匾外，没有任何银行会馆的介绍信息，对市民、游客了解其历史文化背景非常不便。

会馆经过这次全面修缮，已经重现出当年的一点气势，在西关现存的祠堂建筑中也算较有规模的一座，最难得的是会馆广场空间还在，而且地处上下九步行街，与永庆坊一路相承。2021年广州市政府工作报告上提出"谋划上下九步行街区改造提升"，2022年政府工作报告上又提出打造"大西关（上下九—永庆坊）具有世界影响力的岭南特色商圈"，但在最近出台的上下九提升方案中，对曾经支撑"粤商"数百年辉煌的西关银行会馆如何活化利用只字未提，足见还未得到应有的认识和重视。因此笔者提出如下几点建议。

一是在会馆处设置介绍牌，方便市民、游客了解其历史；二是把两通癸酉重建会馆碑石移回原址安放，并把最近的全面修缮也制作新的碑记；三是把会馆旧址纳入上下九步行街升级改造和"大西关（上下九—永庆坊）具有世界影响力的岭南特色商圈"规划建设项目中。会馆目前作为学校场所使用，未能把文物的历史文化价值达到最佳活化利用效果。原会馆所属的第十甫商业步行街上的商铺目前仍存，应借上下九步行街升级改造的契机，把会馆旧址开设为"粤商会馆"，将其打造为宣传"粤商"辉煌历史和为"新粤商"提供展示、交流、商务的新型平台，从而把西关最值得炫耀的商业文化品牌打造为广东一张亮丽的文化名片，这样"大西关（上下九—永庆坊）具有世界影响力的岭南特色商圈"建设，才能有根、有魂、有底气、有财气，更具历史意义。

[梁东：广州市荔湾区人大常委会机关一级调研员；
潘剑芬：邓世昌纪念馆（海珠博物馆）馆长，
历史学博士，研究馆员]

"侨批"视野下的广州荔湾银号

蒙启宙

"广州为南中国之重要口岸,商人对于国外贸易从事最早。"[1] 在国外贸易的推动下,广州成为中国最早有侨汇业记载的城市之一,广府人全球移民的特征使广州成为中国唯一既可"用批信方法汇款",也可"用夭纸方法汇款"的城市。广府地区的"侨汇活动皆以广州作中心"[2],"华南侨汇多由广州转汇"[3]。与南洋"批馆大致是钱庄的一部分"相似[4],广州的批信局大都采取银号的经营管理模式。广州银号主要集中在荔湾区。荔湾区是近代广州的"金融中心点"[5]。康熙十四年(1675)前后,广州银业公所设市于荔湾区珠玑路连珠里"忠信堂"内,以后一直是"广州唯一的金银贸易市场。与香港金银业贸易场相类似","交易繁多时挤拥不堪,其叫嚣之声不亚于纽约、伦敦及巴黎的交易所"[6]。"广州市买卖夭纸的业务集中于十

---

[1] 《民国十八年五月份金融概略》,《广州金融商情月刊》,广东省政府统计事务处1929年编印。
[2] 姚曾荫:《广东省的华侨汇款》,商务印书馆1943年初版,第2页。
[3] 《贬值影响已成过去 经港侨汇复常》,《大同日报》1949年10月3日第5版。
[4] 刘征明:《南洋华侨问题》,国立中山大学社会研究所编辑,金门出版社1944年版,第188页。
[5] 《工商银行新行落成》,《广州民国日报》1928年6月11日第9版。
[6] 区季鸾:《广州之银业》,国立中山大学法学院经济调查处业书1932年版,第95页。

三行一带。"① 广州侨批局旧址文物保护单位是荔湾区和平路的永昌叻庄银号。

华侨银信在广府地区和闽南地区被称为"银信",在潮、梅、汕地区被称为"侨批"。"新中国成立后,根据政府规定,批信局一律改称'侨批局'。"② 1949 年 12 月初,广州市军事管制委员会财经接管委员会同时颁布的《五项重要管理办法》③,第一次将"侨批"和"侨批业"写入地方法律法规,使广州成为第一个为"侨批"和"侨批局"定名的城市。2013 年,中国侨批(银信)档案列入世界记忆遗产名录,在"侨批"视野下研究广州荔湾银号具有独特的文化价值。

一 广州侨批业的历史溯源

"广州为华南重镇,以与外洋通商最早之故,人民之移出海外为数极众。"④ 越南华侨"分为五大帮,即广州帮、客家帮、福建帮、潮州帮、琼州帮。其中以广州帮势力最大"⑤。菲律宾华侨中"广东籍约占百分之二十,以中山及番禺县人为最多"⑥。美国华侨"以广州附近为多。分为三邑(南海、番禺、顺德),四邑(新会、新宁、恩平、开平)等"帮派⑦。"檀香山华侨皆广东人,而广州人尤多。多经营商业","而服务于欧美银行公司中者亦多"⑧。欧美银行公司

---

① 姚曾荫:《广东省的华侨汇款》,商务印书馆 1943 年初版,第 7 页。
② 袁丁:《民国政府对侨汇的管制》,广东人民出版社 2014 年版,第 17 页。
③ 《五项重要管理办法》,《国华报》1949 年 12 月 9 日第 1 版。
④ 江英志编述:《广州市立银行的新使命》,登云阁 1937 年版,第 102 页。
⑤ 《越南华侨生活之苦况》,《海口市商会月刊》第 4 卷第 6 号,海口市商会 1936 年版。
⑥ 区琮华:《美洲华侨与侨汇》,《广东省银行季刊》(第一卷第一期),广东省银行经济研究室 1941 年版。
⑦ 丹徒、李长傅:《华侨》,中华书局 1927 年 4 月发行,第 127—131 页。
⑧ 丹徒、李长傅:《华侨》,中华书局 1927 年 4 月发行,第 124 页。

先进的经营理念很早就传入广州，使广州侨汇业兼备了中西方金融的双重特征。

(一) 史乘记载最早的批信局

侨汇业形成的时间没有确切的史料记载。民国学者研究认为，美洲侨汇业"证诸史册约滥觞于十九世纪六十年代"[①]。而南洋"批信局是由民信局代带钱银汇兑方面蜕变出来，约在十九世纪末年分立。据史乘记载，在一八八二年已有批信局存在"[②]。因此，侨汇业通常被认为最迟于19世纪60年代便形成。

"广州为我国南部最大的都会，与南洋文化沟通最早"[③]，南洋华侨汇业的发展变化对广州侨汇业的影响颇大。与南洋"批馆大致是钱庄的一部分"相似[④]，广州的批信局大都采取银号的经营管理模式。广州银号也叫银业、钱业或银钱业等，是广州本土的金融商号，其经济实力"稳居广州七十二行之首"[⑤]。广州银业最迟可溯源至明末清初，"忠信堂"出现时便形成了，但经营华侨银信业务的历史记载则在鸦片战争爆发后。

1849年前后，在广州经营生烟丝出口业务的朱广兰熟烟庄在南洋也开设了同名的烟庄，并从1869年开始兼营华侨银信业务。朱广兰熟烟庄凭借其熟烟丝的质优价廉将侨汇业务从南洋拓展到美洲，直到

---

① 姚曾荫:《广东省的华侨汇款》，商务印书馆1943年初版，第9页。
② 刘佐人:《批信局侨汇业务的研究》，《金融与侨汇综论》，广东省银行经济研究室1947年版，第55页。
③ 谢六逸:《二十五年来我国之新闻事业》，《(巴城)新报二十五周年纪念特刊》，1935年版。
④ 刘征明:《南洋华侨问题》，国立中山大学社会研究所编辑，金门出版社1944年版，第188页。
⑤ 《广州市银业沿革及复员后之概况》，《广州市钱银商业同业公会元旦特刊》，广州市钱银商业同业公会1948年元旦出版。

抗日战争期间，"旅美侨农""仍用老式之竹烟筒吸朱广兰熟烟，或廖芸生生切（广东土制便宜烟丝）"①。一些四邑籍美洲华侨回国时将整箱朱广兰熟烟带返侨乡，台山三益碉楼至今仍然收藏着一个民国时期华侨从美国旧金山带返的写有"广兰名烟"字样的大木箱。美洲华侨以四邑籍人士为多数，在"朱广兰熟烟"的影响下，四邑地区经营侨汇业务的银号钱庄等大多与烟土私运有关。"江门镇为四邑交通之咽喉，故四邑金融多数集中该处。"②但江门"银业资本极少，除铺底外所余资本不过一二千元"，其运营资金主要来源于烟土生意。从某种意义上说，江门的银业"实借此为私运烟土机关"③。由此可见，广州的烟土出口贸易在华侨汇业的形成与发展中起到举足轻重的作用。

与烟土出口贸易相似，广州的纱绸出口贸易同样影响着华侨汇业发展。"粤省出口货以茧丝为大宗，向借银号信用放款以扩展营业。"④1889年，在广州经营纱绸出口的"岑兴记"银号开始兼营安南（今越南）银信业务，同一时期在广州专营美洲银信业务的有"汇安庄"等银号。⑤

1875年，鸿雁寄在广州荣阳大街83号开业后，以香港的鸿雁寄、良记、顺栈和同利炳，澳门的祥发等为支局经营华侨银信业务。同年在广州开张营业的还有逢生隆等5家信局。⑥ 1878年，玲记在广州荣阳大街87号开业后，以香港的同利炳、简讵记、元益，汕头的森昌

---

① 区琮华：《美洲华侨与侨汇》，《广东省银行季刊》（第一卷第一期），广东省银行经济研究室1941年版。
② 《召开维持金融会议》，《侨通》1946年第3、4期合刊。
③ 《江门商业情形之概况》，《广州市商会报》1925年2月23日第5版。
④ 《一年来各商业同业公会工作概况》，《广州市商会周年特刊》1947年9月。
⑤ 陆青晓：《解放前广州的侨批业》，《广州金融》1994年第5期。
⑥ 陆青晓：《解放前广州的侨批业》，《广州金融》1994年第5期。

盛为支局经营华侨银信业务。1879年，朋信在广州德兴街15号开业后，以香港的陈锦记、恒发为支局经营华侨银信业务。1880年，祥利合记在兴隆南路48号开业后，以香港的顺利、恒发为支局经营华侨银信业务。1883年，荣记在广州一德路253号开业后，以香港的同利炳、简讵记为支局经营华侨银信业务。1886年，友信在广州荣阳大街47号开业后，以香港的陈锦记为支局经营华侨银信业务。1887年，福昌在广州同文路32号开业后，以香港的鸿雁寄为支局经营华侨银信业务。

图1 兴隆路等在地图上的标注[①]

荣阳大街、德兴街、兴隆南路是荔湾西关著名的老街，位于西堤二马路附近，是广州十三行街区的一部分，广州沦陷时被日军焚毁而

---

① 《广东省会街道门牌总册》，广州市公安局行政课户籍股1931年8月印行，插图。

成为灾区。全面抗战胜利后,"广州银行公会拟在西堤二马路灾区（今广州文化公园）建设银行区。号召全市银行集中该区建筑（银行大楼）以资繁荣市容"①。可见,由荣阳大街等组成的街区所具有的金融属性是相当深厚的。

因此,光绪年间荔湾银号已与香港、澳门、汕头等地批信局形成了错综复杂的侨汇经营网络,经营范围包括中国香港、新加坡、槟榔屿、马来亚以及芙蓉（马来西亚南部城市）等地。荔湾银号的经营状况良好,大多能经营至民国中后期。1928年,鸿雁寄、玲记、朋信等7家批信局所办理的南洋银信为22.6万件。②

同一时期的南洋批信局接驳广府银信业务也趋于完善。1887年10月14日,新加坡文兴信局在新加坡《叻报》上刊登《创设广惠肇文兴信局告白》中称,文兴信局"寓于文行堂药店,专代汇寄唐山广、惠、肇等处书信、银两","代收诸君银信自叻（新加坡）到香港","代收诸君寄往四乡或外府县之银信"。在传递时间上,"代收诸君银信到香港交者,则限二十天","如到省（广州）则限二十五日。其中或有加快亦属未定"③。

由于广州批信局在经营南洋银信业务中占据重要位置,因此"批信局成为南洋与汕头、海口、广州、厦门、福州、香港间特殊的侨汇机构"④。

广州批信局经营美洲银信业务的历史同样悠久。19世纪60年代,美国旧金山有永用、合和、广州、勇和、三邑及恩和等六家会馆,会

---

① 《银行区建设不成》,《广东七十二行商报》1946年8月17日第6版。
② 袁丁:《民国政府对侨汇的管制》,广东人民出版社2014年版,第48—50页。
③ 袁丁:《民国政府对侨汇的管制》,广东人民出版社2014年版,第20页。
④ 刘佐人:《批信局侨汇业务的研究》,《金融与侨汇综论》,广东省银行经济研究室1947年版,第55页。

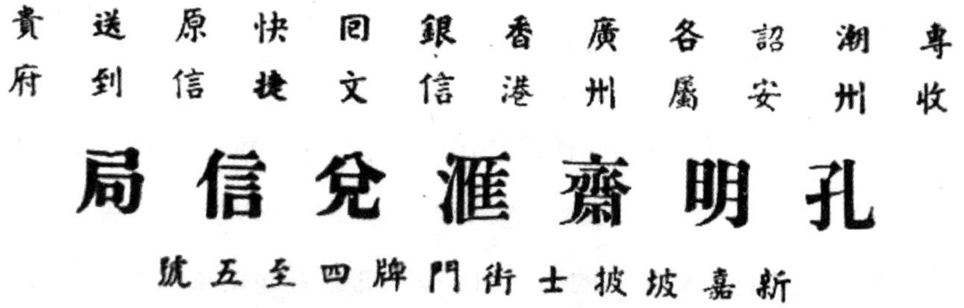

專收潮州詔安各屬廣州香港銀信同文快捷原信送到貴府

孔明齋滙兌信局

新嘉坡披士街門牌四至五號

图 2　新加坡孔明斋汇兑信局广告（局部）

馆名称"分别代表当时广东省的六个县份"。① 美国卡拉宽尼亚埠设有番（禺）顺（德）会馆。② 美洲华侨会馆专门办理招募华工、华侨登记、仲裁纠纷以及代华侨寄递信件、转送款项等事宜，同时兼营对中国的进出口业务。会员人数从数百人至数千人不等，每家会馆与美国各大轮船公司及中国各口岸皆有联络，在香港或广州设有联号，在中山四邑等地设有代理处，并有专人往来于旧金山与中国各口岸之间，将华侨的信款带返国内。

19世纪初，一名从广州出发经珠江口到达美国旧金山的华侨回忆道："余家无担石，非外出谋生，必难生存。盖饿死家园，无宁出外求生。""因村有（水）客复美国"，"结婚未及旬月，便（随水客）来美洲。"③ 1861年，一个叫"刘亚女"的人被美洲水客以三两银从广州卖到美国旧金山，根据卖身契约定，"到了金山，有银即交与邓友懋亲收"④。因此，广州水客的商业运作最迟于19世纪中期已相当成熟。

---

① 姚曾荫：《广东省的华侨汇款》，商务印书馆1943年初版，第9页。
② 《老华侨福寿双全》，《国华报》1931年7月10日第3版。
③ 司徒献：《少小离乡老大回》，《纽约华侨餐馆工商会游河特刊》，纽约华侨餐馆工商会1922年版，第14页。
④ 金叶：《文献收藏不总"高大上"》，《广州日报》2016年5月1日第6版。

(二) 中国最早的"客邮"

1834年,英国商务监督律劳卑在广州开办了中国最早的客邮:英国邮局。"英国邮局"有邮戳可查的时间是1864—1922年,共58年。这58年也是中国海外移民的高峰期、华侨银信数量的激增期。

1876年,马来亚当局在新加坡、槟城和马六甲三地开设邮局办理华侨银信业务。"华侨凡寄赴国内之信件银款必经上述各邮局寄发之。其手续程序为由此邮局将所汇集之信项寄往厦门汕头,分投至内地各侨眷,并收集回文交与发邮地各侨界。"1887年,马来亚当局将邮局的收汇范围扩展至广州,从此广州便成为接驳南洋银信一个非常重要的邮政驿站。1889年,南洋各埠由马来亚邮局寄往粤闽两省的118万封银信[1],主要是通过厦门、汕头和广州等口岸汇入内地。1897年,大清邮政在广州开设支局,管辖广州府、惠州府、阳江府、高州府、雷州府、肇庆府等地的邮政业务。大量的南洋和美洲银信通过广州邮路寄返粤省各侨乡。1910年2月,印尼华侨林雨春在寄往"中国广东省城百岁坊番禺县右堂署——岳父李友轩"的信中写道:"岳母不必介(挂)虑,稍待一二年自当束装返里也,漂泊外洋非我本意所愿,(无)奈境遇所限,不能早日如愿以言旋也。"[2] 1931年11月,广州支局改称广东省邮政管理局。

广州是外国银行进入中国最早的城市。道光二十五年(1845),英国丽如银行在广州设立分行,是外商银行进入中国的滥觞。广州丽如银行主要从事国际汇兑业务,为英国、印度和中国之间的国际贸易提供金融服务。外国银行买办制度很早就在广州推行。1921年,总行

---

[1] 陈炎勤:《侨汇与国币》,《新加坡汇业联谊社特刊》,新加坡汇业联谊社1947年版。
[2] 《梅州侨批故事》,政协广东省梅州市委员会2019年版,第247页。

设在德国柏林的德华银行在广州聘请代理人，"专理买卖汇驳存储德币马克，无论电汇或邮汇往德京柏林或洛他担（荷兰）均随客便"①。

广州是最早使用外国银行汇票进行国际贸易的城市。"道光七年（1827），美国与中国的鸦片贸易已采用银行汇票，其法即由美国开出伦敦汇票，携到广东出售。而由鸦片商购入后携至加尔各答等地转售，往伦敦取款。"② 1919年，总行设在纽约的美国友华银行广州分行"与美国六家著名银行联合"，"专图远东与美国商务之发展"，除办理一切银行业务外，还从事"进出口押汇放款，收买中外汇票及电汇各埠"等业务。③所谓的押汇是指"凡货物寄付外埠。商人当发货时，由卖主按其货物之价值发出逆汇票，连同提单保险单，以其货物作抵押，请求银行将该汇票贴现"④。因此，清朝和民国初年，在广州使用外国银行汇票进行国际贸易已相当成熟。

银行汇票俗称厂纸，是晚期美洲华侨银信的主要形式，在华侨汇业的发展中起到举足轻重的作用。"自新式银行的厂纸汇款法被侨民普遍利用以来"⑤，美洲批信局与南洋批信局开始分道扬镳，"美洲方面以银行票汇为最通用，南洋方面以民信局汇款为多"⑥。华侨银信也被分为"厂纸与批信两种主要类别"⑦。广府人全球移民的特征使广州成为中国唯一既可"用批信方法汇款"，也可"用厂纸方法汇款"的城市。⑧

---

① 《德华银行复业先声》，《广东七十二行商报》1921年2月17日第6版。
② 谭彼岸：《中国近代货币的变动》，《中山大学学报》（社会科学版）1957年第3期。
③ 《美国友华银行广告》，《广东七十二行商报》1919年11月6日第6版。
④ 戴东培：《港侨须知》，香港永英广告社1933年刊行，第246—247页。
⑤ 姚曾荫：《广东省的华侨汇款》，商务印书馆印行1943年初版，第16、11页。
⑥ 黄文山：《如何引导侨资》，《广东省银行月刊》（复第二卷第三四期合刊），广东省银行秘书处1946年版。
⑦ 姚曾荫：《广东省的华侨汇款》，商务印书馆1943年初版，第1页。
⑧ 姚曾荫：《广东省的华侨汇款》，商务印书馆1943年初版，第3页。

中国保险业发源于广州。嘉庆六年（1801），英国商人在广州成立临时保险协会，合伙经营外轮公司和洋商在对外贸易过程中的海上保险业务，是中国第一家外商保险公司。道光十五年（1835），于仁洋面保安行在广州营业，成为中国最早的中外合资保险公司。早期的保险公司大多兼营华侨银信业务。光绪三十年（1904）元月，香港同益延寿火烛燕梳按揭汇兑积聚有限公司"专保省城（广州）"等埠的火险业务，"兼办小吕宋、新加坡以及省港澳汇兑银两"[①]。

（三）首个为"侨批"定名的城市

银信是海外华人华侨给国内侨眷汇钱和寄递家信的综合体，具有"银"和"信"两大经济特征、"接济"与"沟通"两大社会功能。这种银信合一的特殊汇款方式在历史上有多种称谓[②]，以华侨银信业务为经营对象的行业"名称（也）颇不一致"[③]。在广府地区、闽南地区通常以"银信"和"银信局"称之，在潮梅汕地区通常以"侨批"和"侨批局"称之。官方第一次对华侨汇业进行定名的是"1934年底邮政局取消国内民信局，把专营国外侨民银信及收寄侨民家属回批者定名为'批信局'"[④]。

因此，"信局的名称从批馆、批局、汇兑信局逐渐改为民信局，至抗战胜利后改称为银信局，解放后又改称为'侨汇业'、'侨汇庄'"[⑤]，

[①]《香港同益延寿火烛燕梳按揭汇兑积聚有限公司》，《岭东日报》光绪三十年七月十三日第1版。
[②] 焦建华：《福建侨批业研究》，厦门大学出版社2017年版，第ii页。
[③] 刘佐人：《金融与侨汇综论》，《批信局侨汇业务的研究》，广东省银行经济研究室1947年版，第54页。
[④] 中国银行泉州分行行史编委会主编：《泉州侨批业史料》，厦门大学出版社1994年版，第1页。
[⑤] 中国银行泉州分行行史编委会主编：《闽南侨批史纪述》，厦门大学出版社1996年版，第6页。

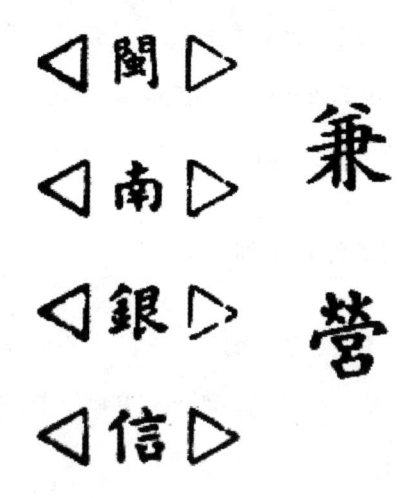

图3 新加坡扬协成酱油厂广告（局部）

图4 源通号广告（局部）

经历了一个漫长的历史进程，而非某种地方方言所能涵括的。1949年12月，广州市军事管制委员会财经接管委员会同时颁布的《五项重要管理办法》[①]，首次在地方法律法规中出现了"侨批"、"侨批业"和"侨批信局"等称谓和业务界定。之后，"侨批"和"侨批局"逐步成为官方认可的正式称谓。中国侨批业也从"地下"走向公开，成为一门国家认可的正当行业。

由此可见，广州侨批业的史载时间（1869）比福建的晋江（1871）[②]、

[①] 《五项重要管理办法》，《国华报》1949年12月9日第1版。
[②] 王付兵：《侨批档案文献的价值》，丁志隆主编：《中国侨批与世界记忆遗产》，鹭江出版社2014年版，第58页。

广东的汕头（1875）[①] 以及海南的海口（1882）[②] 还早。广州是外国邮局、银行和保险公司等机构经营侨汇业务较早的城市，也是首个为"侨批"和"侨批业"定名的城市。

二 广州侨批局的经营基础

完善的国际贸易体系，成熟的区域金融中心以及与海外侨汇中心有密切的业务联系，是广州侨批局的经营基础。荔湾银号是广州侨批局的主体。

（一）千年商都的国际贸易基础

"海运初通，外船大都集中于广州和厦门"[③]，近代"广州与上海、天津同为中国三大通商口岸"。"连接港澳接近南洋"的特殊地理位置，使广州"不特为对外贸易之吞吐口，亦是华侨之汇合地，在经济上具有特殊情形者"[④]，在政治上也具有明显优势。清政府和民国政府都将广州作为侨务管理的主要城市。"咸丰九年（1859），清政府曾在广州、天津、厦门、宁波等处设立出洋问讯局。"[⑤] 1924年，国民革命政府在广州设立了第一个侨务局。同年5月省城（广州）发生疫症，广东省交涉员公署根据驻广州法领事馆的通知，要求"华人领取护照前往法属越南地方者，须先赴广州法国医生处检验身体、发证，

[①] 陈春声：《近代华侨汇款与侨批业的经营——以潮汕地区的研究为中心》，《中国社会经济史研究》2000年第4期。
[②] 刘佐人：《当前侨汇问题》，广东省银行经济业1946年版，第57页。
[③] 区琮华：《劝导华侨投资几个问题》，《广东省银行季刊》（第一卷第二期），广东省银行经济研究室1941年6月编印。
[④] 《广州游资的集散地》，《穗商月刊》（创刊号），广州市商会1948年12月编印。
[⑤] 黄警顽：《华侨对祖国的贡献》，棠棣社1940年初版，第107页。

方能来署领照"①。广东省交涉员公署被裁撤后,"所有潮梅出洋华侨护照""改由广州发给"②。

广州侨批业源于国际贸易,其发展必然受到世界经济的影响。第一次世界大战期间,华侨主要侨居的南洋和美洲均处于战争范围之外,各地工商业在大战前后均有所发展,华侨就业机会较多,华人商号的经营效益良好,大量侨汇的汇入使广州侨汇业一片繁荣,五洲银号、荣升批局等相继开张营业。广州余仁生药业局在国内广泛设立分号或代理店,业务范围不断扩大,成为盛极一时的批信局。③ 五洲银号、荣升批局和广州余仁生药业局均设址于荔湾区。

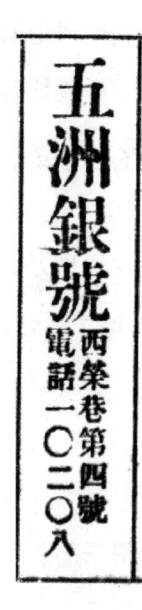

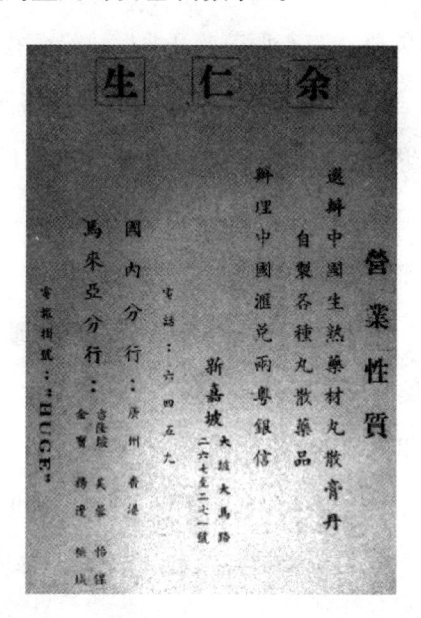

图5 五洲银号④和余仁生⑤广告

① 《往法属安南者须先验身体》,《广东七十二行商报》1924年5月21日第6版。
② 《外部准汕仍发潮梅出洋华侨护照》,《广州日报》1930年6月15日第3版。
③ 陆青晓:《解放前广州的侨批业》,《广州金融》1994年第5期。
④ 《五洲银号》,《广东七十二行商报二十五周年纪念号》,广东七十二行商报社1930年版。
⑤ 参见《新加坡汇业联谊社特刊》,新加坡汇业联谊社1947年版,第5页。

1927—1929 年，世界经济危机爆发，导致粤省侨汇数量激增，广州新增的批信局超过 10 家。随后世界经济陷入困境，各地华侨因经济破产，失业（人数）激增而陷入困境，"由南洋汇回的款项减少了三分之二"。"据（当时）信局估计，从前每年由南洋汇回潮汕的款项总额约在五千万元以上，近几年来已减少至二千万元！"受此影响，"广州厦门各处（的侨汇收入）亦莫不激剧减少"①。

抗日战争期间，广州的沦陷使中国的海上运输线路被完全切断。②广州银号或偃旗息鼓转营他业，或迁往内地继续经营。广州信昌银号于 1935 年在十三行西荣巷开业后"经营找换汇兑"，广州沦陷后该银号不甘压榨，"将所业结束。由前经理将股本盈余分派清楚后，撤退内地"继续营业；全面抗战胜利后"复员回穗，爰集新股，扩增资额，租定十三行 66 号门牌经营汇兑找换"业务。③

全面抗战胜利后广州银号的侨批业务"以汇隆及道亨等银号吸收者较多"④。汇隆银号和道亨银号分别设址在荔湾区的十三行路 37 号和桨栏路 86 号。⑤

广州为"南中国海外交通中心点，各地华侨（组织）均在本市设立办事处，以为侨民通讯及援助侨民之机关"。美洲同盟会、南非洲华侨联合会、南洋荷属华侨联合会、南洋同侨实业俱乐部、菲律宾华

---

① 萧冠英：《南洋华侨与中国》，《星华日报三周年纪念刊》1934 年 7 月出版，第 109 页。
② 《正面战场的继续作战》，李新总主编：《中华民国史·第九卷：1937—1941（上）》，中华书局 2011 年版，第 207 页。
③ 《信昌银号启事》，《前锋日报》1946 年 2 月 21 日第 1 版。
④ 姚曾荫：《广东省的华侨汇款》，商务印书馆 1943 年初版，第 37 页。
⑤ 由于文献史料在街区地名以及银号商号的称谓中没有统一标准，因此出现了十三行、十三行路，桨栏街、桨栏路，永昌银号、永昌叻庄等称谓。为了尊重原文，本文在叙述时采用文献称谓。

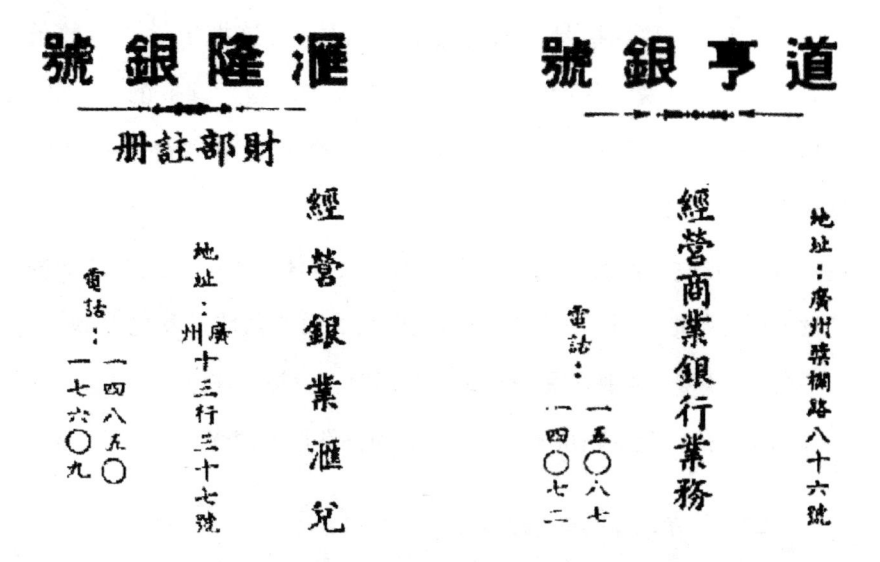

图6　全面抗战胜利后汇隆银号和道亨银号广告

侨团体会等在广州设有办事处。①

广州是华侨的故乡，接近港澳而成为华侨的集散地。大批归侨辗转抵达广州后被妥善安置在荔湾。1946年1月初，1300多名粤籍澳洲侨工"经由盟邦派船转送回华"，由香港"转程来省（广州）"，被安排在"龙津路第四平民宿舍"寄宿，择时返乡。②

荔湾也是华侨出洋的集中地。1946年9月底，2000多名"转回原居留地各埠之侨胞"集中从广州出发，前往香港乘丰庆轮启程赴仰光。这批华侨所需要的车船路费，"以及其登岸时前往宁阳会馆及武帝庙的招待伙食（费）"均由广东各华侨组织及侨领捐助。③同年10月，400名第二批赴美侨胞在广州大沙头车站出发，赴

---

① 《广州市华侨团体之调查》，《美洲同盟会月刊》（第一第二期合刊），广州美洲同盟会1927年2月印行。
② 《一千三百余人经于一日抵港》，《广东省前锋日报》1946年1月3日第3版。
③ 《首批复员缅侨二千安抵仰光顺利登岸》，《前锋日报》（广州版）1946年10月23日第3版。

（香）港转搭玛莲妮斯号（海）轮赴美（国）。这批华侨"多数系自费者。其中旅费未备者可向（广州沙面）美（国）领事馆贷（借）船脚（费用）一百七十五元美金，另由穗至港车上费用一万元国币"①。

"广州轮渡"成为各地侨眷寄托想念的载体。每当旅美四邑华侨陆续返国，各地侨眷便纷纷拥向当地码头。而"每睹广州轮渡到埠，华侨鱼贯上岸"，唯独不见海外亲人身影时，侨眷往往感慨万千。"归帆已到夕阳落，数尽归侨不见君"② 成为侨眷最大惆怅。

（二）实力雄厚的金融基础

粤省的银行、银号和钱庄虽然发达，但"多集中省内几个大商埠及侨汇特多的县份"③，并以广州为数最多。20世纪20年代"广州有金铺59家，银行13家，汇庄26家，银业381家"④。1937年，粤省的56家国内银行中，35家在广州，4家在汕头，3家在海口；8家外国银行中，7家在广州，1家在汕头。⑤ 抗日战争胜利后，广州有国内银行44家，银号28家。⑥ 1948年，"广州有金融机构共计107个单位"⑦。

广州银号的实力相当雄厚，其经济实力"稳居广州七十二行之

---

① 《华侨一批明日赴美》，《前锋日报》（广州版）1946年10月20日第3版。
② 《归帆已到夕阳落，数尽归侨不见君》，《前锋日报》（六邑版）1946年1月16日第3版。
③ 刘佐人：《批信局侨汇业务的研究》，《金融与侨汇综论》，广东省银行经济研究室1947年12月印行，第28页。
④ 李宗黄：《模范之广州市》，中华书局1929年版，第56页。
⑤ 杨越：《抗战以来广东银行业的演进》，《广东省银行季刊》（第一卷第四期），广东省银行经济研究室1941年版。
⑥ 《广东金融管理实施问题》，《商业道报》（第1卷第2期），广东省商会联合会经济研究室委员会编，1948年版。
⑦ 《广州金管局工作概况》，《广东日报》1948年5月3日第5版。

首"[1]。广州银号分为顺德帮和四邑帮两大帮派。顺德是近代中国茧丝的主要产地，其丝绸产品大量销往南洋，因此顺德帮银号接驳南洋侨汇相当有实力。而"四邑帮银号主要由开平、新会、台山及恩平等四县籍的归国华侨经营"[2]，与美洲侨汇有千丝万缕的联系。因此，"广州钱业的业务极其发达"[3]，"尤以接驳四邑潮汕等地侨汇款及各偏僻地区的汇兑为著称"[4]。

广州银号主要集中在荔湾区。1930 年在《广东七十二行商报二十五周年纪念号》上刊登商业广告的 92 家银号中，有 55 家设址于广州荔湾，其中在西荣巷的就有 9 家。[5] 1934 年 10 月，《广州日报》公布的 16 家信用银行中，有 10 家设址于广州荔湾。[6] 当时的"十三行马路都是银行、银号"[7] 等金融商号。1947 年底，广州市钱银商业公会 69 家会员中有 46 家设址在广州十三行[8]。荔湾被认为是广州的"金融中心点"[9]。

荔湾银号的业务相当广泛，西荣巷的恒元银号办理"附揭、储蓄和汇兑"业务，光复南路的大南银号办理"附揭汇兑"业务，晏公街的广信行"代客买卖兼理汇兑"。第十甫路的均源汇兑庄承办"两广

---

[1] 《广州市银业沿革及复员后之概况》，《广州市钱银商业同业公会元旦特刊》，广州市钱银商业同业公会 1948 年元旦出版。

[2] 区季鸾：《广州之银业》，国立中山大学法学院经济调查处业书 1932 年版，第 75 页。

[3] 《广东金融管理实施问题》，《商业道报》（第 1 卷第 2 期），广东省商会联合会经济研究室委员会编，1948 年版。

[4] 谢绍康：《论钱业的特点及其前途》，《商业道报》（第 1 卷第 2 期），广东省商会联合会经济研究室委员会 1948 年编印。

[5] 《广东七十二行商报二十五周年纪念号》，《广东七十二行商报》1930 年版。

[6] 《信用银行一览表》，《广州日报》1934 年 10 月 22 日第 4 版。

[7] 倪锡英：《广州》，中华书局 1936 年版，第 11 页。

[8] 《广州市钱银商业同业公会会员名表》，《广州市钱银商业同业公会元旦特刊》，广州市钱银商业同业公会 1948 年元旦出版。

[9] 《工商银行新行落成》，《广州民国日报》1928 年 6 月 11 日第 9 版。

汇兑"。杉栏路57号的"广州余仁生汇兑药局"是广府地区经营南洋侨汇最早、资本最雄厚、组织最为庞大的批信局之一．其总部"设于新加坡，在暹罗、安南等地有代理号，香港及广州有分局，其国内营业区域遍及粤省中部及西部各县"①，在上海设有分支店，在新昌、台山、中山、东莞、惠州、番禺、信宜、顺德、清远、鹤山、新兴、三水、四会、花县、高州、高要、增城、南海等地共有18家分店。全面抗战胜利后，"国内批局亦有二百家左右，其中以汕头、海口、厦门、广州等处为最多。如余仁生庄规模至为宏大，力量非常雄厚，各地均有其分号"②。

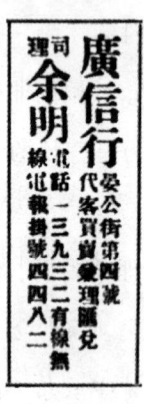

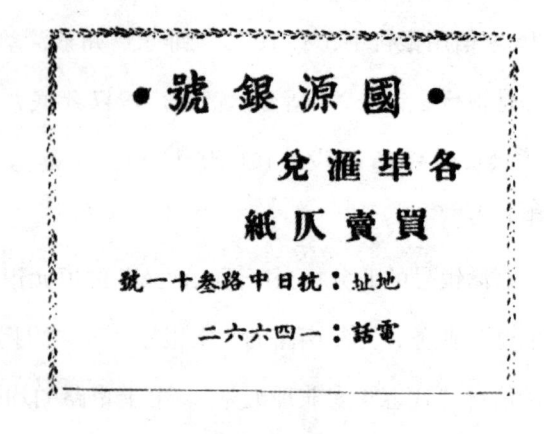

图7　广信行③和广州国源银号广告④

荔湾银号大多与南洋批信局互为联号，或为其分号或为派发银信处。何信昌庄与越南底岸的何信昌互为联号，接驳越南华侨银信业务。聚丰公司与新加坡丰盛合记，香港聚丰公司，琼州、海口和嘉积

---

① 姚曾荫：《广东省的华侨汇款》，商务印书馆1943年初版，第11页。
② 刘佐人：《当前侨汇问题》，广东省银行经济业书1946年版，第15页。
③ 《广信行》，《广东七十二行商报二十五周年纪念号》，广东七十二行商报社1930年版。
④ 《国源银号》，《经济评论》（第一卷第二期），广州银钱业同业公会1946年版。

三地的聚合昌以及上海聚丰公司互为联号①，接驳南洋华侨银信业务。抗日东路的国源银号、恒隆银号分别与香港恒隆银号，开平赤坎的民信银号、长沙的恒生银号互为联号②，"专做四邑、广州、香港各埠汇兑，代客收厌，买卖港单金条"等业务③。恒济银号为泰国暹京陈华兴信局的"派发银信处"。

荔湾银号在省属及相邻省份各侨乡设有分号、联号等。广州佑安银号在番禺市桥、佛山、顺德勒流、容奇、大良、中山石岐、江门等地开设了八家分店。广州天华银号与台山天华银号互为联号接驳美洲银信业务。大量侨汇通过广州批信局汇入省属各地及相邻省份。

荔湾辖内的商办银行与国内外银行构建起错综复杂的侨汇经营网络。十三行马路的兴中商业储蓄银行、拱日东路④的广州储蓄银行等在台山设立分行，专营美洲华侨银信业务。广州合德银行在江门、香港、上海和梧州开设分行，接驳华侨银信业务。⑤ 1915 年，广州盐业银行在西堤二马路开业时股本为 1000 万元。随着经营规模的不断扩大，该银行在上海、天津、北平、汉口、青岛、南京、杭州、香港等地设有分行，在其他"商埠设有分支行，各省会均有通汇机关，并代理四行储蓄"，并在广州汉民路设有办事处⑥，在海内外具有一定的影响力。

另一家设在西堤二马路的商办银行是远东实业储蓄银行。其内部机构相当完善，除设有储蓄部、按揭部等外，在河南大基头设有分行，"经营一切银行普通业务办法至善、周到通融"。"诸君欲积贮财富乎，

---

① 《新加坡汇业联谊社特刊》，新加坡汇业联谊社 1947 年版。
② 载《广州市商会周年特刊》，广州市商会 1947 年 9 月印行。
③ 《广州恒隆银号广告》，《前锋日报》1946 年 2 月 18 日第 6 版。
④ 抗日东路在不同时期路名不同，日本侵华前为"拱日东路"，抗战爆发后改为"抗日东路"，抗战胜利后改为和平路（今名），为广州市著名的老街之一。
⑤ 《广州合德银行》，《广州民国日报》1923 年 8 月 1 日第 4 张第 2 版。
⑥ 《广州盐业银行》，《国民报》1937 年 9 月 12 日第 4 版。

图 8　广州盐业银行广告

请到远东实业储蓄银行储蓄部；诸君欲以支票结账乎，请到远东实业储蓄银行存款部；诸君欲得殷实之委托乎，请到远东实业储蓄银行信托部；诸君欲汇驳妥捷乎，请到远东实业储蓄银行汇兑部；诸君欲得经济之援助乎，请到远东实业储蓄银行按揭部。"①　"凡到本行开一储蓄户日存款在二元以上者，皆可借用一个储蓄盒，不必另缴按金。"②

荔湾金铺也经营侨批业务。例如，金城金铺专营白金、黄金、钻石、玉器，代收"各国厌纸，花旗金单"；荣升金铺"代理南洋各埠汇兑银两"。此外，"全市200多家金饰店中也有不少兼营外币和侨汇买卖"③。

---

① 《远东实业储蓄银行》，《广州民国日报》1923 年 11 月 1 日第 1 版。
② 《远东实业储蓄银行：储蓄盒之借用》，《广州民国日报》1925 年 7 月 3 日第 8 版。
③ 《广州金管局工作概况》，《广东日报》1948 年 5 月 3 日第 5 版。

丰富的侨汇资源吸引各地批信局入驻荔湾区。岭海银行有限公司1923在台山埠西门墟开业后,"经营汇兑存款、按揭找换、接理外洋书信银两及银行一切通常业务",在香港、江门、新昌等城设有分行①。1927年4月在广州十三行桨栏街开设分行,"开张甫数月,各埠互订来往者极多"②。广州分行设立信托部"专代理买卖业,股票代理、收租包租,代理投买燕梳(即保险),代收业费及代管学生学款等一切信托学务"③。

梅县金生银庄"向来仅做暹罗一部分批信汇兑",1933年6月"因扩大营业,特设分庄于各通商大埠",并以广州拱日东路的德泰银业公司为代理处④。梅县建丰汇兑庄"备足资本,专营粤港汕沪及南洋各属电汇票汇信汇信托一切银业生理",在广州、佛山、梧州、南宁、惠州以及梅县五属各墟市等处均设代理店。⑤

各地侨汇联营机构在荔湾区设有办事处,其中包括光复南路53号的台山县城区私营侨汇联营处,桨栏路西荣巷10号的赤坎私营侨汇业联营处等。

(三) 省港澳互通的地缘基础

在南洋,"广州人泰(大)半业锡矿及耕种,多居于马来联邦",而"马来半岛之富有为南洋之冠"⑥。广州为"毗连港地的华南巨

---

① 《岭海银行有限公司》,《广州日报》1931年7月25日第3版。
② 《岭海银行有限公司》,《美洲同盟会月刊》(第三第四期合刊),美洲同盟会1927年版。
③ 《岭海银行有限公司》,《广州日报》1931年7月25日第3版。
④ 《金生银庄扩大营业广告》,《梅县日日新闻》1933年6月7日第1版。
⑤ 《建丰汇兑庄营业广告》,《梅县日日新闻》1930年11月11日第2版。
⑥ 丹徒、李长傅:《华侨》,中华书局1927年4月发行,第74、76页。

埠"①,"各批信局大都在香港设有分号、联号或代理机构,香港陈锦记、陈炳南、鸿雁寄等批信局或商号还同时兼办数家广州批信局之批信,其合作或代理关系应是很密切的"②。这些广州批信局大多设址在荔湾区。十三行路的汇隆银号与香港恒生银号、上海生大信托公司互为"汇驳联号"。广信金铺与广州湾赤坎的天宝金铺、香港诚信金铺、澳门祥信金铺互为联号,兼营汇兑找换业务。③ 昆昌钱庄与香港恒生银号、永丰银号,澳门大丰银号、恒益银号,广州湾的大丰银号,上海生大信托公司互为联号,"专营各埠汇兑"业务。④

永昌银号又称为永昌叻庄,其经营范围和方式随着社会经济的发展不断调整。1942年该银号与香港的利成银号、澳门的祥源银号、顺德容寄的联昌银号、韶关曲江的隆昌行、中山石岐的信昌银号、广州湾的联安银号、柳州百利烟行互为联号,"专营找换汇兑"业务。⑤ 1947年与广州的豫昌银号、新加坡的永昌金铺、香港的荣昌汇兑庄互为联号,"汇兑两粤南洋各地银信"业务。1949年又与石叻的永昌金铺、庇能的新昌金铺、吧生的其昌金铺、吉隆坡的利昌金铺、芙蓉的永昌隆金铺等18家南洋批信局,以及香港的郑锦发批局、荣昌汇庄等互为联号,经营南洋侨汇业务。⑥ 其旧址现为广州市文物保护单位。

荔湾银号与香港批信局有相当完善的业务联系。香港道亨银号在广州设立分行经营"汇兑找换"业务⑦。香港永泰银号以"广州市钜

---

① 《港穗汕工商近状》,《南洋周报》1949年第25期。
② 袁丁:《民国政府对侨汇的管制》,广东人民出版社2014年版,第116页。
③ 《天宝金铺》,《大光报》1942年4月4日第2版。
④ 《澳湾大丰银号》,《大光报》1942年7月30日第2版。
⑤ 《联安银号》,《大光报》1942年7月30日第2版。
⑥ 参见《香港邮工》,香港邮务职工会宣传部1949年1月编印。
⑦ 陈仲池:《香港中山侨商会特刊》,香港中山侨商会1946年版。

福号、联安号，澳门恒益银号、恒盛金铺"为通信处，经营侨汇业务①。香港批信局大多经营广州的银信业务。例如，香港的嘉彰庄专营"星洲、暹罗、汕头、广州国内各埠汇兑"业务②；均源汇兑庄经营"两广汇兑快捷妥当"，同时承接"同业委托代理"业务③。香港宝丰银业有限公司"专做汇兑华侨银两"业务，在桨栏路17号设立宝丰银业粤局，接驳香港、广州、四邑三地之间的华侨银信业务，并在台山的蟹岗埠设立分行。"外洋汇款邮费带工酌量收取，纸水时价如数奉还"④。

荔湾银号通过香港批信局在海外招股以扩大经营。1929年，经广东省建设厅批准备案，广州华侨兴业储蓄公司委托香港德荣银号以及广州桨栏街的永生银号、十三行的成发银号为收股处，向"外埠招股"⑤。

香港的银行大都在荔湾区设有分行、分局或联号以接驳侨汇。香港东亚银行在十三行32号设立支行，"专做中外汇兑生意，借以利便同胞。凡欧洲美洲日本各国俱有代理，南洋上海并设有支行"⑥。广州支行升格为分行后迁往广州兴隆马路⑦。兴隆马路又称为兴隆街，是荔湾区西关著名的六街之一。

1923年8月，香港国民商业储蓄银行广州分行在西堤二马路开

---

① 《香港永泰银号》，《广东省前锋日报》1946年2月14日第1版。
② 《香港邮工》，香港邮务职工会宣传部1949年版。
③ 《香港邮工》，香港邮务职工会宣传部1949年版。
④ 《香港爱群人寿保险有限公司广州分行开幕纪念刊》，香港爱群人寿保险有限公司1937年版。
⑤ 《华侨兴业储蓄公司启事》，《广东七十二行商报》1929年8月10日第8版。
⑥ 《东亚银行广州支行启事》，《美洲同盟会会刊》（第三第四期合刊），广州美洲同盟会1927年印行。
⑦ 《信用银行一览表》，《广州日报》1934年10月22日第4版。

业①，"专做按揭、汇兑、储蓄定期活期存款等生意"，凡储户均可获得该银行送出的"新式储蓄银箱"一个②。1936年，香港汕头商业银行广州分行在拱日东路54号开业③。

工商银行于1917年创办于香港，1925年在西堤二马路设立广州分行后"营业日形发达，美洲及南洋一带华侨汇款多由该行调剂办理"。"工商银行为华侨唯一金融机关，素以稳健不冒险为宗旨"④。工商银行的创办改变了美洲侨汇的经营格局，"过去美洲华侨的汇款（业务）绝大部分由外国银行办理。自工商银行成立后，特别是（该银行）整顿业务后，对北美华侨的影响日益增加，广大华侨认为它是华侨银行，多把汇款转至该行办理"⑤。1928年6月，广州工商银行在"原址不敷（侨汇业务）应用"的情况下，迁往广州"金融中心之十三行"继续经营⑥。在"厚集资本开办多年，信用久著于海内外（的基础上），而对于华侨之招来尤加注重。故在香港总行及上海分行特设侨务部以与侨胞接洽"。对美洲华侨"买单寄来香港总行"之厂纸，"自当妥为转驳汇交"至"内地各墟镇，以利便侨胞汇款回乡"，华侨将"定期存款或储蓄存款""寄来即当原船发回凭簿，依期付息"。"若储蓄款项以为子弟留省（广州）读书随时支取之用，省城（广州）分行亦能如命妥办。"⑦

---

① 《广州民国日报》1923年8月2日第2版。
② 《香港国民商业储蓄银行广告》，《广州民国日报》1923年11月1日第4版。
③ 《香港汕头商业银行广州分行开幕》，《广州民国日报》1936年1月1日第3版。
④ 《工商银行新行落成》，《广州民国日报》1928年6月14日第9版。
⑤ 郭小东：《近代粤省二十余家商办银行述略》，《银海纵横——近代广东金融》，广东人民出版社1992年版，第154页。
⑥ 《工商银行新行落成》，《广州民国日报》1928年6月14日第9版。
⑦ 《工商银行》，《美洲同盟会季刊》（第一卷第十、十一、十二期合刊），广州美洲同盟会1928年版。

三 名扬海内外的"十三行金银市场"①

广州银业公市历史悠久。康熙十四年（1675）前后设市于西关珠玑路连珠里"忠信堂"内，当时称为银业公所，后称为广州银业公市。广州银业公市一直为"忠信堂"的营利机构。1925年，"为利便同业间之集合买卖起见，即于西荣巷二十号开设银市，作为全行买卖场所"②，1937年初改组为"货币证券贸易场"③，又称为"金融贸易场"④、"十三行金银市场"⑤等。

图9 清朝时期的银业公所⑥

1914年3月，鉴于当时市面上操纵纸币买卖之风日益盛行，广州

---

① 《十三行市场成交渐多》，《国华报》1949年10月20日第4版。
② 《广州市银业沿革及复员后之概况》，《广州市钱银商业同业公会元旦特刊》，广州市钱银商业同业公会1948年元旦编印。
③ 《稳定金融基础 货币证券贸易场成立 买卖规则亦经拟定》，《广州日报》1937年1月26日第3版。
④ 《大事记》，《广东省银行月刊》（第三卷第一期），广东省银行经济研究室1937年版。
⑤ 《十三行市场成交渐多》，《国华报》1949年10月20日第4版。
⑥ 《可称帷剽》，《观赏画报》1906年第27期，广州《观赏画报》出版。

都督府会衔民政司发布公告：银业之间的买卖只准在广州银业公市内开盘，每日只准开两市：午市为正午 12 时，早市为下午 4 时。每市买卖时间为二三个小时，时间一到便摇铃开市。改组为"货币证券贸易场"后，营业时间进一步规范："每日上午十点开市，至十二点四十五分闭市；下午二点开市，至四点四十五分闭市。如届时有交易未终者，得延长时间，但不得超过十五分钟。一经第二次摇铃即须停止买卖，宣布闭市。如有违背定章，在场逾时买卖，处罚一百元。"[1]

广州银业公市的门禁非常严明，入市交易人员必须凭银业同业公会颁发的"金银入市证"等有效证件，并佩戴有银业同业公会标识的襟章才能进入银业公市。省财政厅要求入场交易的银号在"金银入市证"上"分别填明店号或姓名住址，入市证章字号呈厅再核"；已停业的会员银号"拒绝入市买卖"[2]。1934 年 4 月，在省财政厅"领有金银入市证"的银号有 136 家[3]，怡昌等 7 家已"执行制止营业"的银号被禁止入市交易，被禁止入市交易的银号如"有秘持证入市交易者，须由银业公会负完全责任"[4]。1937 年，省财政厅核准入市交易的经纪人约有 60—80 人[5]。

经纪人大多提前一小时进入公市并自由买卖，因此在开市前 10 分钟各种交易已呈白炽化。经纪人随身携带日记簿、铅笔等随时记录，记录内容古怪离奇，为业外人士所不知晓。各项成交价格"标贴于公市内前座右隅墙壁上，如多数不赞成者可酌改，至无异议时即作议定"。这些议定价格随后被编成《金银行情单》向外发布。潮梅汕、

---

[1] 《稳定金融基础 货币证券贸易场成立 买卖规则亦经拟定》，《广州日报》1937 年 1 月 26 日第 3 版。
[2] 《严禁停业找换店入市》，《越华报》1934 年 5 月 2 日第 5 版。
[3] 《财厅拟制发银业水牌》，《越华报》1934 年 4 月 29 日第 4 版。
[4] 《制止银店入市买卖》，《越华报》1934 年 5 月 8 日第 5 版。
[5] 《找换业拟组买卖场》，《越华报》1937 年 5 月 11 日第 6 版。

四邑和中山等地银市根据广州银市的《金银行情单》，制定当地侨汇的买卖价格。在广州银业公市价格的拉动下，巨额侨汇在各地流动①。

"好友"和"淡友"是广州银业公市的两大交易主体。买入者称为"好友"或"旺友"，卖出者则为"淡友"。广州银业公市的侨汇交易数量巨大，"交易繁多时挤拥不堪，其叫嚣之声不亚于纽约、伦敦及巴黎的交易所"②。买卖成交后双方无须订立单据，各守信用，不得反悔。广州银业公市既是金融精英施展才华、谋取利益的场所，也是尔虞我诈、厮杀博弈的战场，到处是错综复杂的人际关系和金钱纠葛，尽管没有硝烟和鲜血，但其惨烈程度是圈外人难以想象的。

没有取得"金银入市证"的"银蠹""剃刀门楣"等只能在场外进行侨汇买卖。"银蠹"是对没有取得买卖资格的金融投资者的称谓。他们聚集在广州十三行和太平路一带，使"十三行"这条"广州'华尔街'"成为闻名遐迩的黑市侨汇买卖街区。当时的"十三行（路）虽然并不长，也不宽"，"但它所起的作用却和纽约的华尔街一样，时时震撼着广州"乃至"华南人们的神经，控制着人们的生活"。在"十三行总能见到一群人，左手拿着一小簿子，右手拿着一支铅笔，匆忙地来，匆忙地去"。他们的背后是大大小小的银号、找换店、金铺等侨汇业商号。他们"轻轻地在纸上一划，把算盘珠子一扬，把电话一摇，把电文一发，即可拨动市货摇动物价，立即成为巨富"③。

"剃刀门楣"是对没有取得合法营业执照而进行黑市侨汇买卖的商号的称谓，包括路边钱兑店、银钱找换店以及"标明港币价（格）"

---

① 区季鸾：《广州之银业》，国立中山大学法学院经济调查处业书1932年版，第100页。
② 区季鸾：《广州之银业》，国立中山大学法学院经济调查处业书1932年版，第95页。
③ 《广州"华尔街"》，《环球报（晚刊）》1946年10月18日第2版。

的香烟贩商等①。"剃刀门楣"是特殊历史条件下的产物。广州"经营银业商号（在抗日）战（争以）前，统称'银号'，并均须向（省）财厅领有营业牌照，方准加入银业公会为会员"，广州"陷敌期内设立之银业商店，伪府规定一律改称'钱庄'，不得沿用'银号'"②。因此，广州的钱币找换店"与银钱庄号无异，多以买卖外币黄金公债及办理汇兑为主要业务"，是广府地区金融商号的重要组成部分。全面抗战胜利后，广州"十三行向以钱庄（为）称号者，纷纷觅取旧牌照，改易店名，以延续营业"③，但遭到官方的拒绝，国民政府"为严肃管理金融市场起见，（认为）找换店拟无单独存在之必要"④ 而拒绝向其颁发营业执照。

图10 《剃刀门楣》⑤，《剃刀门楣联谊会》⑥

---

① 《杜绝非法炒卖 扑灭地下钱庄》，《越华报》1949年12月6日第2版。
② 《"银号"准暂照常营业 "钱庄"展限结束清理》，《前锋日报》1946年2月22日第6版。
③ 《"银号"准暂照常营业 "钱庄"展限结束清理》，《前锋日报》1946年2月22日第6版。
④ 袁丁：《民国政府对侨汇的管制》，广东人民出版社2014年版，第273—274页。
⑤ 《剃刀门楣》，《漫画广州》，广州国行出版社1949年版，第5页。
⑥ 《剃刀门楣联谊会》，《环球报》1949年4月6日第3版。

无法"改易店名"领取营业执照的找换店被迫转入地下，成为"剃来剃去，剃出剃入，剃尽人间财宝聚大团结，集中刀口向官决"①的"剃刀门楣"。"此辈业集中在十三行、太平南、抗日东路等处"②，联手操控广州的黑市侨汇价格。

四　结论

"广州是广东最大的都会，侨汇大部分都经由此地返汇，所以我们研究广州的金融，对这构成广东金融经济特质的侨汇是不能有所忽视的。"③ 尽管广州侨批业在近代中国社会经济中的地位和作用相当显著，对中国侨批的定名作出过重大贡献，但对其研究的成果并不多见。"侨批"文化在广府文化研究中没有得到足够的重视，对广州荔湾银号的历史地位和作用的认知也相当贫乏，影响了对辖区内侨批资源进行充分的挖掘和利用。

随着粤港澳大湾区的形成，"珠三角"将成为中国开放程度最高、经济活力最强的地域之一，对广府文化的研究提出了更新、更高的要求。因此，拓宽广府文化研究的领域，加强对现有侨批局旧址等资源的开发利用，将有利于增加广州市的历史厚度，推动荔湾区的文创事业的发展。

（蒙启宙：中国建设银行高级经济师）

---

① 《剃刀门楣联谊会》，《环球报》1949 年 4 月 6 日第 3 版。
② 《杜绝非法炒卖 扑灭地下钱庄》，《越华报》1949 年 12 月 6 日第 2 版。
③ 陈宪章：《两年来广州的金融》，《珠海学刊》，珠海大学编辑委员会 1948 年 5 月编印。